READ CONTRACTS EFFICIENTLY

# 高效读懂合同

张怡　丁宁 / 主编

法律出版社 | LAW PRESS
北京

**图书在版编目(CIP)数据**

高效读懂合同 / 张怡, 丁宁主编. -- 北京 : 法律出版社, 2024
ISBN 978-7-5197-8998-5

Ⅰ. ①高… Ⅱ. ①张… ②丁… Ⅲ. ①合同法-基本知识-中国 Ⅳ. ①D923.64

中国国家版本馆 CIP 数据核字(2024)第 072517 号

**高效读懂合同**
**GAOXIAO DU DONG HETONG**

张 怡 丁 宁 主编

责任编辑 李沂蔚
装帧设计 鲍龙卉

**出版发行** 法律出版社
**编辑统筹** 法律应用出版分社
**责任校对** 王 丰 李景美
**责任印制** 刘晓伟
**经　　销** 新华书店

**开本** 710 毫米×1000 毫米 1/16
**印张** 29 **字数** 398 千
**版本** 2024 年 7 月第 1 版
**印次** 2024 年 7 月第 1 次印刷
**印刷** 三河市兴达印务有限公司

地址:北京市丰台区莲花池西里 7 号(100073)
网址:www.lawpress.com.cn
投稿邮箱:info@lawpress.com.cn
举报盗版邮箱:jbwq@lawpress.com.cn
销售电话:010-83938349
客服电话:010-83938350
咨询电话:010-63939796


**书号**:ISBN 978-7-5197-8998-5
**定价**:118.00 元

凡购买本社图书,如有印装错误,我社负责退换。电话:010-83938349

# 序

非常乐意推荐这本书，不仅因为它是中闻律师的作品，更因为它是从合同理论、合同法条出发，经过律师团队长期的法律服务实践，又以全新的视角高效务实解读合同的新颖之作。在我看来，该书有如下几点创新：

**其一，把合同回归到人生指南。**

中国人的行为规范是什么？数千年来，儒、释、道交互影响，中国人既有圣人君子的最高标准，也有贩夫走卒的最低标准。准确地说，传统中国人的行为规范是较为复杂的。

儒家思想主导的传统中国的理想图景是礼仪之邦；即便是“信”，“君子一言，驷马难追”，那也不是近现代法律意义上的契约精神。统治者更愿意把四书五经，《弟子规》《颜氏家训》《二十四孝》等儒家经典和案例当作教化民众的人生指南。

中国特色的社会主义现代化建设，必须重构一部人生指南。党的十一届三中全会以来，全国人民代表大会及其常务委员陆续制定了《民法通则》《合同法》《物权法》《继承法》《侵权责任法》等法律。这些法律，既是改革开放的产物，也是在指导改革开放的进程、巩固改革开放的成果，成为40多年来中国人的主流行为规范。当然，这是一个分步走的战略。从清末修法以来，我国《民法典》的立法经历百余年的跌宕起伏，通过几代法律人的薪火相传，不懈奋斗，直到2020年5月28日，全国人民代表大会表决通过《民法典》。

《民法典》连头带尾1260条，合同编就占了526条，如果我们把《民法典》看作一部新时代中国人的人生指南（它涵盖了胎儿出生、未成年、成年、结婚、离婚、收养、物权、合同、人格权、侵权责任、死亡、继承等人生的全部内容及其行为规范），那么合同编无疑是重中之重。

该书的作者尝试将复杂的合同分解为最简单的4个字："人""物""事""行"，用这4个字组成合同的框架结构，把合同法回归到普通人即索即得的人生指南。

**其二，构建一个简单新颖的框架帮助人们高效理解合同。**

合同编内容浩瀚。该书勇敢地采取了一种创新的方法，尝试将复杂的合同法律问题简化，并提供一个清晰的语言逻辑框架，让更多不具有专业法律知识的人可以更清晰地了解合同和理解合同问题。通过重新解构合同，它为读者提供了一种新的视角，以理解和解决那些在字里行间可能影响重大的合同问题。该书不仅展示了法律专业人员对专业知识的深入掌握，更体现了他们将知识转化为实际应用的能力。

该书的作者凭借丰富的实践经验，将理论与实践相结合，提出了一套既简明又实用的合同法律架构。他们认识到，任何文字的问题最终都是语言的逻辑问题，而这一洞见使该书成为那些希望在商业活动中避免法律风险的人士的宝贵资源。因此，我非常荣幸能为这部值得一读的作品写下推荐序，它不仅是对合同法律领域的一次深刻探索，也是对商业实践中合同应用的一次实用指导。

该书开创性地使用了语言逻辑对合同进行分析的新模式。这一模式突破了传统的法律逻辑框架，为理解和构建合同提供了新的视角。通过将合同解构为基本的主、谓、宾语言元素，并应用逻辑分析，作者不仅揭示了合同条款背后的深层含义，还阐明了如何有效地解决可能产生的歧义和冲突。这种方法显示了合同作为一个动态的法律工具的开放性，能够适应不断变化的商业需求和法律环境。

**其三，用案例和问答帮助人们解决合同法的具体问题。**

该书不仅是对合同法理论的一次尝试，更为实际问题的解决提供一种新的方法。通过简化复杂的法律术语，并将注意力集中在语言的逻辑结构上，作者为律师、企业以及任何需要处理合同相关事宜的人提供了一种强有力的新工具。特别是对于没有经过专业法律教育的人来说，该书是实用册子，从只要理解"人""物""事"就能快速地找到合同中的问题、案例和解决方案，而"行"则对应合同中的履行过程问题。

我对中闻郑州办公室张怡、丁宁及团队所有律师在法律职业上不断努力并有所建树感到振奋；因为它不仅体现了中闻律师对学术研究的执着追求，也凸显了我们行业对创新思维的渴求和尊重。该书的面世是对传统合同法律研究方法的补充，也是对现代法律实践中不断出现的新问题的一种应对策略。我期待该书能激发更多的法律专业人士和学者来探索合同法律的新领域，寻找新方法，并在他们的工作中应用这种新颖的分析方法。

吴　革

北京市中闻律师事务所主任

中国法学会案例法学研究会常务副会长

# 前　言

作为合同方向的律师团队，我们经常听到客户抱怨：你们准备的合同那么厚，我们都不知道该看什么，应该注意什么，难道没有一个让我们能够简单看懂合同的方法吗？作为律师，我们习惯于在合同和诉讼中使用法言法语去精准表达，客户听到了、看到了，但往往很难从中快速获取最核心的信息。我们一直想提供一种非专业的老板能够最快掌握合同目的、看懂合同核心问题的方法。

我们一直在尝试以简单的方式去重构合同，让普通人不需要运用法律思维也能看懂合同，不追求清晰地了解每一个条款，以快速看懂合同为核心目的。本书就是我们尝试的总结，同时也使用我们重构的方式回答一些具体合同法律问题，让大家了解重构后的合同逻辑在实践中如何应用。本书将尽量少地使用法律理论，以简单面对复杂。

团队完成本书稿件集成后的第 3 天，是香帅老师 2023 年度演讲的日子，香帅老师在演讲中说的“专业祛魅”给我震撼很大。本书最真诚的想法就是想将“天书”一样的合同从法律这口井里面舀出来，给所有人看看，尝试给合同“专业祛魅”。

对于本书的内容，我们还是有点忐忑。虽然我们在实践中完成了逻辑的推演，并在纠纷中以这种方式进行了高效的分析，但文字毕竟有表达限制，本书仍可能存在逻辑瑕疵或者语言漏洞。就像我们相信没有完美的合同一样，我们也相信在“解构合同”方面会有更好的方法出现。作为一个正在成长的法律团队，我们认为最好的时间就是现在，应该立刻去做和表达，抛砖引玉才能进步。欢迎大家给我们回复或者提意见，我们期望获得更多的反馈。

**本书内容：**

本书尝试将合同分解为最简单的4个字："人""物""事""行"，用这4个字组成合同的框架结构（其实更顺口的是"人""事""物""行"，我们调整顺序，就是想告诉大家，"物"是第二重要的）。

2023年12月5日施行的《最高人民法院关于适用〈中华人民共和国民法典〉合同编通则若干问题的解释》（以下简称《合同编通则司法解释》）第3条第1句规定"当事人对合同是否成立存在争议，人民法院能够确定当事人姓名或者名称、标的和数量的，一般应当认定合同成立"。也就是法院认为合同中的核心条款为"人""物"，和本书主张的前两个核心内容一致，但少了本书所主张的"事"与"行"。我们认为，法院认为合同成立的基础是"人""物"，但想组成一个明确清楚的合同，少不了"事"和"行"，"人"和"物"之间交叉的关系构成了"事"，为了履行合同所发生的各种关系构成了"行"。可以看到，在《合同编通则司法解释》共69条条款中，除了2个适用条款外，基本都在说本书中所定位为"事"和"行"的内容。

"人""物""事""行"可以再次组合为"人、物、事"和"行"两部分，其中"人""物""事"组成了合同的内容，而"行"则对应合同的履行。

"人""物""事"还可以理解为语句中的主语、宾语、谓语。无论合同写得如何复杂，最终它都是用语言组成，必须遵循语言的基本逻辑。任何合同去掉法律的专业成分，必然是由语言逻辑所构成的，想快速看懂合同就可以从这里入手。

"行"，是合同中最复杂的部分，也是法律专业问题比较集中的部分。如果合同不履行就没有任何价值；而每一个合同的发生、履行不可能和合同约定、法律完全合拍，这就是我们必须面对的问题。我们要在合同履行中找"人"、"物"、"事"和法律依据，才能判断最终的结果，并指导我们的"行"。"行"要求我们在签订合同时，必须能够预见到"行"，即知道哪些必然发生，哪些可能发生，才能得到更好的结果。

本书每个章节由两部分组成，第一部分是我们重构合同的逻辑方式，第二部分是现实的合同问题，我们尝试使用自己总结出的方式给复杂的合同问题一个简单的答案。

**本书建议的阅读方法：**

**如果您是老板**，目标就是书名：高效读懂合同。请阅读第一章至第五章，然后根据自己的兴趣阅读第六章至第十三章的问题，了解我们的结构在问题中怎么使用。通过本书的解构方式，您将会更高效地看清一个合同，面前的合同将向您呈现其清晰的方向和可能存在的风险。

**如果您是商务人士，**想把本书当作工具书，那么书中有各种合同问题，还有答案，并附以理由和怎么做，希望能为您打开新局面。

**如果您是律师，**本书是我们团队面对合同案件时的解构方式。往往合同纠纷案件涉及多个方面，但客户总希望我们提供更快速便捷的法律服务；因此高效地回答眼前的问题，也是我们的基础技能。

**如果您只是想了解合同，**您可以通过阅读章节去了解一些问题并对“人”“物”“事”“行”进行初步的了解，然后去对应生活中的方方面面，您就会发现，生活原来在合同的逻辑下是如此规则和有条理。

**特别提醒：**法学学生还是要以专业课的基础理论为学习核心，本书是为了解决问题。如果从事法律职业，我们要做的是发现问题、提出问题，最后才是解决问题。因此，作为法学学生，更应该学好基础的法律逻辑，形成法律思维。

张 怡

2024 年 1 月

# CONTENTS

## 目　录

第一章

# 合同是什么

合同是什么？合同是一种利益的交换机制，包含我们对整个交易的一种预期和利益期待。为什么合同很复杂？就是因为合同中包含的是多方的不同期待，而这些期待可能有冲突、有不同，造成人们对此有不同的理解并产生纠纷。本书尝试的解构是脱离合同本身的利益结构，从语言本身去分析所表达的内容，不涉及谈判的“唇枪舌剑”，仅对所要达成或者形成的书面语言进行解构。

解构下的合同结构是这样的：合同的权利人（人）对自己某一项权利（物）进行处分（事），而对方（人）支付相应对价（物）达成合意（事），并履行的过程（行）。处分是失去利益，而对价是获得对应的价值。看懂合同，就是要找到合适的人，明白失去的利益是什么，获得的对价是什么，知道自己要做什么事，才能更好地保护我们的利益。

虽然大家都没少见合同，但很多时候都是发生纠纷后，大家才会想起来去仔细看合同的内容。当事人在签订合同时不看内容有两个原因：一是信任，二是复杂。团队中碰到的很多纠纷当事人都会说，基于信任对方，合同没看就签了，结果发生纠纷后，才发现原来写的和说的不一样；也有人说合同那么多内容，太复杂了根本看不懂。

合同是权益交换，代表了双方的权益，也代表所需承担的责任和义务。从关注自己利益这个角度来看，我们必须学会看懂合同，从“人”“物”“事”“行”上高效读懂合同。

## 第一节　合同的概念

合同也可称为协议，在古代又称契约。2020 年 5 月 28 日通过的《民法典》第 464 条第 1 款规定：“合同是民事主体之间设立、变更、终止民事法律关系的协议。”

日常生活中，我们所说的合同，一般指具有财产关系的合同，如买卖合同，借款合同，租赁合同，合伙合同，赠与合同及供用电、水、气、热力合同等。对于婚姻、收养、监护等有关身份关系的一般称为协议，如离婚协议、收养协议、监护协议等，适用身份关系的法律规定；没有规定的，可以根据其性质参照适用《民法典》合同编的规定。也就是说，无论是合同还是协议，都应遵循普遍的合同规定；而合同则是完全的平等主体之间的经济利益规定，应更加客观和公平，是经济生活的必需品。

在日常生活或商业交易中，无论是自然人、法人还是非法人组织只要生存，都离不开合同。对于法人尤其是企业法人来说，合同是企业对外经营活动的联系纽带，企业的经营活动均需要通过一系列合同的签订与履行来体现。一般来说，只要合同不违反我国法律、行政法规的强制性规定或者违背公序良俗，当事人真实意思表示一致，即可成立；但成立的合同不一定是实用的合同，也不一定是能够履行的合同。

一份实用的合同，不仅要结构合理、内容严谨、形式明晰、各方权利义务均衡，最为关键的是目的要正当，要具有合法性和可操作性，能够适应并覆盖全部的变化和可能性。实践中我们很少看到完美的合同，有两点难以达到：对所有的可能性做出预测；对所有的风险进行防范。

我们不可能将所有的可能性都预测出来，如在建筑施工合同中我们只预测到了地下配电房的设备价格的波动，但没有预测到郑州“7 · 20”暴雨后，郑州不允许再设计和施工地下配电房。因此，从预测角度来看，我们不可能有完美的合同，只有最实用的合同。

对所有的风险进行全面防范，在合同中也很难做到。比如，在房屋抵押借款合同中，如果要对还款风险进行全面覆盖，那就要求对房屋价格、房屋使用、房屋质量等进行全面的管理，同时要求其他方面在还款过程中全面介入管理。但作为一份商业合同，我们不仅要考虑风险，而且要考虑风险管理成本。基于基础的商业成本考量，我们都会选择不对概率较低的风险投入风控成本。即便这样做可能会造成问题，但从经营角度来看，不为低概率投入高成本是一个合理的选择。

正是因为合同的不完美，才更需要我们读懂合同，这是每一个商业活动参与人员必须学会的技能。

## 第二节 合同的目的

签合同所面临的问题有很多，其中一个核心问题在书本中无法解决，就是我们签订合同的目的是什么。这个问题需要正在读本书的读者自行解决，需要读者对要签署的合同有一个清晰认知：我要在合同中得到什么？

合同有了目的，我们才能确定：和谁签署合同？合同中的标的物是什么？合同中可能涉及什么样的权利义务？需要制定什么样的违约条件？

合同目的是合同的灵魂；没有目的，合同也就不具有存在的意义。作为律师，我们在着手起草合同前，首先就要明确当事人各方签订合同的真正目的。只有明确签约各方的目的，才能辨析合同各方的真实意思表示，让合同的内容围绕签约目的发挥作用。

明确合同签约目的之后，下一步面临的是合同的结构和内容。

## 第三节 重构后的合同结构

面对厚厚的合同，里面的权利义务内容让人眼花缭乱，是否有一个简单的方法让非法学专业的人也能够直接去感知和看懂合同，能够发现合同中的关键点和问题点，为此我们总结了“人”“物”“事”“行”新结构以此来对合同进行重构“祛魅”。

重构结构中的“人”“事”“物”最容易理解也是我们写合同和读懂合同的核心，这三者与我们学习的语句结构一样：“人”“事”“物”也可以理解为语句中的主、谓、宾。合同是由语句构成的，由主语、谓语、宾语构成合同条款的结构，而“行”是履行合同所发生的行为和后果。

### “人”——想做成这份合同就必须签名（盖章）的“人”是谁

“人”，是合同中的参与者，是在合同中出现的个人或者公司、其他组织，包括但不限于甲方、乙方、丙方等和第三方，以及委托代理人等合同签订过程、履行过程中出现的所有个人和单位。“人”是合同中的民事主体即民事法律关系的主体，是指根据法律规定，能够参与民事法律关系，享有民事权利和承担民事义务的当事人。

“人”，也就是我们常说的签订合同并受合同条款约束的“人”，包括自然人、法人和非法人组织。

“人”是合同成立的前提；如果合同中“人”不存在或者不合格，这个合同的效力就会出现问题。因此在正式签订合同前，我们需要了解合同相对方的经营范围、资信状况、经营业绩、商业信誉等情况。在签订合同之前，还要掌握委托代理人的授权范围、授权期限以及对方企业所开具的介绍信的真实性等情况，避免签订人员存在无权签署和越权签署的情况。

签订合同时，我们第一个要想到的就是：达成这个目标，我要和谁签？“他”是否有权利签合同？签署的合同中“他”是不是履行人？“他”是否有能力承担合同的责任？以上问题的答案是肯定的，“他”才是一份合同中合格的“人”。

### “物”——这份合同想要获得或交易的物品（服务）

合同中的标的“物”，既可以是实体物，也可以是某种权利或者服务。因此，我们的合同标的物可以是所有权、使用权或行为权益。明白合同目标中的“物”

是什么，可以方便我们以“物”找人，找到对应的交易对象。“物”决定了合同中“人”和“事”的约定，决定了“人”和“事”是否适格。比如，买卖合同中的卖方，必须是标的物的所有人或者有权处分该标的物的人；房屋租赁合同的出租方必须对该房屋有使用权，可对外出租；房屋买卖合同中就不能约定无限的交房期。

对于“物”，合同中应明确“物”是什么，对“物”的名称和质量以及所包含的内容进行明确。比如在买卖合同中，应当对标的物作出详细的描述；对货物质量在合同中应当明确约定，方便将来验收，避免因质量标准不明确而引起纠纷。

通常情况下，“物”的风险自交付时转移，因此，“物”的检验标准和检验方法相关条款也是合同中的重要内容。

### “事”——完成合同必须完成的事和出了问题怎么弥补的事

“事”，是合同中的权利义务，是合同中所有的“人”需要在合同中承担责任和权利的总和。

任何一份合同除了“人”和“物”之外，其大多数内容都与合同的“事”相关。同样的租赁合同，有的“事”写得很简单，只有 3 页；而有的写得很复杂，长达十几页。合同写得简单并不意味着合同履行很容易，复杂也不意味着合同履行会很繁复，合同写得简单或者复杂完全取决于双方对合同履行的预期和关注程度。

合同中的“事”，是合同中“人”对自己权利预期保护的约定，同时也是对对方义务的强调。因此，不存在最简单的合同，只存在双方对合同未来的预测是否很简单，达成简单约定的情况。

一般情况下，合同的“事”包括交易的方式、交易的顺序、交易的质量责任、交易的过程责任、违约的责任、合同解除的责任、合同无效的责任等。

合同中的“事”最终都需要合同中的“人”去“行”，才能实现其合同目的。

### “行”——为了达到“目的”所干的行为及达到的结果

合同实质就是双向奔赴的履行，履行才是价值的核心。“行”不在书面合同中而在书面合同外，是合同约定的履行过程，是履行合同过程中所引发的各种问题和解决办法。

“行”是整个合同体系最后的一块拼图，它体现了合同最核心的价值：促进交易。如果合同只停留在书面上，那只是几页纸，只能代表合同各方对于某一个交易达成了一致；不履行也就不会创造价值，也就不可能达成目标。

合同的“行”就是面对未知去履行已知的约定。这个阶段的合同问题，往往是约定、事实及履行的各种错位。面对此类问题，需要我们有大智慧，真正理解合同目的，促进交易。

“人”“物”“事”“行”构成了合同完整体系，体现在合同上主要是“人”“物”“事”。如果我们的目标是读懂合同，则应该重点关注“人”“物”“事”。每一个合同都可以概括成这样一句话：

为了实现×目标，A和B决定在××时间以什么代价获取什么利益。

（目标）（人）（人） （事） （物） （事）（物）

## 第四节 我们需要了解的合同问题

**1**

### 双方没有签订书面合同，只是口头协议，这样有什么风险？

**回　答：** 不签订书面合同最大的风险在证明合同关系的存在性和双方约定的内容方面。

**理　由：** 口头协议的风险在于缺乏正式合同的明确性和法律效力。如果一方违反了口头协议的条款，另一方可能无法通过法律途径来主张合同权益。

此外，由于口头协议没有被记录下来，双方可能对其内容产生不同的解释，进而产生争端和纠纷。在商业交易中，双方对书面合同都可能会有不同的解释和期望，双方也会对合同约定的内容或者履行的内容产生纠纷。如果没有签订书面合同，那么发生这种纠纷和争议的可能性会更大。

在没有书面合同的情况下，我们更要关注口头协议约定的履行内容和履行过程，“人”“事”“物”“行”中的“行”是我们在口头协议履行中更应关注的核心。

根据《合同编通则司法解释》第4条的规定，我们可以看出书面合同往往很少决定合同是否成立。因为大部分情况下，书面合同是合同成立后的义务，而不是合同成立的条件；但如果书面合同是成立的条件，我们就需要注意书面合同的签订了。

**怎么办：** 能签订书面的合同就签订书面合同；如果真的不方便签署书面合同，双方也应用其他留痕的方式确定履行内容和权利义务的范围。比如，采用微信聊天、短信、录音等方式将双方商议的内容进行明确，也能在一定程度上减少双方的争议。

口头协议最核心的要点就是通过“行”来框定协议的范围和交易内容，通过履行来表达合同关系成立，履行也是对合同约定内容的确认。

## 相关规定

**《民法典》**

**第一百三十七条** 以对话方式作出的意思表示，相对人知道其内容时生效。

以非对话方式作出的意思表示，到达相对人时生效。以非对话方式作出的采用数据电文形式的意思表示，相对人指定特定系统接收数据电文的，该数据电文进入该特定系统时生效；未指定特定系统的，相对人知道或者应当知道该数据电文进入其系统时生效。当事人对采用数据电文形式的意思表示的生效时间另有约定的，按照其约定。

## 扩展1 法律规定合同关系当事人应采用书面形式而当事人采用口头形式的，虽一方已经履行主要义务，但对方未接受的，该合同是否成立？

**回　答：**该合同不成立。

**理　由：**该合同不成立不是因为法律规定应采取书面形式，而是在法律规定应采取书面性的前提下，一方不接受另一方在书面合同未签订情况下的履行。这种基于法律规定要求双方要约和承诺最终都需要用书面形式进行，而其中一方拒绝对事实行为的确认，应视为双方从未达成成立合同的一致意思表示。

根据《民法典》的规定，除法律另有规定或者当事人另有约定外，合同可以采用口头形式订立，并且口头协议具有法律效力。

如果法律规定合同关系当事人应采用书面形式而当事人采用口头形式，那么该合同在未经对方接受的情况下不成立。相反，如果一方履行，另一方接受，即使双方没有签订书面合同，双方也会成立民事法律关系。

不要在双方意思表示不清晰的时候抢先履行，有的时候“先占”可能会产生更多的损失。合同最重要的是双方达成合意；如果双方未达成合意，建议当事人不要“积极”履行。

**怎么办：**在没有书面合同的情况下，如果当事人是接收方，不认为合同成立时一定不要接收货物。如果当事人是履行方，一定要在履行前和履行中向对方发出确认信息，并确认对方收到该信息；如果可以，最好能够获得对方的地址确认或者接收确认。当然，最好还是签订书面合同。

## 相关规定

《民法典》

**第四百九十条** 当事人采用合同书形式订立合同的，自当事人均签名、盖章或者按指印时合同成立。在签名、盖章或者按指印之前，当事人一方已经履行主要义务，对方接受时，该合同成立。

法律、行政法规规定或者当事人约定合同应当采用书面形式订立，当事人未采用书面形式但是一方已经履行主要义务，对方接受时，该合同成立。

## 扩展2 还未约定具体合同条件，当事人已经实际履行合同主要义务的，合同是否生效？

**回　答：** 基于扩展 1 的回答，如果未接受履行则合同无效，但对方接受时合同成立。

**理　由：** 在一些特定情况下，即使没有约定条件，一方当事人实际履行了合同的主要义务，也可能被认为合同生效。这种情况下，我们称为“无条件生效”。

需要注意的是，这种情况只适用于一些特定类型的合同，如劳动合同、租赁合同等。对于其他类型的合同，还需要根据具体情况来判断是否生效。

此外，即使合同在无条件生效的情况下，仍然存在一些未明确约定的条款，比如支付方式、违约责任等，这些条款仍然需要通过协商等方式进行明确。

作为合同的当事人，应该确定对这份合同的目标；在双方还没有达成约定的时候，不要轻易去实际履行，特别是在其中付款、违约、交付条件等信息还不明确的情况下。

**怎么办：** 如果一方已经履行了合同主要义务，我们要尽快商议和确定合同的内容和条件；如果不能达成一致，我们的建议是放弃沉没成本，尽快解除实际履行所形成的合同关系。

**相关规定**

《民法典》

**第四百九十条** 当事人采用合同书形式订立合同的，自当事人均签名、盖章或者按指印时合同成立。在签名、盖章或者按指印之前，当事人一方已经履行主要义务，对方接受时，该合同成立。

法律、行政法规规定或者当事人约定合同应当采用书面形式订立，当事人未采用书面形式但是一方已经履行主要义务，对方接受时，该合同成立。

## 扩展3 如果对方恶意干扰造成合同没有签订，能否要求对方进行赔偿?

**回　答：** 可以要求赔偿缔约过失的损失。

**理　由：** 如果是因为对方的行为使合同未能签订，一般来说可以认为是违约行为或缔约过失。如果该行为是恶意的、具有故意性质的，那么可以考虑要求对方进行赔偿。

根据相关法律规定，违约方应当承担因其违约行为所造成的损失。在这种情况下，一方可以向对方主张损失赔偿，包括因未签订合同而可能遭受的经济损失和其他损失。

在实际操作中，要想获得有效的赔偿，需要证明对方的违约行为和由此造成的损失之间的因果关系，并在此基础上采取适当的法律手段维护自己的权益。

根据2023年12月5日施行的《合同编通则司法解释》第8条的规定，在有预约合同的情况下，我们应该注意相关未签订正式合同的损失应该有范围，同时应该根据预约合同内容的完备程度、订立本约合同条件的成就程度酌情计算违约责任。

法院一般按照不超过正式合同损失的范围对缔约过失责任的损失进行酌情判定；同时如果预约合同约定损失过高，违约方还可以依据法律规定主张降低违约金。

**怎么办：**我们首先要收集相关的证据，锁定对方的行为，其次计算损失。我们可以先和对方就赔偿方面进行商谈，当然如果双方无法就损失或者赔偿达成一致，我们也需要尽快启动相关维护利益机制的诉讼或仲裁程序。

## 相关规定

**1.《民法典》**

**第四百九十五条** 当事人约定在将来一定期限内订立合同的认购书、订购书、预订书等，构成预约合同。

当事人一方不履行预约合同约定的订立合同义务的，对方可以请求其承担预约合同的违约责任。

**第五百条** 当事人在订立合同过程中有下列情形之一，造成对方损失的，应当承担赔偿责任：

（一）假借订立合同，恶意进行磋商；

（二）故意隐瞒与订立合同有关的重要事实或者提供虚假情况；

（三）有其他违背诚信原则的行为。

**2.《最高人民法院关于适用〈中华人民共和国民法典〉合同编通则若干问题的解释》**

**第七条** 预约合同生效后，当事人一方拒绝订立本约合同或者在磋商订立本约合同时违背诚信原则导致未能订立本约合同的，人民法院应当认定该当事人不履行预约合同约定的义务。

人民法院认定当事人一方在磋商订立本约合同时是否违背诚信原则，应当综合考虑该当事人在磋商时提出的条件是否明显背离预约合同约定的内容以及是否已尽合理努力进行协商等因素。

**第八条** 预约合同生效后，当事人一方不履行订立本约合同的义务，对方请求其赔偿因此造成的损失的，人民法院依法予以支持。

前款规定的损失赔偿，当事人有约定的，按照约定；没有约定的，人民法院应当综合考虑预约合同在内容上的完备程度以及订立本约合同的条件的成就程度等因素酌定。

2

## 聊天记录算书面合同吗？

**回　答：** 不算书面合同。从法律角度来看，聊天记录通常不被认为是书面合同。虽然聊天记录可以呈现双方当事人的意思表示，可以作为双方合同关系成立的证据，但不能认定其构成书面合同。

**理　由：** 根据法律的规定，书面合同必须符合以下要素：载明当事人的名称、签字或者盖章，确立合同内容和条款等。聊天记录没有载明当事人的名称、签字或者盖章等，也无法证实当事人真实的意愿，因此难以作为书面合同使用。

尽管如此，聊天记录可以被认为是双方合同关系成立的证据。例如，在未能达成书面协议的情况下，如果双方就特定条款、价格、交付等重要事项进行了逐步确认和商议，并达成了一致意见，则聊天记录可以被视为口头合同的有效证据之一。

聊天记录作为补充证据来证明双方当事人之间达成了某种口头协议或者交流内容，但不能完全代替书面文本的法律效力。因此，若依靠聊天记录来确认双方之间的权利义务和过错，应该具备以下条件：

内容明确：聊天记录中应当有明确约定的履行方式、金额、时间、地点等合同必要信息，才能够证明当事人之间实际达成了协议的内容。

真实性：需要证明这些记录是当事人之间真实的沟通内容，并且没有被篡改或者伪造。

**怎么办：**建议在签订重要合同时，采用书面形式，确保合同的确定性，避免不必要的纠纷和损失。如果最终没有签订书面合同，那么详细的聊天记录将成为保护我们权益的弥补措施。

## 相关规定

**《民法典》**

**第一百三十七条** 以对话方式作出的意思表示，相对人知道其内容时生效。

以非对话方式作出的意思表示，到达相对人时生效。以非对话方式作出的采用数据电文形式的意思表示，相对人指定特定系统接收数据电文的，该数据电文进入该特定系统时生效；未指定特定系统的，相对人知道或者应当知道该数据电文进入其系统时生效。当事人对采用数据电文形式的意思表示的生效时间另有约定的，按照其约定。

**第四百六十九条** 当事人订立合同，可以采用书面形式、口头形式或者其他形式。

书面形式是合同书、信件、电报、电传、传真等可以有形地表现所载内容的形式。

以电子数据交换、电子邮件等方式能够有形地表现所载内容，并可以随时调取查用的数据电文，视为书面形式。

**第四百七十条** 合同的内容由当事人约定，一般包括下列条款：

（一）当事人的姓名或者名称和住所；

（二）标的；

（三）数量；

（四）质量；

（五）价款或者报酬；

（六）履行期限、地点和方式；

（七）违约责任；

（八）解决争议的方法。

当事人可以参照各类合同的示范文本订立合同。

## 扩展1 书面合同签订后口头更改有效力吗?

**回　答：** 单方的口头更改是无效的；如果能够证明双方对于口头更改内容达成一致，才可以视为有效更改。

**理　由：** 如果在合同签订后确实需要对合同进行修改，可以采用书面形式进行变更协议的签署。变更协议需要经过双方当事人充分协商和确认，并在书面上签字和盖章，以确保变更的法律效力和证明力。如果修改合同的内容，没有按照这种方式进行确认，则该口头修改将不具备法律效力。

建议在签订合同时，应当认真审阅合同条款，如有需要进行修改，在双方协商的基础上采用正确的法律程序进行签署和存档。如果在合同履行过程中需要进行修改，则应尽可能使用书面形式进行确认，并保留相关证据，以保障自己权利的合法性和有效性。如果无法采用书面形式，那么一定要保留对方同意或对方要求按照修改后合同履行的证据。

**怎么办：** 如果书面合同签订后确实通过口头方式对合同内容进行了修改，可以通过以下方式证明：

提供相关证据：如果能够提供相关的证据来证明双方当事人确实就合同内容达成了口头协议，如聊天记录、邮件等书面记录，或者第三人的证词等，有助于证明当事人所主张的口头协议是存在的。

证明对方的行为和陈述：如果对方对口头协议的有效性有过明确的认可或者在之后的行为中予以了确认，也可以作为证明的依据。比如，对方在之后的行为中实施了该口头协议所要求的行动等。

其他证明方式：如果以上两种证明方式均不可行，还可以考虑以其他方式来证明口头协议的有效性，如可以通过专业机构的鉴定或者法庭的调解等方式进行证明。

## 相关规定

《民法典》

**第一百三十七条** 以对话方式作出的意思表示，相对人知道其内容时生效。

以非对话方式作出的意思表示，到达相对人时生效。以非对话方式作出的采用数据电文形式的意思表示，相对人指定特定系统接收数据电文的，该数据电文进入该特定系统时生效；未指定特定系统的，相对人知道或者应当知道该数据电文进入其系统时生效。当事人对采用数据电文形式的意思表示的生效时间另有约定的，按照其约定。

**第四百六十九条** 当事人订立合同，可以采用书面形式、口头形式或者其他形式。

书面形式是合同书、信件、电报、电传、传真等可以有形地表现所载内容的形式。

以电子数据交换、电子邮件等方式能够有形地表现所载内容，并可以随时调取查用的数据电文，视为书面形式。

## 扩展2 没有书面合同时，合同各方的权利义务、过错和责任该怎么确认？

**回　答：**在没有书面合同的情况下，可以根据实际履行、诚信、行业惯例或法官的自由裁量来判断合同中的权利、义务、责任的分担。

**理　由：**发生纠纷后，没有书面合同时，一般根据合同目的解释、惯例、双方履行情况等对合同各方的权利义务进行分配。我们团队一般按照以下顺序推导没有合同约定情况下的责任分担。

其他书面约定：比如招投标文件，根据2023年12月5日施行的《合同编通则司法解释》的规定，招标文件、投标文件和中标通知书可以用于确定合同内容。

实际履行：根据实际履行情况来确认当事人的权利义务，即当事人在事实上已经履行了某些义务或享有某种权利，则另一方应当承认该事实，并按照实际情况处理。

诚信原则：在没有明确约定的情况下，当事人应当按照诚实信用、公平合理的原则进行协商和履行义务。如果当事人存在欺诈、恶意隐瞒等违反诚信原则的行为，会造成不利后果。

民事法律规范：在没有明确约定的情况下，适用《民法典》中的相关条款确定当事人的权利义务和过错。例如，《民法典》关于债权债务、合同解除等方面的规定，可以作为判断依据。

**怎么办：**在没有书面合同的情况下，通过在履行过程中留痕、留证据，确保双方的履行是有依据和无争议的。如果双方产生争议，以双方实际履行情况作为事实，法律规定和行业惯例、之前的合作方式作为双方权责的划分依据。

## 相关规定

**1.《民法典》**

**第四百六十九条**　当事人订立合同，可以采用书面形式、口头形式或者其他形式。

书面形式是合同书、信件、电报、电传、传真等可以有形地表现所载内容的形式。

以电子数据交换、电子邮件等方式能够有形地表现所载内容，并可以随时调取查用的数据电文，视为书面形式。

**第五百一十条** 合同生效后，当事人就质量、价款或者报酬、履行地点等内容没有约定或者约定不明确的，可以协议补充；不能达成补充协议的，按照合同相关条款或者交易习惯确定。

**第五百一十一条** 当事人就有关合同内容约定不明确，依据前条规定仍不能确定的，适用下列规定：

（一）质量要求不明确的，按照强制性国家标准履行；没有强制性国家标准的，按照推荐性国家标准履行；没有推荐性国家标准的，按照行业标准履行；没有国家标准、行业标准的，按照通常标准或者符合合同目的的特定标准履行。

（二）价款或者报酬不明确的，按照订立合同时履行地的市场价格履行；依法应当执行政府定价或者政府指导价的，依照规定履行。

（三）履行地点不明确，给付货币的，在接受货币一方所在地履行；交付不动产的，在不动产所在地履行；其他标的，在履行义务一方所在地履行。

（四）履行期限不明确的，债务人可以随时履行，债权人也可以随时请求履行，但是应当给对方必要的准备时间。

（五）履行方式不明确的，按照有利于实现合同目的的方式履行。

（六）履行费用的负担不明确的，由履行义务一方负担；因债权人原因增加的履行费用，由债权人负担。

**2.《最高人民法院关于适用〈中华人民共和国民法典〉合同编通则若干问题的解释》**

**第三条** 当事人对合同是否成立存在争议，人民法院能够确定当事人姓名或者名称、标的和数量的，一般应当认定合同成立。但是，法律另有规定或者当事人另有约定的除外。

根据前款规定能够认定合同已经成立的，对合同欠缺的内容，人民法院应当依据民法典第五百一十条、第五百一十一条等规定予以确定。

当事人主张合同无效或者请求撤销、解除合同等，人民法院认为合同不成立的，应当依据《最高人民法院关于民事诉讼证据的若干规定》第五十三条的规定将合同是否成立作为焦点问题进行审理，并可以根据案件的具体情况重新指定举证期限。

## 扩展3 电子版合同有法律效力吗？

**回　答：** 电子版合同在法律上与传统的书面合同具有相同的效力。

**理　由：** 我国专门有《电子签名法》，同时《民法典》第469条规定："当事人订立合同，可以采用书面形式、口头形式或者其他形式。书面形式是合同书、信件、电报、电传、传真等可以有形地表现所载内容的形式。以电子数据交换、电子邮件等方式能够有形地表现所载内容，并可以随时调取查用的数据电文，视为书面形式。"电子合同视同书面合同，但有一个前提，电子版合同在具备必要的技术保障下，符合法律中书面签名与书面文件的要求，才能起到与"经签署的文书"和"经签署的原件"同等的法律效力。

**怎么办：** 电子版合同在法律上具有相同的效力，可视为书面合同的有效替代形式。我们也应采用正确的操作流程和安全措施，以保护自己的合法权益。

### 相关规定

《民法典》

**第四百六十九条**　当事人订立合同，可以采用书面形式、口头形式或者其他形式。

书面形式是合同书、信件、电报、电传、传真等可以有形地表现所载内容的形式。

以电子数据交换、电子邮件等方式能够有形地表现所载内容，并可以随时调取查用的数据电文，视为书面形式。

## 3

## 对方的沉默行为能否认定合同成立?

**回　答：**一般来说，对方的沉默通常不能认定合同的成立。

**理　由：**在大多数情况下，合同成立必须经过双方的明确同意，可以是口头或书面的方式表达。只有在特殊情况下，如法律规定、习惯或者事实上的默许等情况下，对方的沉默才可能被视为有效地接受或表示同意，但是这种情况并不是很常见。

在一些特殊情况下，对方的沉默可能被认为是表示同意或接受合同的。这种情况通常发生在以下几种情形下：

（1）法律规定。一些法律规定可以要求对方在接到某些通知后必须及时作出回应，如果对方没有回应，则视为默认同意相关事项。

（2）习惯。某些行业、地区或组织可能有一些共同的习惯，当涉及特定的交易或协议时，双方的沉默可能被视为默认同意。

（3）事实上的默许。在一些情况下，双方之间的交往和行为可能表明对方对某个协议或交易默认同意，如采购合同关系中的收货等。

目前有不法分子利用邮件到付方式随机发送一些劣质商品，接收人签收后产生付款义务，试图通过事实上的默许方式达到合同成立的结果。这种行为是一种欺诈行为，不能视为接收方的真实意思表示；因一方的目的违法，合同不成立。

**怎么办：**面对沉默，我们不应该将希望寄托于对方之后的追认或者争议解决机制，而应该积极地获得对方直接的意思表示。

**相关规定**

**《民法典》**

**第一百四十条** 行为人可以明示或者默示作出意思表示。

沉默只有在有法律规定、当事人约定或者符合当事人之间的交易习惯时，才可以视为意思表示。

## 4

## 签完合同后，发现合同中有文字错误怎么办？

**回　答：**应该尽快与对方联系并提出修改意见。如果涉及核心条款，双方无法达成一致的情况下，立即向司法机关请求变更或解除，忌讳久拖不决。

**理　由：**合同是双方的共同意思表示，合同的签订或成立是一种既定事实。如发现既定事实中出现了文字错误，在不涉及核心条款的情况下，若双方用印流程非常严苛，一般都会忽视。具体的处理方式可能根据合同条款和具体情况而有所不同，但是可以考虑以下几种途径：

（1）协商解决：如果错别字或者其他文字错误不影响合同的本意和实质内容，当事人可以与对方协商进行修改，并在双方确认后签署补充协议。

（2）申请修改：如果错别字或者其他文字错误对合同的实质内容产生了影响，当事人可以向对方提出修改申请，并说明错误的理由。如果对方同意，可以签署修改协议。如果对方不同意，你可能需要通过法律程序来解决争议。

无论使用哪种处理方式，都应该确保及时通知对方并保存合同洽谈开始产生的所有相关文件，以便日后需要证明和解释。此外，在签署任何合同之前，建议你仔细阅读合同内容，并确保你理解和同意所有条款和条件。

**怎么办：** 合同最终是由文字构成的，文字形成对合同内容的最终确认。面对文字错误，无论选择哪种方式，都是事后的补救措施；最好的方式是严格审核，不出现影响核心权利义务的错误。

## 相关规定

**1.《民法典》**

**第一百四十二条** 有相对人的意思表示的解释，应当按照所使用的词句，结合相关条款、行为的性质和目的、习惯以及诚信原则，确定意思表示的含义。

无相对人的意思表示的解释，不能完全拘泥于所使用的词句，而应当结合相关条款、行为的性质和目的、习惯以及诚信原则，确定行为人的真实意思。

**第四百六十六条** 当事人对合同条款的理解有争议的，应当依据本法第一百四十二条第一款的规定，确定争议条款的含义。

合同文本采用两种以上文字订立并约定具有同等效力的，对各文本使用的词句推定具有相同含义。各文本使用的词句不一致的，应当根据合同的相关条款、性质、目的以及诚信原则等予以解释。

**第四百九十八条** 对格式条款的理解发生争议的，应当按照通常理解予以解释。对格式条款有两种以上解释的，应当作出不利于提供格式条款一方的解释。格式条款和非格式条款不一致的，应当采用非格式条款。

**第五百四十三条** 当事人协商一致，可以变更合同。

**2.《最高人民法院关于适用〈中华人民共和国民法典〉合同编通则若干问题的解释》**

**第一条** 人民法院依据民法典第一百四十二条第一款、第四百六十六条第一款的规定解释合同条款时，应当以词句的通常含义为基础，结合相关条款、合同的性质和目的、习惯以及诚信原则，参考缔约背景、磋商过程、履行行为等因素确定争议条款的含义。

有证据证明当事人之间对合同条款有不同于词句的通常含义的其他共同理解，一方主张按照词句的通常含义理解合同条款的，人民法院不予支持。

对合同条款有两种以上解释，可能影响该条款效力的，人民法院应当选择有利于该条款有效的解释；属于无偿合同的，应当选择对债务人负担较轻的解释。

## 扩展 签完合同后才发现很多条款对一方不利，怎么办？

**回　答：**与对方协商；如果协商不成，可以向司法机关或调解机构要求解除合同或要求撤销合同。

**理　由：**合同一般都是双务行为，签署合同意味着对合同内容作出全面履行的承诺。签署后发现合同约定内容对自己不利，一般情况下认为是个人放弃权利。

如果在签订合同之前没有仔细阅读合同条款，或者是在签订合同时未能全面考虑可能的履行后果，导致签订后才发现了一些不利于自己的条款，当事人可以考虑下述几种解决方案：

1. 与合同对方协商

可以与对方进行谈判，尝试重新商定一些条款以达成更加公平和合理的结果。如果对方意愿合作，这种方法成本最低、效果最好。

2. 寻求法律专业人士或机构的帮助

如果当事人认为合同中的某些条款非常不公平或违法，而对方拒绝修改，可以寻求专业法律支持。

3. 放弃合同或者拒绝履行合同

如果当事人认为合同中的条款过于不公平，可以选择放弃合同。但是，如果已经签署了合同，那么放弃合同可能涉及违约和赔偿等法律责任，请务必慎重考虑。如果选择这个方案，建议咨询专业人士，并及早启动法律程序，减少损失。

无论选择哪种方案，如果发现合同有不合适的条款，请立即联系合同对方，并尽快采取行动。

**怎么办：**签订合同后，一般情况下合同立即成立生效。合同生效后如需对合同条款进行变更，只有双方合意或者司法机关裁判。

## 相关规定

**《民法典》**

**第一百四十二条** 有相对人的意思表示的解释，应当按照所使用的词句，结合相关条款、行为的性质和目的、习惯以及诚信原则，确定意思表示的含义。

无相对人的意思表示的解释，不能完全拘泥于所使用的词句，而应当结合相关条款、行为的性质和目的、习惯以及诚信原则，确定行为人的真实意思。

**第一百四十七条** 基于重大误解实施的民事法律行为，行为人有权请求人民法院或者仲裁机构予以撤销。

**第五百四十三条** 当事人协商一致，可以变更合同。

## 5

## 双方都签名盖章的空白合同是否有效？

**回　答：**一般情况下这份合同仍然有效。

**理　由：**合同以双方达成合意为生效条件，口头合同都可以为有效合同，所以内容有空白的合同当然是有效的。如果合同上有双方签名、日期和其他相关信息，这表明双方之间已经就合同达成了一致，只是暂时忘记或延迟填写某些条款。在这种情况下，合同也可能被认为是有效的。

对于空白部分，双方都有选择的权利。

怎么办：一不小心签署了空白合同怎么办？首先，要保证自己手里有一份同样的空白合同，证明双方当时签署的合同部分条款为空白；其次，在履行过程中要多向对方发出要求确认的信息，特别是对于空白的条款，要求对方确认履行内容，通过实际履行和其他方式对合同内容进行填补；最后，如果对空白内容产生争议，我们要从公平的角度区分各自权责。

必须签空白合同怎么办？双方最好能够基于空白部分进行说明，保留双方商议的证据，这样避免主张没有依据。

## 扩展1 合同文本进行了涂改，涂改的部分有效吗？

回　答：如果合同上发生了涂改，能够证明发生在签订完成前，包括涂改部分的合同都有效；如发生在合同签订后，除非经过所有当事人的同意并进行签字或盖章确认，否则涂改部分是无效的。

理　由：合同是一个双方合意一致的结果，合意过程中发生的合同修改并不影响合同效力。如果在签订合同后单方对合同文本进行涂改，涂改部分应对所有当事人都无效，除非获得对方当事人的确认。

碰到对方涂改合同文本的情况，我们也不要着急，只要我们能够证明合同文本与签订时不一致，我们就可以要求涂改部分无效。如果我们手里没有合同签订时的文本，我们还可以要求司法机关对合同上涂改的形成时间和痕迹进行鉴定。

怎么办：最好的方式是签署后各持一份一样的合同，以保证合同的完整性和可执行性。

## 相关规定

《民法典》

**第四百六十五条** 依法成立的合同，受法律保护。

依法成立的合同，仅对当事人具有法律约束力，但是法律另有规定的除外。

**第四百八十八条** 承诺的内容应当与要约的内容一致。受要约人对要约的内容作出实质性变更的，为新要约。有关合同标的、数量、质量、价款或者报酬、履行期限、履行地点和方式、违约责任和解决争议方法等的变更，是对要约内容的实质性变更。

**第四百八十九条** 承诺对要约的内容作出非实质性变更的，除要约人及时表示反对或者要约表明承诺不得对要约的内容作出任何变更外，该承诺有效，合同的内容以承诺的内容为准。

**第五百四十三条** 当事人协商一致，可以变更合同。

## 扩展2 分别持有的合同文本内容有出入，能否认定对方欺诈，该如何处理？

**回　答：**是否构成欺诈，要看出入的范围和内容。

**理　由：**如果因为不同文字使合同文本内容有出入，我们可以要求双方对出入内容重新商议；如果因为印刷而造成合同文本出入，我们可以要求根据实际达成的内容进行履行；如果其中一方故意制作多个不同内容的合同文本，可以认定其构成欺诈。

如果发现文本内容有出入，在合同签署的不同阶段，我们可以分别解决：

（1）签署前，仔细审查对方提供的合同文件，以确保内容符合双方的意愿和协商结果。如果发现合同内容与预期不符，可以考虑与对方沟通，要求进行修改，不修改就不要签署。

（2）签署中，如果认为对方故意修改了合同条款、隐瞒信息或者进行了其他欺诈行为，可以拒绝继续签署和履行。

（3）签署后，如果签署合同后发现双方文本有出入，需要尽快完成对不同合同内容的证据收集工作，同时对不同合同文本进行审核，确认是否影响己方合同权益。与对方协商，同步双方的履行，否则可以暂停履行。

（4）协商不成，我们可以申请仲裁或诉讼。

**怎么办：**持有合同文本内容有出入，我们应该先看的是自己的合同文本是否有利于自己；如果不利，我们就要找到最有利于我们的合同约定或者初始商议合同内容的文本，证明我们的合法权益和意思表示被对方篡改。

## 相关规定

《民法典》

**第一百四十二条**　有相对人的意思表示的解释，应当按照所使用的词句，结合相关条款、行为的性质和目的、习惯以及诚信原则，确定意思表示的含义。

无相对人的意思表示的解释，不能完全拘泥于所使用的词句，而应当结合相关条款、行为的性质和目的、习惯以及诚信原则，确定行为人的真实意思。

**第四百六十六条**　当事人对合同条款的理解有争议的，应当依据本法第一百四十二条第一款的规定，确定争议条款的含义。

合同文本采用两种以上文字订立并约定具有同等效力的，对各文本使用的词句推定具有相同含义。各文本使用的词句不一致的，应当根据合同的相关条款、性质、目的以及诚信原则等予以解释。

## 扩展3　合同一方盖章后，另一方在盖章时对合同内容进行了修改，合同是否有效？

**回　答：**合同并不成立。后面的合同当事人在盖章期间修改合同内容，属于发出新要约，只有之前盖章的当事人明示同意修改后的合同，这份合同才会有效。

**理　由：** 合同是当事人各方的共同意思表示。然而实践中很难碰到当事人共同对合同进行签章，合同盖章就有了前后顺序，有的时候盖章的周期可能还会长达1周甚至1个月。这种情况下，后面盖章的当事人就有机会对合同内容进行评价甚至进行修改。一般认为这种修改是一次新的要约，即便完成双方的盖章也不是双方意思达成一致，不能认为合同有效。

**怎么办：** 如果我们盖过章交对方盖章，拿回来后发现合同被修改，我们应该马上联系对方，就修改内容和修改情况进行了解，建议不要明确表态，先进行合同条款风险分析。建议在将自己单方盖过章的合同交给对方时，一定要扫描拍照留存底档，规避发生风险或纠纷的可能。

## 相关规定

**《民法典》**

**第四百八十八条**　承诺的内容应当与要约的内容一致。受要约人对要约的内容作出实质性变更的，为新要约。有关合同标的、数量、质量、价款或者报酬、履行期限、履行地点和方式、违约责任和解决争议方法等的变更，是对要约内容的实质性变更。

**第四百八十九条**　承诺对要约的内容作出非实质性变更的，除要约人及时表示反对或者要约表明承诺不得对要约的内容作出任何变更外，该承诺有效，合同的内容以承诺的内容为准。

## 6

## 双方在同一天签订多份合同的，该执行哪一份合同？

**回　答：**如果多份合同内容不一致，所有的合同都有效，也都应得到分别执行。如果合同标的物和内容一致，执行的是最后签订生效的那份合同。

**理　由：**从本书角度，多份合同我们要根据“人”“物”“事”“行”来分别分析：“人”是否一样？人不一样，也就是所有的合同都可能有冲突，对各个不同人的权益都需要判断。“物”是否一样？如果是特定物，那么合同必然冲突，我们必须选择一个合同履行。如果是种类物，那么所有合同都有履行的可能性。“事”是否一样？那就看事有没有交叉，如果有，就需要选择最后生效的那个合同去履行。再看能否“行”。如果合同履行冲突，只能择一去履行的时候，我们就要根据合同的实际履行情况、物权的变动情况、交易的履行程度等进行区分，择一履行。

当事人之间出现两份或者多份相同标的物的合同，实际都是未到期合同双方协商一致的再次签署；甚至存在合同签订后当事人不停反悔，合同内容也不停地产生变化。因一个交易一天签订了多版合同的情况，在这种情况下肯定是以最后达成一致的意思表示为准。但从法律角度来看，前面签订合同也是有效的，只不过后面签订合同对前面的合同内容进行了修改，最终执行的是修改后的合同。

如果是不同的合同内容，这个履行顺序就比较复杂了，特别是在合同有关联性的情况下，需要根据实际情况判定。实践中，我们理解的履行顺序是前置条件合同 > 可同时履行顺序合同 > 以其他合同履行为条件的合同。

本问题不涉及2023年12月5日施行的《合同编通则司法解释》第14条包含虚假意思表示的多份合同。如果出现了虚假意思表示，需要从客观事实和双方的主观表达中找到最终的真实意思表示，以此确认最终应该履行哪份合同，或者按照真实的意思表示确认双方的民事责任。

**怎么办：**我们可以通过在新签订的合同中对之前合同效力进行确认的方式，或者在合同签订日期后面增加能够区分顺序的签约时间方式，确认合同的效力顺序。根据最高人民法院《合同编通则司法解释》的规定，就同一交易订立多份合同的，其中如有虚假意思表示，则虚假意思表示订立的合同无效。

## 相关规定

**1.《民法典》**

**第四百九十条** 当事人采用合同书形式订立合同的，自当事人均签名、盖章或者按指印时合同成立。在签名、盖章或者按指印之前，当事人一方已经履行主要义务，对方接受时，该合同成立。

法律、行政法规规定或者当事人约定合同应当采用书面形式订立，当事人未采用书面形式但是一方已经履行主要义务，对方接受时，该合同成立。

**第四百九十一条** 当事人采用信件、数据电文等形式订立合同要求签订确认书的，签订确认书时合同成立。

当事人一方通过互联网等信息网络发布的商品或者服务信息符合要约条件的，对方选择该商品或者服务并提交订单成功时合同成立，但是当事人另有约定的除外。

**2.《最高人民法院关于适用〈中华人民共和国民法典〉合同编通则若干问题的解释》**

**第十四条** 当事人之间就同一交易订立多份合同，人民法院应当认定其中以虚假意思表示订立的合同无效。当事人为规避法律、行政法规的强制性规定，以虚假意思表示隐藏真实意思表示的，人民法院应当依据民法典第一百五十三条第一款的规定认定被隐藏合同的效力；当事人为规避法律、行政法规关于合同应当办理批准等手续的规定，以虚假意思表示隐藏真实意思表示的，人民法院应当依据民法典第五百零二条第二款的规定认定被隐藏合同的效力。

依据前款规定认定被隐藏合同无效或者确定不发生效力的，人民法院应当以被隐藏合同为事实基础，依据民法典第一百五十七条的规定确定当事人的民事责任。但是，法律另有规定的除外。

当事人就同一交易订立的多份合同均系真实意思表示，且不存在其他影响合同效力情形的，人民法院应当在查明各合同成立先后顺序和实际履行情况的基础上，认定合同内容是否发生变更。法律、行政法规禁止变更合同内容的，人民法院应当认定合同的相应变更无效。

## 扩展1 双方当事人对同一内容达成的两份合同的效力如何认定？

**回　答：**一般情况下，两份合同都有效。如果内容存在冲突或者约定不一致，一般执行最后签订的那份合同。

**理　由：**和问题6一样，如果这两份协议之间不存在任何冲突或矛盾，并且它们之间的条款和条件相同，那么可以认为这些协议是等效的。在这种情况下，任何一份协议都可以作为约束双方当事人的有效合同。

不过，如果这两份协议存在冲突，或者两份协议中的条款和条件不完全一致，那么需要进行解释和协商，以确定哪份协议应当具有优先权或者哪些条款应当得到遵守。要根据后置的合同是否认同对前置合同的修改、双方的履行行为是否表示履行其中一份合同、其他证据中是否表达了遵守其中一份合同约定等情况，判断不同合同的效力。

**怎么办：**面对同样内容的两份协议，一般要先找不同：没有不同，两份协议效力相同，等同于一份；如果出现不同，一般按照最后有效力的那一份协议履行。

## 相关规定

**1.《民法典》**

**第四百九十条** 当事人采用合同书形式订立合同的，自当事人均签名、盖章或者按指印时合同成立。在签名、盖章或者按指印之前，当事人一方已经履行主要义务，对方接受时，该合同成立。

法律、行政法规规定或者当事人约定合同应当采用书面形式订立，当事人未采用书面形式但是一方已经履行主要义务，对方接受时，该合同成立。

**第四百九十一条** 当事人采用信件、数据电文等形式订立合同要求签订确认书的，签订确认书时合同成立。

当事人一方通过互联网等信息网络发布的商品或者服务信息符合要约条件的，对方选择该商品或者服务并提交订单成功时合同成立，但是当事人另有约定的除外。

**2.《最高人民法院关于适用〈中华人民共和国民法典〉合同编通则若干问题的解释》**

**第十四条** 当事人之间就同一交易订立多份合同，人民法院应当认定其中以虚假意思表示订立的合同无效。当事人为规避法律、行政法规的强制性规定，以虚假意思表示隐藏真实意思表示的，人民法院应当依据民法典第一百五十三条第一款的规定认定被隐藏合同的效力；当事人为规避法律、行政法规关于合同应当办理批准等手续的规定，以虚假意思表示隐藏真实意思表示的，人民法院应当依据民法典第五百零二条第二款的规定认定被隐藏合同的效力。

依据前款规定认定被隐藏合同无效或者确定不发生效力的，人民法院应当以被隐藏合同为事实基础，依据民法典第一百五十七条的规定确定当事人的民事责任。但是，法律另有规定的除外。

当事人就同一交易订立的多份合同均系真实意思表示，且不存在其他影响合同效力情形的，人民法院应当在查明各合同成立先后顺序和实际履行情况的基础上，认定合同内容是否发生变更。法律、行政法规禁止变更合同内容的，人民法院应当认定合同的相应变更无效。

## 扩展2 当事人对多份补充协议的履行内容存在争议的，如何确定协议的最终履行内容？

**回　答：**这个和问题6及扩展1一样，在不冲突的情况下，所有的补充协议都是有效协议。

**理　由：**多份补充协议的效力应该根据具体情况来判断。一般来说，如果这些补充协议符合法律规定并被签署，那么它们都具有法律效力。

但是，需要注意的是，如果多份补充协议之间存在冲突或不一致，可能导致协议的效力受到影响。在这种情况下，需要对这些协议进行解释和协商，并找出其中的差异和相似之处。

此外，如果这些补充协议的内容与原始合同的条款和条件存在冲突，也可能影响原始合同的效力。

**怎么办：**一般来说，多份协议存在冲突的情况下最后签订的补充协议是双方的最终意思表示，与其冲突的部分应以最后签订为准，相冲突的意思表示也一般按照最后一次达成一致的意思表示为准。

### 相关规定

**《民法典》**

**第一百三十六条**　民事法律行为自成立时生效，但是法律另有规定或者当事人另有约定的除外。

行为人非依法律规定或者未经对方同意，不得擅自变更或者解除民事法律行为。

**第四百九十条** 当事人采用合同书形式订立合同的，自当事人均签名、盖章或者按指印时合同成立。在签名、盖章或者按指印之前，当事人一方已经履行主要义务，对方接受时，该合同成立。

法律、行政法规规定或者当事人约定合同应当采用书面形式订立，当事人未采用书面形式但是一方已经履行主要义务，对方接受时，该合同成立。

**第五百一十条** 合同生效后，当事人就质量、价款或者报酬、履行地点等内容没有约定或者约定不明确的，可以协议补充；不能达成补充协议的，按照合同相关条款或者交易习惯确定。

**第五百四十三条** 当事人协商一致，可以变更合同。

**第五百四十四条** 当事人对合同变更的内容约定不明确的，推定为未变更。

## 扩展3 合同签订后双方没有实际履行，又签订了新合同，一方当事人能否依据原合同“结算”条款主张合同权利？

**回　答：**一般情况下应按照新合同履行。

**理　由：**从“行”的角度，合同双方通过签订新合同对老合同进行了修改，视为达成新的意思一致，原合同的内容应被替代，而新合同则代替了原合同，并且具有更高的法律效力。因此，如果想主张合同权利，应该基于新合同的条款和条件来进行，而不是依据原合同的条款。

不过，如果原合同中的某些条款与新合同中的条款相同或者类似，那么这些条款可能仍然具有法律效力，你可以依据新合同中的这些条款来主张自己的权利。

如果原合同约定一些新合同没有的条款，则要根据双方的履行情况来判断这些合同条款的效力。如果双方履行了原合同中的内容，而且对方接受了履行，原合同中的部分条款可以视为有效。

**怎么办：** 只要新合同能够覆盖原合同，特别是新合同修改原合同时，原合同一般都可以视为不存在。

## 相关规定

《民法典》

**第一百三十六条** 民事法律行为自成立时生效，但是法律另有规定或者当事人另有约定的除外。

行为人非依法律规定或者未经对方同意，不得擅自变更或者解除民事法律行为。

**第五百零九条** 当事人应当按照约定全面履行自己的义务。

当事人应当遵循诚信原则，根据合同的性质、目的和交易习惯履行通知、协助、保密等义务。

当事人在履行合同过程中，应当避免浪费资源、污染环境和破坏生态。

**第五百四十三条** 当事人协商一致，可以变更合同。

7

## 该怎么区分格式条款和示范合同？

**回　答：** 两者对合同当事人具有不同的强制适用效力。格式条款一般为双方强制使用，而示范合同为大家参考使用；格式条款不允许协商，而示范合同允许协商。

**理　由：** 示范合同只是给订约双方订立合同提供了参考，不是法律意义上的格式条款。示范合同只是当事人双方签约时的参考文件，对当事人无强制约束力，双方既可以协商修改其条款形式和格式，也可以增减条款，因此它不是格式条款。法律对格式条款的定义是“当事人为了重复使用而预先拟定，并在订立合同时未与对方协商的条款”。所以，两者在法律上具有不同的地位。

**怎么办：** 如何识别格式条款和示范合同：如果对方持有的行业推广的示范文本，里面一般对双方的权利义务有较多的空白，双方需要对空白部分进行协商，可以进行修改。如果对方持有的是示范合同，但是里面的内容和权利义务均已填写完毕，不能进行协商，也不能修改，那么即便该合同是依据示范合同所编写的，这样的合同里面的条款也是格式条款。根据《合同编通则司法解释》的规定，仅以合同系依据合同示范文本制作，不能证明不是格式条款。

## 相关规定

**1.《民法典》**

**第四百九十六条** 格式条款是当事人为了重复使用而预先拟定，并在订立合同时未与对方协商的条款。

采用格式条款订立合同的，提供格式条款的一方应当遵循公平原则确定当事人之间的权利和义务，并采取合理的方式提示对方注意免除或者减轻其责任等与对方有重大利害关系的条款，按照对方的要求，对该条款予以说明。提供格式条款的一方未履行提示或者说明义务，致使对方没有注意或者理解与其有重大利害关系的条款的，对方可以主张该条款不成为合同的内容。

**2.《最高人民法院关于适用〈中华人民共和国民法典〉合同编通则若干问题的解释》**

**第九条** 合同条款符合民法典第四百九十六条第一款规定的情形，当事人仅以合同系依据合同示范文本制作或者双方已经明确约定合同条款不属于格式条款为由主张该条款不是格式条款的，人民法院不予支持。

从事经营活动的当事人一方仅以未实际重复使用为由主张其预先拟定且未与对方协商的合同条款不是格式条款的，人民法院不予支持。但是，有证据证明该条款不是为了重复使用而预先拟定的除外。

## 8

## 格式条款提供人尽到了提示和说明义务，格式条款就可以有效吗？

**回　答：**不一定，即便是尽到提示和说明义务，格式条款也可能因为具有其他无效情形而无效。

**理　由：**格式条款是否有效，不仅要看是否对该条款尽到了提示和说明义务，更要看该条款是否符合法律的规定，比如违反《民法典》第 497 条第 2 项的规定，“提供格式条款的一方不合理地免除或者减轻其责任、加重对方责任、限制对方主要权利”，即使提供人尽到了提示和说明义务格式条款也会无效。

格式条款提供人的提示和说明义务一般要求是主动提示、被动说明：主动提示要达到“足以引起对方注意”的程度，被动说明要达到常人能够理解的程度。否则，格式条款的提供人并不能视为履行了提示和说明义务。保险公司的合同条款提示和说明义务更加苛刻，特别是说明义务，要求对提问作出明确回复；签订保险合同则在《保险法》第 17 条中有规定，要求保险人对保险合同中责任免除条款，应当向投保人明确说明。在格式条款没有主动提示和被动说明的情况下，“对方可以主张该条款不成为合同的内容”，可以表述为将该格式条款视为不存在。

**怎么办：**无论格式条款提供人是否尽到了提示和说明义务，格式条款是否有效都应该注意其是否满足法律规定的无效要求。

### 相关规定

**1. 《民法典》**

**第一百四十六条**　行为人与相对人以虚假的意思表示实施的民事法律行

为无效。

以虚假的意思表示隐藏的民事法律行为的效力，依照有关法律规定处理。

**第一百五十三条** 违反法律、行政法规的强制性规定的民事法律行为无效。但是，该强制性规定不导致该民事法律行为无效的除外。

违背公序良俗的民事法律行为无效。

**第一百五十四条** 行为人与相对人恶意串通，损害他人合法权益的民事法律行为无效。

**第四百九十六条** 格式条款是当事人为了重复使用而预先拟定，并在订立合同时未与对方协商的条款。

采用格式条款订立合同的，提供格式条款的一方应当遵循公平原则确定当事人之间的权利和义务，并采取合理的方式提示对方注意免除或者减轻其责任等与对方有重大利害关系的条款，按照对方的要求，对该条款予以说明。提供格式条款的一方未履行提示或者说明义务，致使对方没有注意或者理解与其有重大利害关系的条款的，对方可以主张该条款不成为合同的内容。

**第五百零六条** 合同中的下列免责条款无效：

（一）造成对方人身损害的；

（二）因故意或者重大过失造成对方财产损失的。

**2.《最高人民法院关于适用〈中华人民共和国民法典〉合同编通则若干问题的解释》**

**第十条** 提供格式条款的一方在合同订立时采用通常足以引起对方注意的文字、符号、字体等明显标识，提示对方注意免除或者减轻其责任、排除或者限制对方权利等与对方有重大利害关系的异常条款的，人民法院可以认定其已经履行民法典第四百九十六条第二款规定的提示义务。

提供格式条款的一方按照对方的要求，就与对方有重大利害关系的异常条款的概念、内容及其法律后果以书面或者口头形式向对方作出通常能够理解的解释说明的，人民法院可以认定其已经履行民法典第四百九十六条第二款规定的说明义务。

提供格式条款的一方对其已经尽到提示义务或者说明义务承担举证责任。对于通过互联网等信息网络订立的电子合同，提供格式条款的一方仅以采取了设置勾选、弹窗等方式为由主张其已经履行提示义务或者说明义务的，人民法院不予支持，但是其举证符合前两款规定的除外。

**3.《消费者权益保护法》**

**第二十六条** 经营者在经营活动中使用格式条款的，应当以显著方式提请消费者注意商品或者服务的数量和质量、价款或者费用、履行期限和方式、安全注意事项和风险警示、售后服务、民事责任等与消费者有重大利害关系的内容，并按照消费者的要求予以说明。

经营者不得以格式条款、通知、声明、店堂告示等方式，作出排除或者限制消费者权利、减轻或者免除经营者责任、加重消费者责任等对消费者不公平、不合理的规定，不得利用格式条款并借助技术手段强制交易。

格式条款、通知、声明、店堂告示等含有前款所列内容的，其内容无效。

## 扩展1 格式条款是不是只出现在合同中？

**回　答：**不是所有的印制条款都是格式条款，只有不能商议的对交易产生重大影响的条款才是格式条款，包括合同条款，也包括合同以外的制式单据条款、公告、交易限制措施等。

**理　由：**格式条款有很多种，既可以是合同条款，也可以是店堂公告，还可以是制式单据上印制的条款，只要这些内容涉及我们交易中的相关权利义务，并且具有未经协商、事先拟定的性质，就可以认为是格式条款。

一般认为格式条款具有3个特征：事先拟定、反复使用、未经协商。个人认为反复使用是格式条款的目的。因此，一般情况下，辨别格式条款从事先拟定和未经协商两个方面去识别就可以。

我们看到的很多合同中的条款都是格式条款，但是法律意义上的格式条款仅指“免除或者减轻其责任等与对方有重大利害关系的条款”，而不是合同中的全部条款。一般认为有重大利害关系的条款为《民法典》第470条所规定的合同一般应包括的条款。

**怎么办：**影响交易的不可协商的条件都可能是格式条款，无论是在合同中还是在其他的附件、告知书、交易限制措施中等。如果是我们制定的，我们就需要提前将以上内容发给对方，请对方确认。如果是交易对手制定的，严重限制我们的交易利益时，我们应在签订合同前明确指出，不应等将来主张格式合同无效；特别是作为商事主体的公司，对商事主体法院一般认为该主体具有超过自然人的注意义务。

## 相关规定

**《民法典》**

**第四百七十条** 合同的内容由当事人约定，一般包括下列条款：

（一）当事人的姓名或者名称和住所；

（二）标的；

（三）数量；

（四）质量；

（五）价款或者报酬；

（六）履行期限、地点和方式；

（七）违约责任；

（八）解决争议的方法。

当事人可以参照各类合同的示范文本订立合同。

**第四百九十六条** 格式条款是当事人为了重复使用而预先拟定，并在订立合同时未与对方协商的条款。

采用格式条款订立合同的，提供格式条款的一方应当遵循公平原则确定当事人之间的权利和义务，并采取合理的方式提示对方注意免除或者减轻其责任等与对方有重大利害关系的条款，按照对方的要求，对该条款予以说明。提供格式条款的一方未履行提示或者说明义务，致使对方没有注意或者理解与其有重大利害关系的条款的，对方可以主张该条款不成为合同的内容。

## 扩展2 办理健身卡的协议中“发生损伤概不负责”格式条款有效吗？

**回　答：** 无效。

**理　由：** 违反了《民法典》第506条的规定，无论是否构成格式条款，是否进行主动提示和被动说明，均无效。

**怎么办：** 该条款无效，健身房该承担的责任还是要承担。

**相关规定**

**《民法典》**

**第五百零六条** 合同中的下列免责条款无效：

（一）造成对方人身损害的；

（二）因故意或者重大过失造成对方财产损失的。

## 扩展3 商家合同文书中列明“最终解释权归商场”的条款，此条款有效吗？

**回　答：** 该约定无效。

**理　由：** 无论是在合同中还是在商场公示的促销信息中，“最终解释权归商场”条款都是无法发生效力的，因为该约定排除了当事人对合同和交易的解释权。

**怎么办：**该条款基本可以忽略。

**扩展4** **健身房、美容店等消费场所办了会员年卡的，会员协议的条款约定“余款不退”“本卡一经售出恕不退款”的，该约定有效吗？**

（本问题，团队内有争议，所以有两个回答，一般情况下法院更加支持第一个回答）

**回答1：**该条款约定无效。条款无效但不代表合同或协议无效，更不意味着消费者可以随时解除合同并要求商家退款。消费者是否能要求退款需要结合具体情形综合判断。

**理　由：**消费者是合同的当事人一方，行为不仅受到《民法典》的调整，同时还受到《消费者权益保护法》的保护。从消费者与商家签订的合同中存在“余款不退”或“本卡一经售出恕不退款”等表述来看，笔者认为这类条款已经涉及“提供格式条款一方免除其责任、加重对方责任、排除对方主要权利的情形”，排除的是合同当事人的法定解除权，免除自身因为违反合同约定的违约责任，不仅违反《民法典》的规定，还违反《消费者权益保护法》的相关规定，有违公平性原则，应当属于无效格式条款。

合同中格式条款的无效，仅仅是该格式条款不发生作用，并非整个合同无效。因此该条款的无效不影响合同其他条款的效力，消费者与商家仍然需要继续履行合同义务。

**怎么办：**作为消费者想要退款，意欲发生解除合同的效果，不能仅提出这类格式条款无效，而且还需合同履行符合合同解除的条件。当满足《民法典》第563条规定解除合同的情形时，人民法院会根据消费者与商家双方的过错，依据公平原则综合判断商家需要向消费者退还的具体金额。对于消费者有利的情况是健身房、美容院等商家履行合同过程中存在根本违约或者其他严重违约的情形，例如，经营者搬离到较远位置或经营者无法继续提供服务等行为，从而符合法定解除权的情形，此时消费者可以不用承担违约责任并与商家解除合同。

## 相关规定

**1.《民法典》**

**第一百五十六条** 民事法律行为部分无效，不影响其他部分效力的，其他部分仍然有效。

**第四百九十七条** 有下列情形之一的，该格式条款无效：

（一）具有本法第一编第六章第三节和本法第五百零六条规定的无效情形；

（二）提供格式条款一方不合理地免除或者减轻其责任、加重对方责任、限制对方主要权利；

（三）提供格式条款一方排除对方主要权利。

**第五百六十三条** 有下列情形之一的，当事人可以解除合同：

（一）因不可抗力致使不能实现合同目的；

（二）在履行期限届满前，当事人一方明确表示或者以自己的行为表明不履行主要债务；

（三）当事人一方迟延履行主要债务，经催告后在合理期限内仍未履行；

（四）当事人一方迟延履行债务或者有其他违约行为致使不能实现合同目的；

（五）法律规定的其他情形。

**2.《消费者权益保护法》**

**第十条** 消费者享有公平交易的权利。

消费者在购买商品或者接受服务时，有权获得质量保障、价格合理、计量正确等公平交易条件，有权拒绝经营者的强制交易行为。

**第二十六条** 经营者在经营活动中使用格式条款的，应当以显著方式提请消费者注意商品或者服务的数量和质量、价款或者费用、履行期限和方式、安全注意事项和风险警示、售后服务、民事责任等与消费者有重大利害关系的内容，并按照消费者的要求予以说明。

经营者不得以格式条款、通知、声明、店堂告示等方式，作出排除或者限制消费者权利、减轻或者免除经营者责任、加重消费者责任等对消费者不公平、不合理的规定，不得利用格式条款并借助技术手段强制交易。

格式条款、通知、声明、店堂告示等含有前款所列内容的，其内容无效。

**第五十三条** 经营者以预收款方式提供商品或者服务的，应当按照约定提供。未按照约定提供的，应当按照消费者的要求履行约定或者退回预付款；并应当承担预付款的利息、消费者必须支付的合理费用。

**回答2：**约定是否有效，同时该约定是否必然导致合同无效和可解除，要看合同和履行的具体细节，我们更应该关注如何促进交易，而不是确认条款无效。

**理　由：**虽然从条款本身来说，该条款符合格式条款的定义，但我们要根据全合同的约定和履行情况进行综合评价，格式条款提供人是否尽到了主动说明和被动解释的责任，还要根据会员协议中的退卡或者退款责任的全面约定，比如是否包含其他已经提供的服务等进行综合考虑。格式条款并不天然无效。在主动说明的情况下，本问题的格式条款不应无效，特别是有交易的对价合同，还是应该诚信履行。

如果退卡约定均为格式条款，实际上也是对商业自由交易和公平选择行为的否认，会影响商业交易的稳定性。

不允许退卡或退款的条款实际上具有不得单方解除合同的意思，如问题39中的“永不反悔”条款意思一致，该约定应具有不得单方解除的效果。“永不反悔”和“不得退款”需要根据不同的商业交易环境来考虑。该格式条款并未造成当事人的权利义务失衡，该格式条款在主动提示和被动说明完成的情况下有效。当事人不得行使单方解除权，只能协商解除或者申请法定解除。

有些格式条款实际上在某些程度上导致了商家在某些方面的相对弱势，基于保护更广大消费者的角度对格式条款进行约束没有任何问题。在现在互联网的时代背景下，商业透明化有了很大进步，我们不需要对格式条款过于敏感。格式条款在很多时候可以起到降低交易成本的作用；如果过于严苛，反而可能会增加交易的成本。实际上更好的方式是经济手段，法律上赋予更高的商业欺诈赔偿数额，商家可能会更加注意自己的行为，消费者也更有意愿去维护自己的利益。

**怎么办：**“售出概不退款”的约定不能一概认为无效。如果符合公平原则并且商家予以主动提示，该条款实际是一种合意的不得单方解除的约定。如果限制单方解除权，双方可通过协商解除或者申请法定解除的方式维护自己的权益。

**篇　后：**法律应该维护消费者的权益，但更应维护交易的可预期性，以达到促进交易的目的。从格式合同本身来讲，其满足了“人”“物”“事”的约定，同时订立合同的目的也是一致的，如果没有被欺诈或者显失公平，仅以格式条款为由就视部分条款效力存在瑕疵不合理。因此，建议可以赋予消费者更多的权益保障措施，比如更高的赔偿额度和可信赖利益上限，这样才能给社会一个更积极的履行环境。

就本问题，如果交易过程符合公平原则，那就不能仅以格式条款为由解除合同，不能滥用解除权和知情权。如果店家确实存在恶意，当事人的民事赔偿诉求金额可以更高一点，比如在这种情况下支持合理的维权费用，对于店家的恶意行为评价在经济赔偿中体现，这样才能推动社会进化。

本回答从维护交易的稳定性和公正性上来看，对于格式条款，建议一定程度上可以“松一下绑”。从吴光荣教授对此类违约金约定方面的立法者思维的思考来看，立法者可能更加关注违约金解绑之后可能产生以优势地位造成的不公平加剧，造成交易的不平等，这也许是立法者对格式条款严格规定的原因。从这个角度来看，商家可以从违约金角度来保证合同的履行，比如一方行使解除权时，承担违约赔偿后，可以解除合同，从而减少“一经售出概不退款”条款的使用。

## 相关规定

**1.《民法典》**

**第六条** 民事主体从事民事活动，应当遵循公平原则，合理确定各方的权利和义务。

**第七条** 民事主体从事民事活动，应当遵循诚信原则，秉持诚实，恪守承诺。

**第一百三十六条** 民事法律行为自成立时生效，但是法律另有规定或者当事人另有约定的除外。

行为人非依法律规定或者未经对方同意，不得擅自变更或者解除民事法律行为。

**第四百九十七条** 有下列情形之一的，该格式条款无效：

（一）具有本法第一编第六章第三节和本法第五百零六条规定的无效情形；

（二）提供格式条款一方不合理地免除或者减轻其责任、加重对方责任、限制对方主要权利；

（三）提供格式条款一方排除对方主要权利。

**第四百九十八条** 对格式条款的理解发生争议的，应当按照通常理解予以解释。对格式条款有两种以上解释的，应当作出不利于提供格式条款一方的解释。格式条款和非格式条款不一致的，应当采用非格式条款。

**2.《最高人民法院关于适用〈中华人民共和国民法典〉合同编通则若干问题的解释》**

**第十条** 提供格式条款的一方在合同订立时采用通常足以引起对方注意的文字、符号、字体等明显标识，提示对方注意免除或者减轻其责任、排除或者限制对方权利等与对方有重大利害关系的异常条款的，人民法院可以认定其已经履行民法典第四百九十六条第二款规定的提示义务。

提供格式条款的一方按照对方的要求，就与对方有重大利害关系的异常条款的概念、内容及其法律后果以书面或者口头形式向对方作出通常能够理解的解释说明的，人民法院可以认定其已经履行民法典第四百九十六条第二款规定的说明义务。

提供格式条款的一方对其已经尽到提示义务或者说明义务承担举证责任。对于通过互联网等信息网络订立的电子合同，提供格式条款的一方仅以采取了设置勾选、弹窗等方式为由主张其已经履行提示义务或者说明义务的，人民法院不予支持，但是其举证符合前两款规定的除外。

## 扩展5 加盟经营合同中约定年限较长的竞业禁止和保守商业秘密条款是否属于显失公平的条款？

**回　答：**该问题不太具体，但从语义来说，竞业禁止条款无效，商业秘密条款有效。

**理　由：**保守商业秘密是一种基础的商业道德，所以年限的长短无损商业秘密条款的有效性。

竞业禁止属于一种特定的合作或劳动条款用语，不适用于加盟合同。加盟合同有效期间，对于加盟商一定的同业禁止是合理的，但是年限过长实际阻碍了商业的竞争和选择权。《民法典》第497条对《合同法》（已失效）第40条的核心变动就是增加了“不合理”的限制，合理性是我们对格式条款的核心考虑。

**怎么办：**用常人理解的方式去理解，这样的期限是否合理，如果不合理，当事人可以请求该条款不成立。

**相关规定**

《民法典》

**第四百九十七条** 有下列情形之一的，该格式条款无效：

（一）具有本法第一编第六章第三节和本法第五百零六条规定的无效情形；

（二）提供格式条款一方不合理地免除或者减轻其责任、加重对方责任、限制对方主要权利；

（三）提供格式条款一方排除对方主要权利。

## 9

## 格式合同中的权利义务是否可以更改？

**回　答：** 签订过程无法更改，如果可以更改，它就不是格式合同了；如果签订后当事人认为是格式条款，双方可以补充协议或者通过诉讼方式对格式合同中的权利义务进行更改。

**理　由：** 格式条款的核心特性就是未经协商，能够协商那就证明其不是格式条款。

**怎么办：** 双方可以协商，通过补充协议对格式条款进行变更是一种改变现状的办法，也是一种从根本上解决问题的方式。

**相关规定**

《民法典》

**第四百九十六条** 格式条款是当事人为了重复使用而预先拟定，并在订立合同时未与对方协商的条款。

采用格式条款订立合同的，提供格式条款的一方应当遵循公平原则确定当事人之间的权利和义务，并采取合理的方式提示对方注意免除或者减轻其责任等与对方有重大利害关系的条款，按照对方的要求，对该条款予以说明。提供格式条款的一方未履行提示或者说明义务，致使对方没有注意或者理解与其有重大利害关系的条款的，对方可以主张该条款不成为合同的内容。

10

## 合同和协议的区别是什么？

**回　答：**合同是协议的一种，合同是法律意义上特定的协议。

**理　由：**本质上没有区别，只是法律意义上的区别。合同和协议最大的区别就是协议可以包括合同，而合同不能包括协议。协议可以是身份性质的，比如离婚协议、婚内财产协议。

合同的名称叫合同还是协议均不影响合同本身的效力，合同的效力还是要看合同的内容及条款约定。

**怎么办：**叫合同还是叫协议并不重要；重要的是是否有效，能否得到执行。

第二章

# “人”

## 第一节 合同中的“人”

合同中的“人”指的是合同签署和履行的主体。合同主体又称合同的当事人，即合同中约定的双方或多方，合同签订和履行的自然人或者法人。任何合同都需要有明确的合同主体，缺少合同主体将导致合同无法成立。

在合同中，每个当事人都需要具备一定的法律地位和行为能力。一般来说，当事人可以是自然人、法人、非法人组织等。

自然人，是指具有完全民事权利能力和完全民事行为能力的个体。

法人，是指依照法律规定成立并具有独立法律地位的组织。

非法人组织，是指不具有法人资格但能够作为合同当事人进行民事活动的组织。

此外，在某些特殊情况下，如未成年人、法人分支机构也可以作为合同当事人，但需要符合一定的法律规定和限制条件。

如何确认合同中的人是否符合合同要求？可以通过对人的真实性、完善性、资质、签署四个方面，来确认合同中的“人”是否符合合同的签订标准。

### “人”的真实性

很多人看到这个问题觉得没有必要，毕竟都来签合同了，还能是假的？但在我们日常所碰到的很多案例中这个“人”还真的会出现“假的”。比如我们就碰到过合同中一家大企业法人代表签了名，但盖的章是假的；还有一个房屋合同买卖纠纷，合同的签订人不是房屋的权利方，仅是租户。

在签订合同的过程中，我们需要辨别：合同中是谁在与我们签署合同？合同中约定的“人”是谁？谁是有权利签署合同的“人”？

在签订合同时一定要确认签署的名字和合同上打印的名字是否一致，核对合同中的“人”名是否和身份证、营业执照名称完全一致，避免产生纠纷和维权障碍；在确认的过程中，还要保留对方的证件复印件。

在与法人机关或者受托人签订合同时，我们必须确认受托人是否有权签署，避免产生合同效力问题。

### “人”的完善性

在签署合同时，我们还要注意合同中主体信息的完善性。我们需要更加详细的信息以锁定具体的合同履行人，确认合同中权责的承担主体。

我们要在合同中确定姓名/名称、身份证号码/统一社会信用代码、住址、联系方式、授权委托人/法定代表人等信息，让我们能够精确地找到“人”。

### “人”的签约资质

人的资质，是要求这个“人”符合合同履行的要求。对“人”的资质的判断包括：这个“人”是否是法律上的人？是否具备履行合同的能力？是否符合合同签署的条件？

对于“人”的资质，自然人的判断是最简单的。大家都知道一般合同签订者都应是具有完全民事行为能力的成年人，否则其签订行为应经法定代理人同意、追认或代实施。

自然人以外的“人”的资质问题就复杂得多。最简单的方法，就是看对方有没有国家发的相关资质证书，目前法人、非法人组织基本都有统一社会信用代码，这和人的身份证号码一样，决定了这个“人”是否符合签约条件。

同时我们还要看他们的经营范围，虽然不具备经营资质的合同一方或双方签订的合同不必然导致合同无效，但作为合同的签署方，我们还是有相关注意义务的。如因不具备相关资质产生了损失，法院一般会认为守约方对此没有尽到合理的注意义务，而判决其承担相应的责任。所以对方的经营范围，也是我们应注意的内容。

**“人”的合同签署**

对于签署问题，简单地说就是有权签、签完整。

有权签是要求在合同上的签章最好是本人或者企业的公章，否则签名的人要得到合同中当事人的充分授权，能附授权文件最好。我们最常碰到的合同纠纷就是其中一方不承认是其签字或是签字的人无权签字。

签完整是要求签全名，与身份证（营业执照）名字一致，还要求全套合同文件所有需要签章的地方都要加盖和签署完毕，最后再加盖骑缝指印（章）。签完整，是为了确定各方身份与证件相一致，保证“人”的真实性和唯一性；也是为了证明合同中的约定是共同意思表示。特别是存在格式条款情况下，对于单独的承诺、担保需要独立签署；证明格式条款已经提示到位，从而保证格式条款的有效性和可履行性。

## 第二节 “人”的问题是基础问题

### 11

### 合同的对方如果是小孩，合同是否有效?

**回　答：** 根据合同内容判断合同的效力。这里的小孩指 18 周岁以下，比如打酱油，一般认为合同有效；如果是买房，一般认为合同效力待定；如果是参与投资，一般认为无效。

**理　由：** 根据法律规定，8 周岁以上不满 18 周岁的未成年人属于限制民事行为能力人，其做出民事法律行为的，应当经其法定代理人追认或同意。如果法定代理人没有作出表示，视为拒绝追认，合同无效。

不满 8 周岁的小孩能不能自己花钱买东西？现实中小孩去小区商

店买东西，购物行为可以成立；但8周岁以上的未成年人，也只能买一些与年龄或智力相适应的东西。如果已经买了超过限度的东西，就要其监护人进行追认；如果没有获得追认，交易无效。当然这个条款也不能滥用，只要我们尽到了合理的注意义务（比如在小区商店里经常看到店家面对陌生的小孩买东西时，很多都会问“你爸妈呢”，往往根据小孩所指或者所叫的方向看到其亲属，这时候才会进行交易），合同也可以被认定为有效，不能随意撤销。即便尽到合理注意义务后合同依旧被撤销，商家也可以结合缔约过失的过错责任，要求未成年人及其监护人承担相应的赔偿责任，从而保护商家的合法利益，达到促进交易的目的。

**怎么办：** 只要尽到相关的注意义务，小朋友日常的小额合同效力是被支持的。但是面对涉及重大利益的合同，小朋友往往没有履行能力，也很难确定卖方是否出于善意，此类情况下合同的效力都是待定。

## 相关规定

**1. 《民法典》**

**第十三条** 自然人从出生时起到死亡时止，具有民事权利能力，依法享有民事权利，承担民事义务。

**第十七条** 十八周岁以上的自然人为成年人。不满十八周岁的自然人为未成年人。

**第十八条** 成年人为完全民事行为能力人，可以独立实施民事法律行为。

十六周岁以上的未成年人，以自己的劳动收入为主要生活来源的，视为完全民事行为能力人。

**第十九条** 八周岁以上的未成年人为限制民事行为能力人，实施民事法律行为由其法定代理人代理或者经其法定代理人同意、追认；但是，可以独立实施纯获利益的民事法律行为或者与其年龄、智力相适应的民事法律行为。

**2.《最高人民法院关于适用〈中华人民共和国民法典〉合同编通则若干问题的解释》**

**第十一条** 当事人一方是自然人，根据该当事人的年龄、智力、知识、经验并结合交易的复杂程度，能够认定其对合同的性质、合同订立的法律后果或者交易中存在的特定风险缺乏应有的认知能力的，人民法院可以认定该情形构成民法典第一百五十一条规定的"缺乏判断能力"。

## 扩展1 自然人父母代签的合同是否有效？

**回　答：** 未成年人父母代签的合同有效，成年人的父母代签的效力待定。即便是未成年人的父母代签，如果合同内容不单纯为受益性合同的话，也要根据合同的内容来判断合同效力。

**理　由：** 未成年人的监护人一般为父母。一般情况下，父母享有天然的代理权限，所以父母代未成年人签署的合同有效；反而是未成年人直接签署的合同效力待定。特殊情况下，如果该合同不单纯是受益性质，我们就需要分别去判断合同的效力。比如未成年人签署长期的演艺合约，这种合约的性质在法律上无争议时，双方履行没问题，只要有争议就可能被认定为无效合同。

如果被代签的是成年人，替其签约的父母就不享有天然的代理权，因此父母代成年人子女签署的合同需要专门的授权才会有效。

**怎么办：** 合同中的"人"，最低的要求就是一个独立的人，父母代签合同的行为只能在法律直接规定和授权范围内。如果有代签行为，那么在合同中最好直接写明代签人与其关系，并注明相关的权责。

**合同条款实例：**

监护人姓名：____（身份证号码：____），是合同当事人____之__________（与合同当事人的关系），是合同当事人的监护人。

本监护人已经详细阅读了上述文件全部条款及内容，包括涉及我方违约责任、权利限制的条款。

本监护人以法定代理人的身份，同意签署上述文件。

## 相关规定

《民法典》

**第二十七条** 父母是未成年子女的监护人。

未成年人的父母已经死亡或者没有监护能力的，由下列有监护能力的人按顺序担任监护人：

（一）祖父母、外祖父母；

（二）兄、姐；

（三）其他愿意担任监护人的个人或者组织，但是须经未成年人住所地的居民委员会、村民委员会或者民政部门同意。

**第二十八条** 无民事行为能力或者限制民事行为能力的成年人，由下列有监护能力的人按顺序担任监护人：

（一）配偶；

（二）父母、子女；

（三）其他近亲属；

（四）其他愿意担任监护人的个人或者组织，但是须经被监护人住所地的居民委员会、村民委员会或者民政部门同意。

**第三十四条** 监护人的职责是代理被监护人实施民事法律行为，保护被监护人的人身权利、财产权利以及其他合法权益等。

监护人依法履行监护职责产生的权利，受法律保护。

监护人不履行监护职责或者侵害被监护人合法权益的，应当承担法律责任。

因发生突发事件等紧急情况，监护人暂时无法履行监护职责，被监护人的生活处于无人照料状态的，被监护人住所地的居民委员会、村民委员会或者民政部门应当为被监护人安排必要的临时生活照料措施。

**第三十五条** 监护人应当按照最有利于被监护人的原则履行监护职责。监护人除为维护被监护人利益外，不得处分被监护人的财产。

未成年人的监护人履行监护职责，在作出与被监护人利益有关的决定时，应当根据被监护人的年龄和智力状况，尊重被监护人的真实意愿。

成年人的监护人履行监护职责，应当最大程度地尊重被监护人的真实意愿，保障并协助被监护人实施与其智力、精神健康状况相适应的民事法律行为。对被监护人有能力独立处理的事务，监护人不得干涉。

## 扩展2 对方隐瞒了与合同相关的重要个人信息，合同签订后才发现，合同是否有效?

**回　答：** 如构成合同瑕疵，需要承担违约责任；如造成合同目的无法实现，可能导致合同无效。

**理　由：** 合同是合同各方基于对对方信息的了解所形成的意思表示一致的集合。如一方当事人在签署合同的过程中隐瞒了个人信息，可能影响到双方达成共同意思表示，该隐瞒则可能是欺诈行为。如果一方当事人在签署合同的过程中隐瞒了个人信息，但没有对合同内容造成实质性影响，那么该合同是有效的。不过，隐瞒信息的当事人应该承担违约责任，并承担相应的经济赔偿责任。

如果隐瞒个人信息属于影响合同达成意思一致的重要事实，且对于合同的履行乃至成立具有重大影响，那么这份合同可能会被认为无效或部分无效。

例如，如果劳动者在入职时隐瞒与所应聘职业相关的关键健康状况信息，而这些信息对用人单位是否同意签订劳动合同至关重要，那么，当发生争议时，法院可能会判定此合同无效。

**怎么办：** 在签署合同前，合同双方都应尽可能地充分告知对方与合同有关的信息，避免隐瞒重要事实导致纠纷的发生。发现对方隐瞒个人信息的事实后，也要尽快联系通知对方，避免发生我方虽然有理。但是因为超过了时效而权利失效的情况。

## 相关规定

《民法典》

**第七条** 民事主体从事民事活动，应当遵循诚信原则，秉持诚实，恪守承诺。

**第五百条** 当事人在订立合同过程中有下列情形之一，造成对方损失的，应当承担赔偿责任：

（一）假借订立合同，恶意进行磋商；

（二）故意隐瞒与订立合同有关的重要事实或者提供虚假情况；

（三）有其他违背诚信原则的行为。

## 12

## 个人在签合同时没有签名而是加盖个人印章，是否有效？

**回　答：** 合同有效。

**理　由：** 合同的“人”，只要能够提供明确的指向性，而且确定是特定的“人”作出了签订合同的意思表示，这个合同就是有效的；印章和签名只是一种确认方式，单纯按指印的方式也可以视为合同签署。

个人印章也是常见的签名方式，通常用于代表个人或公司签署文件。个人可以自行设计和制作印章，并使用该印章进行签名。

根据《民法典》第490条的规定，作为当事人，可以选择盖章，也可以签名或者按指印以此作为对合同的认可。

《最高人民法院关于适用〈中华人民共和国民事诉讼法〉的解释》

第91条的规定：“人民法院应当依照下列原则确定举证证明责任的承担，但法律另有规定的除外：（一）主张法律关系存在的当事人，应当对产生该法律关系的基本事实承担举证证明责任；（二）主张法律关系变更、消灭或者权利受到妨害的当事人，应当对该法律关系变更、消灭或者权利受到妨害的基本事实承担举证证明责任。”如果合同中自然人一方使用的是私人印章，我方要主张合同关系成立时，就有相关举证责任证明双方有合同合意，该印章能够代表该自然人的意思表示。对于我方来说，个人印章的使用问题主要在于争议发生后对方可能否认个人印章的存在，为预防此类问题的出现，就需要我方对合同签署过程收集更多的证据。

**怎么办：**如果对方选择用自然人印鉴的方式签署合同，我方最好能够留存签章过程的照片或采用其他证明手段，避免我方无法证明签章时使用印鉴的人是谁。

**合同条款实例：**

本合同自甲、乙双方签名、盖章之日起生效。

## 判例

**最高人民法院（2017）最高法民申1350号民事裁定书**

主张合同成立一方完成初步的举证责任之后，自然人印章一方应证明印章非其所有且并没有达成合同合意的意思表示。

## 相关规定

**《民法典》**

**第四百九十条** 当事人采用合同书形式订立合同的，自当事人均签名、盖章或者按指印时合同成立。在签名、盖章或者按指印之前，当事人一方已经履行主要义务，对方接受时，该合同成立。

法律、行政法规规定或者当事人约定合同应当采用书面形式订立，当事人未采用书面形式但是一方已经履行主要义务，对方接受时，该合同成立。

## 扩展 合同上签字只签姓有效吗?

**回　答：**要根据实际情况来确定合同效力。

**理　由：**《民法典》的要求是签名，这里的签名一般指能够代表特定个体的姓名。当事人可以使用自己的姓名、汉语拼音、外文署名等签署，但必须是真实、完整、明确的签名。如果签字只签姓，不能表达完整的个人信息，可能难以证明签字人的真实意愿和身份，尤其是在涉及重要的法律文件或商业合同时，可能会产生纠纷。

如果能够证明是本人签署的，在该签署有特定性情况下，使用只签姓的签名也会被认为是有效的，如签署普通授权书等较为简单的文件。

**怎么办：**合同指向“人”的特定性，这是基础要求。建议在签署合同时尽可能使用完整的签名，包括姓氏和名字，以确保签名指向的有效性和证明力。

## 13

## 机关内部的事业单位能否签署合同?

**回　答：**从事经营活动的事业单位可以成为合同的主体单位，以公益为目的的事业单位和社会团体在签署特定合同时民事权利受限，比如对外保证等。

**理　由：**机关内部的事业单位是一种经济实体，也是一种特殊的民事主体。其民事主体资格的认定通常需要参考以下几个方面：

机构设置：事业单位应当按照法定程序设立，并向有关行政主管部门进行备案。因此，在认定事业单位的民事主体资格时，需要查看其是否已经依法设立。

组织形式：事业单位在组织形式上一般采用独立核算、自负盈亏的方式，可以单独承担民事责任，具有相对独立的经济实体性质。

财务收支：事业单位的经费来自国家财政拨款和社会捐赠等渠道，其财务收支与国家机关的财务收支相对独立。因此，事业单位在经济活动中的财务收支情况也是作为认定其民事主体资格的重要依据之一。

法律地位：事业单位在法律上享有一定的自治权利，其组织管理和经营活动受到相关法律规定的保护。

只要这家事业单位可以独立履行合同约定的权责，这家事业单位就是合同中合格的"人"。签署的合同所支付的对价用的是事业单位有所有权的钱，合同也会有效。合同中如果约定用的是其他机构的钱，这份合同的效力就存疑，需要从授权、资质、合同目的等方面综合判断。

**怎么办：** 合同的内容是关于这家事业单位自己的工作，合同就有效；不是这家事业单位的工作，这份合同的效力就需要具体判断。

## 相关规定

《民法典》

**第九十七条** 有独立经费的机关和承担行政职能的法定机构从成立之日起，具有机关法人资格，可以从事为履行职能所需要的民事活动。

## 扩展1 民办学校在外面签署的合同是否有效？

**回　答：** 民办学校签署的合同一般都有效；但民办学校签署的合同如果违反关于民办学校的相关法律强制性的规定，可能会无效。

**理　由：**民办学校是民事法律的合法主体，既可以对外签署合同，同时也可以以民办学校自身的资产对外承担责任。一般情况下其作为服务方，是合法的教育培训活动的提供者，有权依据合同约定向受训者收取培训费用，并承担相应的义务和责任，如提供优质的教育培训服务、保证培训效果等。但作为一个社会中的服务提供者，其也需要与外界的其他企事业单位或个人签订合同，包括劳动合同、餐饮服务合同、教学设备服务合同等。民办学校在不同合同中承担不同的角色，这些合同一般都有效。

民办学校签订的合同内容包含提供超过其国家批准办学范围以外的教育服务的，合同可能无效；民办学校签订的将学校或教学资格承包经营的合同是无效合同；非营利性民办学校的对外担保行为是无效的。

**怎么办：**民办学校为正常的经营活动而签署的合同一般都是有效的。

## 相关规定

**《民法典》**

**第七十六条**　以取得利润并分配给股东等出资人为目的成立的法人，为营利法人。

营利法人包括有限责任公司、股份有限公司和其他企业法人等。

**第七十七条**　营利法人经依法登记成立。

**第七十八条**　依法设立的营利法人，由登记机关发给营利法人营业执照。营业执照签发日期为营利法人的成立日期。

**第八十七条**　为公益目的或者其他非营利目的成立，不向出资人、设立人或者会员分配所取得利润的法人，为非营利法人。

非营利法人包括事业单位、社会团体、基金会、社会服务机构等。

**第八十八条**　具备法人条件，为适应经济社会发展需要，提供公益服务设立的事业单位，经依法登记成立，取得事业单位法人资格；依法不需要办理法人登记的，从成立之日起，具有事业单位法人资格。

## 扩展2 建筑企业的项目经理（项目部）是否具备合同主体资格?

**回　答：** 建筑企业的项目经理（项目部）一般不具有合同主体资格，其签署的合同一般是由建筑企业承担其中的权责。

**理　由：** 建筑企业的项目经理（项目部）往往只是公司的一个员工（部门），其财产和权利都不具备独立性，不能作为独立的合同主体。项目部独立采购办公用品等材料这一流程，从表面看合同主体是项目部或项目经理，实际上在财务和合同关系上最终仍由建筑企业承担全部责任。项目部或项目经理在合同上的签章会被视为代表建筑企业，如果建筑企业能够证明其不存在对项目经理或项目部的授权，则该签章的合同可能被认定为无效合同。

我们日常中也不要怕和项目部（项目经理个人签章需要注意合同内容）签合同，只要我们签署的合同在项目部项目范围内，同时我们实际履行了，无论合同是否有效，我们都可以基于合同的实际履行主张权益。

**怎么办：** 如果需要和建筑公司项目部合作，我们首先要看的就是签字盖章的"人"是否在该合作中具有权限，如权限有瑕疵，最好的方式就是让建筑公司签章。如果已经开始履行项目部签章的合同，我们应该留存相关供应或者履行合同的全面证据，在合同可能无效的情况下，证明我们实际履行的内容，从而减少可能造成的损失。

### 相关规定

**《民法典》**

**第七十四条** 法人可以依法设立分支机构。法律、行政法规规定分支机构应当登记的，依照其规定。

分支机构以自己的名义从事民事活动，产生的民事责任由法人承担；也可以先以该分支机构管理的财产承担，不足以承担的，由法人承担。

## 扩展3 企业被注销后是否还能签署或履行合同?

**回　答:** 企业在被依法注销之后，不再具备独立的民事主体资格，不能进行新的民事活动，但可以在注销后继续履行合同。

**理　由:** 企业注销后，其财产和权利义务由清算组织依照法律程序进行清算、处置和分配。在清算期间，企业仍然存在，但其职能已经发生了变化，主要任务是处理未了结的债务和清理各项账目。因清算和处理未了结的债务所签订的合同仍然有效，但在这时最好是由清算组签署合同。

需要注意的是，在企业被注销后，其原有的合同关系不会自动失效，已签署的合同仍然有效，并且注销前所产生的债务、责任等仍需承担。

**怎么办:** 企业注销，只是特定的“人”从法律意义上不存在了，不能签订新的合同，并不等于之前签订的合同不需要履行、不需要承担责任。如果一家企业未通知债权人就注销，相关清算组成员或股东可能需要以股东财产对债权人承担责任。

### 相关规定

**《民法典》**

**第七十二条**　清算期间法人存续，但是不得从事与清算无关的活动。

法人清算后的剩余财产，按照法人章程的规定或者法人权力机构的决议处理。法律另有规定的，依照其规定。

清算结束并完成法人注销登记时，法人终止；依法不需要办理法人登记的，清算结束时，法人终止。

## 扩展4 宅基地买卖合同应该和谁签?

**回　答：** 宅基地理论上只能在集体成员内流转，宅基地买卖合同应与宅基地房屋所有人签署，同时宅基地买卖应经集体即村民委员会书面同意。

**理　由：** 农村宅基地产权归村集体所有，由村集体分配给村民使用，村民在宅基地上建房子居住，房屋的产权属于村民私有。宅基地使用权是集体经济组织成员享有的权利，与特定的身份关系相联系，农村私有房屋买卖中买房人名义上是买房，实际上是买地，在房地一体的格局下，处分房屋的同时也处分了宅基地。私下交易损害集体经济组织的合法权益，宅基地的转让无效。农村宅基地买卖的必要程序为：

（1）宅基地买卖应经集体即村民委员会书面同意；

（2）如系共有房屋，必须征得其他共有人同意；

（3）应提交户口簿、居民身份证及土地证、房产证等相关材料的原件；

（4）应到产权登记部门查看房屋产权是否存在瑕疵，如是否存在抵押等担保、是否有人民法院采取查封等财产保全措施；

（5）应订立书面买卖合同并办理审批、过户等手续。

因为宅基地买卖合同涉及两个不同物权主体，因此宅基地合同的有效性经常被质疑，我们需要对购买的宅基地了解清楚，同时宅基地是所属集体经济组织内部成员才有权持有，这点需要注意。

买卖宅基地时应订立书面买卖合同并办理审批、过户等手续。宅基地买卖合同应由相关职能部门审批，并办理"宅基地证"或"集体土地使用证"的过户更名手续；还应到房产管理部门依法办理"房产证"的过户更名手续。

**怎么办：**宅基地的交易合同最好与原宅基地使用人、村集体共同签署。交易流程最好是先付定金，再审批，审批通过后付尾款。

## 相关规定

**《民法典》**

**第二百六十条** 集体所有的不动产和动产包括：

（一）法律规定属于集体所有的土地和森林、山岭、草原、荒地、滩涂；

（二）集体所有的建筑物、生产设施、农田水利设施；

（三）集体所有的教育、科学、文化、卫生、体育等设施；

（四）集体所有的其他不动产和动产。

**第二百六十一条** 农民集体所有的不动产和动产，属于本集体成员集体所有。

下列事项应当依照法定程序经本集体成员决定：

（一）土地承包方案以及将土地发包给本集体以外的组织或者个人承包；

（二）个别土地承包经营权人之间承包地的调整；

（三）土地补偿费等费用的使用、分配办法；

（四）集体出资的企业的所有权变动等事项；

（五）法律规定的其他事项。

**第三百六十二条** 宅基地使用权人依法对集体所有的土地享有占有和使用的权利，有权依法利用该土地建造住宅及其附属设施。

**第三百六十三条** 宅基地使用权的取得、行使和转让，适用土地管理的法律和国家有关规定。

**第三百六十四条** 宅基地因自然灾害等原因灭失的，宅基地使用权消灭。对失去宅基地的村民，应当依法重新分配宅基地。

**第三百六十五条** 已经登记的宅基地使用权转让或者消灭的，应当及时办理变更登记或者注销登记。

14

## 一方在合同书上签字，但实际干活和获益的是第三人，这种情况下谁才是合同当事人？

**回　答：** 签名的人和干活的人都是合同的当事人。

**理　由：** 合同中的“人”不仅包括合同中签名的当事人，还包括履行合同的当事人，也包括合同约定对合同享有一定权责的人，因此合同中的当事人往往是一个大的概念。当一方在合同书上签字，但实际享有权利和履行义务的为第三人时，如果在签署合同时，已经根据实际情况在合同中明确约定相关履行为第三人，那么第三人也应是合同关系的当事人，也应遵守相关法律法规和合同约定。

作为合同中需要承担责任的“人”，最好在合同签字时整整齐齐，避免出现合同签署权争议，或者是否为真实意思表示的争议。

**怎么办：** 在合同中约定第三人承担责任的情况下，最好让第三人也签名或盖章，使合同在“人”的意思表示上没有瑕疵，避免履行过程中产生争议。

### 相关规定

《民法典》

**第一百六十八条**　代理人不得以被代理人的名义与自己实施民事法律行为，但是被代理人同意或者追认的除外。

代理人不得以被代理人的名义与自己同时代理的其他人实施民事法律行为，但是被代理的双方同意或者追认的除外。

**第一百七十一条**　行为人没有代理权、超越代理权或者代理权终止后，仍然实施代理行为，未经被代理人追认的，对被代理人不发生效力。

相对人可以催告被代理人自收到通知之日起三十日内予以追认。被代理人未作表示的，视为拒绝追认。行为人实施的行为被追认前，善意相对人有撤销的权利。撤销应当以通知的方式作出。

行为人实施的行为未被追认的，善意相对人有权请求行为人履行债务或者就其受到的损害请求行为人赔偿。但是，赔偿的范围不得超过被代理人追认时相对人所能获得的利益。

相对人知道或者应当知道行为人无权代理的，相对人和行为人按照各自的过错承担责任。

**第一百七十二条** 行为人没有代理权、超越代理权或者代理权终止后，仍然实施代理行为，相对人有理由相信行为人有代理权的，代理行为有效。

**第四百六十四条** 合同是民事主体之间设立、变更、终止民事法律关系的协议。

婚姻、收养、监护等有关身份关系的协议，适用有关该身份关系的法律规定；没有规定的，可以根据其性质参照适用本编规定。

**第四百六十五条** 依法成立的合同，受法律保护。

依法成立的合同，仅对当事人具有法律约束力，但是法律另有规定的除外。

**第五百零三条** 无权代理人以被代理人的名义订立合同，被代理人已经开始履行合同义务或者接受相对人履行的，视为对合同的追认。

## 扩展1 债务人在债权人发出的债务逾期催收通知书上签字或者盖章的行为，能否认为是对债务的自认？

**回　答：** 视为对债务的自认。

**理　由：** 签字或盖章等行为是表达当事人真实意思的有效方式之一，具有法律效力。如果债务人签署了债权人发出的债务逾期催收通知书，那么就已经承认了债务并同意履行相应的还款义务。因此，在诉讼过程中，债权人可以提供该催收通知书作为证据来证明债务人的债务认可和承诺，以维护自己的权益。

该签字盖章的行为一般还会被认为是债权人完成了催告义务，对于债务人的诉讼时效会重新起算。

需要注意的是，债务人签署的债权人发出的催收通知书只能证明债务人承认了债务的事实，但不能替代合同、协议等法律文件的证据地位。如果债务人与债权人之间有签署的法律文件，那么需要依据该法律文件的约定来处理争议。

**怎么办：** 债权人发出债务逾期催收通知书的意图有两个：明确债务和诉讼时效中断。作为债务人应该对此有明确的了解，特别是在通知书上面的债务数额有争议的情况下，不要随便签字、盖章。

## 相关规定

《民法典》

**第一百四十条** 行为人可以明示或者默示作出意思表示。

沉默只有在有法律规定、当事人约定或者符合当事人之间的交易习惯时，才可以视为意思表示。

**第四百六十九条** 当事人订立合同，可以采用书面形式、口头形式或者其他形式。

书面形式是合同书、信件、电报、电传、传真等可以有形地表现所载内容的形式。

以电子数据交换、电子邮件等方式能够有形地表现所载内容，并可以随时调取查用的数据电文，视为书面形式。

**第四百七十一条** 当事人订立合同，可以采取要约、承诺方式或者其他方式。

**第四百九十条** 当事人采用合同书形式订立合同的，自当事人均签名、盖章或者按指印时合同成立。在签名、盖章或者按指印之前，当事人一方已经履行主要义务，对方接受时，该合同成立。

法律、行政法规规定或者当事人约定合同应当采用书面形式订立，当事人未采用书面形式但是一方已经履行主要义务，对方接受时，该合同成立。

**第四百九十一条** 当事人采用信件、数据电文等形式订立合同要求签订确认书的，签订确认书时合同成立。

当事人一方通过互联网等信息网络发布的商品或者服务信息符合要约条件的，对方选择该商品或者服务并提交订单成功时合同成立，但是当事人另有约定的除外。

## 扩展2 当事人以第三方名义签订合同，能否以借用名义签约的理由否定合同效力？

**回　答：** 不影响合同效力。

**理　由：** 首先要确定合同中的“人”是否具有相关民事主体资格，是否有能力签订和履行合同，其次要看签名或盖章的人是否有权代表这个“人”。如果签约过程中，签订人有权代表第三方，而合同相对方认可这个事实，同时合同没有违反法律的强制性规定，那么这份合同的效力并没有任何问题。

合同的“人”出问题导致合同效力瑕疵，一般来说有两点：“人”非人（无民事权利），“人”无权（签章人没有代表权限）。

如果以上两点不存在，这份合同就有效力：合同中的实际履行方是实际签约人，第三人对该合同签订的意思表示就不产生法律效力，实际履行的当事人之间为事实法律关系；第三方为合同的履行人，对该合同的签署作出了签订合同的意思表示，该合同对第三人有效。

**怎么办：** 如果碰上对方要以第三方名义签订合同的情况，首先我们要核对合同约定的“人”是否有能力履行合同，能否达到合同目的；其次核实出面签约的“人”是否有权代表第三方签章。以上做完，该合同的效力就不会有“人”的瑕疵。

## 相关规定

《民法典》

**第一百六十八条** 代理人不得以被代理人的名义与自己实施民事法律行为，但是被代理人同意或者追认的除外。

代理人不得以被代理人的名义与自己同时代理的其他人实施民事法律行为，但是被代理的双方同意或者追认的除外。

**第一百七十一条** 行为人没有代理权、超越代理权或者代理权终止后，仍然实施代理行为，未经被代理人追认的，对被代理人不发生效力。

相对人可以催告被代理人自收到通知之日起三十日内予以追认。被代理人未作表示的，视为拒绝追认。行为人实施的行为被追认前，善意相对人有撤销的权利。撤销应当以通知的方式作出。

行为人实施的行为未被追认的，善意相对人有权请求行为人履行债务或者就其受到的损害请求行为人赔偿。但是，赔偿的范围不得超过被代理人追认时相对人所能获得的利益。

相对人知道或者应当知道行为人无权代理的，相对人和行为人按照各自的过错承担责任。

**第一百七十二条** 行为人没有代理权、超越代理权或者代理权终止后，仍然实施代理行为，相对人有理由相信行为人有代理权的，代理行为有效。

**第四百六十五条** 依法成立的合同，受法律保护。

依法成立的合同，仅对当事人具有法律约束力，但是法律另有规定的除外。

## 15

## 公司签合同，应该法定代表人签字还是公司盖章？

**回　答：**只要能从签字和盖章中看到这个公司有签约的意思表示，无论是法定代表人签字还是公司盖章都会使合同有效。如果能体现出来合同中的

"人"是公司，无论是法定代表人签字、授权代表人签字还是公司盖章都可以，一般情况下更认同公司盖章能代表公司的意思表示。

**理　由：** 合同是各方的一致意思表示，签约实际就是意思表示最后的确认和表达。合同签署实际上是为了确定合同的权利、义务、责任的归属，无论是签名还是盖章都不会影响合同内容的效力，签署不合格只是会增加主张合同成立一方的举证责任。

公司法定代表人代表法人行使职权，其在合同上签字的行为，代表法人的意思表示，不加盖公司公章也不影响合同成立，而加盖公司公章是确认公司对合同内容和条款的认可和确认，方便证明合同的法律效力和适用性。

无论是公司盖章还是法定代表人签字，都表明当事人签约的意愿，愿意遵守相关法律法规和合同约定。如果只进行了盖章或者签字中的一种，那么可能会对合同的法律效力产生潜在影响，留下争议的可能。因此，在签署合同时，建议采用盖章加签字的方式，并在合同上进行标注，以确保合同的法律效力。

**怎么办：** 签署合同时应当遵守相关法律法规和合同约定，同时根据实际情况选择合适的签署方式，最好是法定代表人签字加公司盖章，以确保合同具有法律效力和适用性。

## 判例

### 1. 最高人民法院（2014）最高法民申字第1767号民事裁定书

合同约定经双方授权代表签字、盖章之日起生效，但实际上双方授权代表未签字、盖章，而是由当事人亲自签字、盖章的，效力更高于授权代表签名，应认定合同生效。

### 2. 最高人民法院（2013）最高法民申字第72号民事裁定书

合同约定经双方签字盖章后生效，虽当事人法定代表人或其委托代理人未在合同上签字，但盖有当事人真实公章的，足以表明合同是当事人的真实意思表示。

## 相关规定

**《民法典》**

**第五条** 民事主体从事民事活动，应当遵循自愿原则，按照自己的意思设立、变更、终止民事法律关系。

**第六十一条** 依照法律或者法人章程的规定，代表法人从事民事活动的负责人，为法人的法定代表人。

法定代表人以法人名义从事的民事活动，其法律后果由法人承受。

法人章程或者法人权力机构对法定代表人代表权的限制，不得对抗善意相对人。

**第一百一十九条** 依法成立的合同，对当事人具有法律约束力。

**第一百三十三条** 民事法律行为是民事主体通过意思表示设立、变更、终止民事法律关系的行为。

**第一百六十一条** 民事主体可以通过代理人实施民事法律行为。

依照法律规定、当事人约定或者民事法律行为的性质，应当由本人亲自实施的民事法律行为，不得代理。

**第一百六十二条** 代理人在代理权限内，以被代理人名义实施的民事法律行为，对被代理人发生效力。

**第一百六十三条** 代理包括委托代理和法定代理。

委托代理人按照被代理人的委托行使代理权。法定代理人依照法律的规定行使代理权。

## 扩展1 合同仅有法定代表人的签字，未加盖单位公章，单位是否应承担责任？

**回　答：** 如果证明合同当事人是单位，合同有效，单位应该承担责任。

**理　由：** 公司法定代表人代表法人行使职权，其在合同上签字的行为，代表法人单位的意思表示，合同成立。

然而法定代表人不能将个人利益混杂于公司事务中，或者滥用职权损害公司或其他股东的利益。在签署合同时，法定代表人应当依照公司章程和法律法规等相关规定行使其职权，保障公司和其他股东的合法权益。公司在发现法定代表人滥用职权时，也要及时地行使抗辩权，及时止损。

**怎么办：**法定代表人的签名代表公司，无须加盖公章合同即有效。

## 相关规定

**1.《民法典》**

**第六十一条** 依照法律或者法人章程的规定，代表法人从事民事活动的负责人，为法人的法定代表人。

法定代表人以法人名义从事的民事活动，其法律后果由法人承受。

法人章程或者法人权力机构对法定代表人代表权的限制，不得对抗善意相对人。

**第一百一十九条** 依法成立的合同，对当事人具有法律约束力。

**第一百六十一条** 民事主体可以通过代理人实施民事法律行为。

依照法律规定、当事人约定或者民事法律行为的性质，应当由本人亲自实施的民事法律行为，不得代理。

**第一百六十二条** 代理人在代理权限内，以被代理人名义实施的民事法律行为，对被代理人发生效力。

**第一百六十三条** 代理包括委托代理和法定代理。

委托代理人按照被代理人的委托行使代理权。法定代理人依照法律的规定行使代理权。

**第五百零四条** 法人的法定代表人或者非法人组织的负责人超越权限订立的合同，除相对人知道或者应当知道其超越权限外，该代表行为有效，订立的合同对法人或者非法人组织发生效力。

**2.《最高人民法院关于适用〈中华人民共和国民法典〉合同编通则若干问题的解释》**

**第二十一条** 法人、非法人组织的工作人员就超越其职权范围的事项以法人、非法人组织的名义订立合同，相对人主张该合同对法人、非法人组织发生效力并由其承担违约责任的，人民法院不予支持。但是，法人、非法人组织有过错的，人民法院可以参照民法典第一百五十七条的规定判决其承担相应的赔偿责任。前述情形，构成表见代理的，人民法院应当依据民法典第一百七十二条的规定处理。

合同所涉事项有下列情形之一的，人民法院应当认定法人、非法人组织的工作人员在订立合同时超越其职权范围：

（一）依法应当由法人、非法人组织的权力机构或者决策机构决议的事项；

（二）依法应当由法人、非法人组织的执行机构决定的事项；

（三）依法应当由法定代表人、负责人代表法人、非法人组织实施的事项；

（四）不属于通常情形下依其职权可以处理的事项。

合同所涉事项未超越依据前款确定的职权范围，但是超越法人、非法人组织对工作人员职权范围的限制，相对人主张该合同对法人、非法人组织发生效力并由其承担违约责任的，人民法院应予支持。但是，法人、非法人组织举证证明相对人知道或者应当知道该限制的除外。

法人、非法人组织承担民事责任后，向故意或者有重大过失的工作人员追偿的，人民法院依法予以支持。

**第二十二条** 法定代表人、负责人或者工作人员以法人、非法人组织的名义订立合同且未超越权限，法人、非法人组织仅以合同加盖的印章不是备案印章或者系伪造的印章为由主张该合同对其不发生效力的，人民法院不予支持。

合同系以法人、非法人组织的名义订立，但是仅有法定代表人、负责人或者工作人员签名或者按指印而未加盖法人、非法人组织的印章，相对人能够证明法定代表人、负责人或者工作人员在订立合同时未超越权限的，人民法院应当认定合同对法人、非法人组织发生效力。但是，当事人约定以加盖印章作为合同成立条件的除外。

合同仅加盖法人、非法人组织的印章而无人员签名或者按指印，相对人能够证明合同系法定代表人、负责人或者工作人员在其权限范围内订立的，人民法院应当认定该合同对法人、非法人组织发生效力。

在前三款规定的情形下，法定代表人、负责人或者工作人员在订立合同时虽然超越代表或者代理权限，但是依据民法典第五百零四条的规定构成表见代表，或者依据民法典第一百七十二条的规定构成表见代理的，人民法院应当认定合同对法人、非法人组织发生效力。

## 扩展2 法定代表人的签名代表公司还是个人？

**回　答：**因为法定代表人具有法定代表公司的属性，其签名可以代表公司。同时作为自然人，其签名也可以代表个人，具体要看合同中的性质和权利义务指向哪一方。

**理　由：**法定代表人的签名既可以代表公司，也可以代表个人。作为法定代表人，其签名具有双重意义，一方面代表个人的真实意思表示，另一方面也代表公司的意思表示。合同中最需要先确定下来，谁是这个合同的真正主体，其将要在合同中享有相应权责。因此，合同中法定代表人的签名是代表公司意思还是个人意思，就有很大的区别了。

在面对具有多重身份的主体时，我们需要确认谁才是合同中的“人”，比如通过合同中的甲方、乙方的名称确认双方的身份，通过合同约定的权利义务来确认合同主体，通过合同实际履行情况确认实际合同履行人。即使签署人都一样，合同的主体也能够通过各种方式进行区分。

**怎么办：** 鉴于法定代表人的双重身份，最好的方式是通过在合同中打印甲乙双方的名称来锁定合同主体，也可以通过打印的内容确定我们的合同目的和合同的指向性。在签署时，在签署页明确说明其身份和代表权，并在合同上进行标注。

**相关规定**

《民法典》

**第一百六十一条** 民事主体可以通过代理人实施民事法律行为。

依照法律规定、当事人约定或者民事法律行为的性质，应当由本人亲自实施的民事法律行为，不得代理。

**第一百六十二条** 代理人在代理权限内，以被代理人名义实施的民事法律行为，对被代理人发生效力。

## 扩展3 法定代表人在合同上如果越权签字怎么办？

**回 答：** 相对人不知道越权时，合同有效。

**理 由：** 合同必须是当事人真实意思表示的结果，而且必须符合法律法规和合同约定的要求才能具备法律效力。如果其中一方的意思表示不真实，那么整个合同存在的效力基础就消失了，合同签署方超越权限也是一种意思表示不真实的情形，但本问题中签字人是法定代表人，法定代表人天然可以以法人名义从事活动，除相对人知道或者应当知道法定代表人超越权限外，该合同对法人机构有效。根据 2023 年 12 月 5 日施行的《合同编通则司法解释》第 20 条的规定，法定代表人、负责人在未取得授权情况下以法人名义订立合同，这需要考察相对人是否尽到合理审查义务，如果尽到合理审查义务，则成立表见代理，否则法院可能不支持合同对法人机构发生效力。

法人机构如果想主张法定代表人越权签字，各方对此协商不成的，只能向法院提起诉讼，要求法院对合同的效力进行确认。

需要注意的是，在合同纠纷案件中，法院通常会采用谨慎原则来审查合同的有效性，也就是说，如果法人机构主张法定代表人签订的合同无效，除非有明确证据证明对方恶意，否则法院会更倾向于认为合同是有效的。

**怎么办：** 建议在签署合同时，双方应当仔细核实对方的身份和授权情况，以避免不必要的风险和纠纷。如果法定代表人的签字行为损害了公司或其他股东的利益，那么相关方也可以通过法律手段追究其责任，包括但不限于要求法定代表人承担赔偿责任、撤换其职务等。

## 相关规定

**1.《民法典》**

**第六十一条** 依照法律或者法人章程的规定，代表法人从事民事活动的负责人，为法人的法定代表人。

法定代表人以法人名义从事的民事活动，其法律后果由法人承受。

法人章程或者法人权力机构对法定代表人代表权的限制，不得对抗善意相对人。

**第五百零四条** 法人的法定代表人或者非法人组织的负责人超越权限订立的合同，除相对人知道或者应当知道其超越权限外，该代表行为有效，订立的合同对法人或者非法人组织发生效力。

**2.《最高人民法院关于适用〈中华人民共和国民法典〉合同编通则若干问题的解释》**

**第二十条** 法律、行政法规为限制法人的法定代表人或者非法人组织的负责人的代表权，规定合同所涉事项应当由法人、非法人组织的权力机构或者决策机构决议，或者应当由法人、非法人组织的执行机构决定，法定代表人、负责人未取得授权而以法人、非法人组织的名义订立合同，未尽到合理审查义务的相对人主张该合同对法人、非法人组织发生效力并由其承担违约责任的，人民法院不予支持，但是法人、非法人组织有过错的，可以参照民法典第一百五十七条的规定判决其承担相应的赔偿责任。相对人已尽到合理审查义务，构成表见代表的，人民法院应当依据民法典第五百零四条的规定处理。

合同所涉事项未超越法律、行政法规规定的法定代表人或者负责人的代表权限，但是超越法人、非法人组织的章程或者权力机构等对代表权的限制，相对人主张该合同对法人、非法人组织发生效力并由其承担违约责任的，人民法院依法予以支持。但是，法人、非法人组织举证证明相对人知道或者应当知道该限制的除外。

法人、非法人组织承担民事责任后，向有过错的法定代表人、负责人追偿因越权代表行为造成的损失的，人民法院依法予以支持。法律、司法解释对法定代表人、负责人的民事责任另有规定的，依照其规定。

**第二十三条** 法定代表人、负责人或者代理人与相对人恶意串通，以法人、非法人组织的名义订立合同，损害法人、非法人组织的合法权益，法人、非法人组织主张不承担民事责任的，人民法院应予支持。法人、非法人组织请求法定代表人、负责人或者代理人与相对人对因此受到的损失承担连带赔偿责任的，人民法院应予支持。

根据法人、非法人组织的举证，综合考虑当事人之间的交易习惯、合同在订立时是否显失公平、相关人员是否获取了不正当利益、合同的履行情况等因素，人民法院能够认定法定代表人、负责人或者代理人与相对人存在恶意串通的高度可能性的，可以要求前述人员就合同订立、履行的过程等相关事实作出陈述或者提供相应的证据。其无正当理由拒绝作出陈述，或者所作陈述不具合理性又不能提供相应证据的，人民法院可以认定恶意串通的事实成立。

## 扩展4 法定代表人盖个人印鉴能否代替签名?

回　答：除加盖公章外，法定代表人在合同上加盖个人印鉴可以代替签名，不影响合同效力。

理　由：在公司作为合同一方当事“人”时，法人的个人印章不能完全代替签名（这一点和问题12以及问题15扩展1存在一定冲突，基于实践中的法院和代理争议诉讼的实务，得出本结论）。日常生活中，法人的个人印章可能会在很多地方使用，没有公章仅有个人印鉴，法人机构可能会否定其作出过签订本合同的意思表示。缺乏公司盖章，仅存在法定代表人的个人印鉴，有时候难以证明签约双方达成一致的真实意思表示，合同的真实性和有效性也将受到质疑。

怎么办：在签署合同时，除由公司的法定代表人或经授权代表进行签名，最好要保证加盖公司的公章，以保证合同具有法律效力和适用性，减少争议。

## 扩展5 公司财务负责人在相关担保合同及担保财产清单上签字，能否视为代表公司签署合同?

回　答：一般不视为代表公司签署合同。除非有明确授权，否则财务负责人的签名是证明民事法律关系存在的补充证据，不能视为公司作出同意签署合同的意思表示。

理　由：公司的法定代表人或经授权代表才具有代表公司实施民事法律行为的权利和义务。即使是公司的其他高级管理人员，其在相关文件上签字也仅能代表其本人认可发生的内容，而不能代表公司作出合同签订的意思表示，除非该管理人员被授权代表公司在该特定事项上表达意见或签署文件。

在签署担保合同及担保财产清单时，应由公司的法定代表人或经授权代表进行签字，以确保签署合同的法律效力。如果公司的财务负责人需要在该事项中发挥作用，其相应的权利和义务应当在授权委托书或其他形式的权利与义务确认文件中明确说明。

2023 年 12 月 5 日施行的《合同编通则司法解释》第 21 条对法人、非法人组织的工作人员超越职权订立合同问题做了进一步规定，从该条规定上看，法院的态度更多的是维护民商事行为的稳定性和可期待性，对非超越法定职权，仅是一般性超越职权签订的合同效力基本予以支持。作为企业的运营管理，更应该注意日常的管理规范性，加强印章管理、授权管理和履行管理，降低合同签订风险。

**怎么办：**签名不能只看职务，更要看合同的签字权利，职务不代表权利，即使是公司的董事长，在不是法定代表人的情况下，无授权即无权代表公司签署合同。需要注意，2023 年修正的《公司法》将经理的职权规定全部删除，2024 年 7 月 1 日之后，经理的权限可能会形成争议，签署合同时对方是经理需要注意委托权限问题。最好的解决方式是谁签合同都提供授权委托书。

## 相关规定

**1.《最高人民法院关于适用〈中华人民共和国民法典〉合同编通则若干问题的解释》**

**第二十一条** 法人、非法人组织的工作人员就超越其职权范围的事项以法人、非法人组织的名义订立合同，相对人主张该合同对法人、非法人组织发生效力并由其承担违约责任的，人民法院不予支持。但是，法人、非法人组织有过错的，人民法院可以参照民法典第一百五十七条的规定判决其承担相应的赔偿责任。前述情形，构成表见代理的，人民法院应当依据民法典第一百七十二条的规定处理。

合同所涉事项有下列情形之一的，人民法院应当认定法人、非法人组织的工作人员在订立合同时超越其职权范围：

（一）依法应当由法人、非法人组织的权力机构或者决策机构决议的事项；

（二）依法应当由法人、非法人组织的执行机构决定的事项；

（三）依法应当由法定代表人、负责人代表法人、非法人组织实施的事项；

（四）不属于通常情形下依其职权可以处理的事项。

合同所涉事项未超越依据前款确定的职权范围，但是超越法人、非法人组织对工作人员职权范围的限制，相对人主张该合同对法人、非法人组织发生效力并由其承担违约责任的，人民法院应予支持。但是，法人、非法人组织举证证明相对人知道或者应当知道该限制的除外。

法人、非法人组织承担民事责任后，向故意或者有重大过失的工作人员追偿的，人民法院依法予以支持。

**第二十二条** 法定代表人、负责人或者工作人员以法人、非法人组织的名义订立合同且未超越权限，法人、非法人组织仅以合同加盖的印章不是备案印章或者系伪造的印章为由主张该合同对其不发生效力的，人民法院不予支持。

合同系以法人、非法人组织的名义订立，但是仅有法定代表人、负责人或者工作人员签名或者按指印而未加盖法人、非法人组织的印章，相对人能够证明法定代表人、负责人或者工作人员在订立合同时未超越权限的，人民法院应当认定合同对法人、非法人组织发生效力。但是，当事人约定以加盖印章作为合同成立条件的除外。

合同仅加盖法人、非法人组织的印章而无人员签名或者按指印，相对人能够证明合同系法定代表人、负责人或者工作人员在其权限范围内订立的，人民法院应当认定该合同对法人、非法人组织发生效力。

在前三款规定的情形下，法定代表人、负责人或者工作人员在订立合同时虽然超越代表或者代理权限，但是依据民法典第五百零四条的规定构成表见代表，或者依据民法典第一百七十二条的规定构成表见代理的，人民法院应当认定合同对法人、非法人组织发生效力。

**2.《公司法》**

**第七十四条** 有限责任公司可以设经理，由董事会决定聘任或者解聘。

经理对董事会负责，根据公司章程的规定或者董事会的授权行使职权。经理列席董事会会议。

## 扩展6 公司的法定代表人在对外签订合同时已经被停止职务，但未办理工商变更登记，公司能否主张合同无效？

**回　答：** 公司可以主张合同无效，但合同的相对方也可以主张合同有效。最终是否有效，要根据该合同签订的实际情况及合同相对方是否善意来判断。

**理　由：** 公司的法定代表人或者经授权代表签署的合同具有法律效力，即使其职务发生了变更也不会影响该合同的效力。这时候，如果公司主张合同无效，需要举证证明合同相对方在签署合同过程中明知发生了该变动，对于该合同不存在善意。如果合同相对方存在善意，该合同也并不存在其他合同无效或者合同解除情形的，合同可以被认定为有效。

公司的法定代表人身份发生变更后应当及时进行工商变更登记，以便保障公司的合法权益和避免不必要的纠纷。如果公司未能及时办理变更登记，为维护社会交易的稳定预期，其法定代表人或者经授权代表其后签署的合同仍然具有法律效力。如果法定代表人的签字行为损害了公司或其他股东的利益，那么公司也可以通过法律手段追究其责任，包括要求法定代表人承担赔偿责任。

**怎么办：** 在签署合同时，建议双方核实对方的身份和代表权，并明确各自的权利和义务，以避免不必要的风险和纠纷。

## 相关规定

**1.《民法典》**

**第五百零四条** 法人的法定代表人或者非法人组织的负责人超越权限订立的合同，除相对人知道或者应当知道其超越权限外，该代表行为有效，订立的合同对法人或者非法人组织发生效力。

**2.《最高人民法院关于适用〈中华人民共和国民法典〉合同编通则若干问题的解释》**

**第二十条** 法律、行政法规为限制法人的法定代表人或者非法人组织的负责人的代表权，规定合同所涉事项应当由法人、非法人组织的权力机构或者决策机构决议，或者应当由法人、非法人组织的执行机构决定，法定代表人、负责人未取得授权而以法人、非法人组织的名义订立合同，未尽到合理审查义务的相对人主张该合同对法人、非法人组织发生效力并由其承担违约责任的，人民法院不予支持，但是法人、非法人组织有过错的，可以参照民法典第一百五十七条的规定判决其承担相应的赔偿责任。相对人已尽到合理审查义务，构成表见代表的，人民法院应当依据民法典第五百零四条的规定处理。

合同所涉事项未超越法律、行政法规规定的法定代表人或者负责人的代表权限，但是超越法人、非法人组织的章程或者权力机构等对代表权的限制，相对人主张该合同对法人、非法人组织发生效力并由其承担违约责任的，人民法院依法予以支持。但是，法人、非法人组织举证证明相对人知道或者应当知道该限制的除外。

法人、非法人组织承担民事责任后，向有过错的法定代表人、负责人追偿因越权代表行为造成的损失的，人民法院依法予以支持。法律、司法解释对法定代表人、负责人的民事责任另有规定的，依照其规定。

## 扩展7 主债务人与连带保证人的法定代表人为同一人，该法定代表人只在催款通知单的债务人一栏内签字并加盖公章，能否认定债务人和保证人均收到以上通知？

**回　答：** 可以认为债务人和保证人都收到了这个通知。

**理　由：** 公司的法定代表人或经授权代表签署的合同具有法律效力。主债务人的法定代表人在该通知单上签字并加盖公章即可视为通知已生效，而该法定代表人既代表债务人又代表连带保证人，因此也可以认定保证人已经收到了该通知。

**怎么办：** 如果不同意通知单内容，应在通知单上提出书面异议，鉴于通知单上两个主体的法定代表人为同一人，为避免意思表示冲突，最好使用公司盖章，而不选择签名，避免另一方产生被动自认。

## 扩展8 如果主张合同的签订人没有权利代表公司签字，谁负责举证？

**回　答：** 我国的证据规则一般都是“谁主张，谁举证”，这种情况下，主张签订人无权签署的一方负责举证。

**理　由：** 如果一方认为签署合同的人没有权利代表公司签字，那么需要由主张方提供举证材料来证明该签字人确实没有代表公司签署合同的权利。需要注意的是，如果签署人在整个合同谈判和实际操作中一直被视为有代表公司签署合同的权利，即便签署人在签署时没有得到公司的明确授权，该合同仍然具有有效性。

**怎么办：** 在签署合同时，双方应当谨慎核实对方的身份和代表权，并明确各自的权利和义务，以避免不必要的风险和纠纷。

## 相关规定

**1.《民法典》**

**第六十一条** 依照法律或者法人章程的规定，代表法人从事民事活动的负责人，为法人的法定代表人。

法定代表人以法人名义从事的民事活动，其法律后果由法人承受。

法人章程或者法人权力机构对法定代表人代表权的限制，不得对抗善意相对人。

**第五百零四条** 法人的法定代表人或者非法人组织的负责人超越权限订立的合同，除相对人知道或者应当知道其超越权限外，该代表行为有效，订立的合同对法人或者非法人组织发生效力。

**2.《最高人民法院关于适用〈中华人民共和国民法典〉合同编通则若干问题的解释》**

**第二十一条** 法人、非法人组织的工作人员就超越其职权范围的事项以法人、非法人组织的名义订立合同，相对人主张该合同对法人、非法人组织发生效力并由其承担违约责任的，人民法院不予支持。但是，法人、非法人组织有过错的，人民法院可以参照民法典第一百五十七条的规定判决其承担相应的赔偿责任。前述情形，构成表见代理的，人民法院应当依据民法典第一百七十二条的规定处理。

合同所涉事项有下列情形之一的，人民法院应当认定法人、非法人组织的工作人员在订立合同时超越其职权范围：

（一）依法应当由法人、非法人组织的权力机构或者决策机构决议的事项；

（二）依法应当由法人、非法人组织的执行机构决定的事项；

（三）依法应当由法定代表人、负责人代表法人、非法人组织实施的事项；

（四）不属于通常情形下依其职权可以处理的事项。

合同所涉事项未超越依据前款确定的职权范围，但是超越法人、非法人组织对工作人员职权范围的限制，相对人主张该合同对法人、非法人组织发生效力并由其承担违约责任的，人民法院应予支持。但是，法人、非法人组织举证证明相对人知道或者应当知道该限制的除外。

法人、非法人组织承担民事责任后，向故意或者有重大过失的工作人员追偿的，人民法院依法予以支持。

**第二十二条** 法定代表人、负责人或者工作人员以法人、非法人组织的名义订立合同且未超越权限，法人、非法人组织仅以合同加盖的印章不是备案印章或者系伪造的印章为由主张该合同对其不发生效力的，人民法院不予支持。

合同系以法人、非法人组织的名义订立，但是仅有法定代表人、负责人或者工作人员签名或者按指印而未加盖法人、非法人组织的印章，相对人能够证明法定代表人、负责人或者工作人员在订立合同时未超越权限的，人民法院应当认定合同对法人、非法人组织发生效力。但是，当事人约定以加盖印章作为合同成立条件的除外。

合同仅加盖法人、非法人组织的印章而无人员签名或者按指印，相对人能够证明合同系法定代表人、负责人或者工作人员在其权限范围内订立的，人民法院应当认定该合同对法人、非法人组织发生效力。

在前三款规定的情形下，法定代表人、负责人或者工作人员在订立合同时虽然超越代表或者代理权限，但是依据民法典第五百零四条的规定构成表见代表，或者依据民法典第一百七十二条的规定构成表见代理的，人民法院应当认定合同对法人、非法人组织发生效力。

## 扩展9 公司股东代表公司对外签订合同是否有效？

**回　答：**公司股东无权代表公司对外签署合同，合同无效，特殊情况下合同效力待定。

**理　由：**本问题和问题15扩展5一样，无论是股东还是高管，只要没有明确授权，就没有权利代表公司签订合同。在某种程度上，公司股东能代表公司的权限比公司工作人员的权限更低，这一点与我们日常的常识可能有冲突，需要注意。

在公司设立过程中，公司股东可能会代表公司签署相关的公司设立活动合同，比如租赁场地、采购办公用品等，该交易活动在公司设立后由公司承担全部责任。在公司设立后，公司成为独立个体，公司股东不得以公司名义对外签署合同，其代表公司的行为应得到公司授权。

从"人"的角度看，公司设立后，成为民法意义上独立的民商事主体，公司股东只对公司享有财产权和监督权，不享有代表权。公司股东和公司是两个不同的民商事主体，因此两者对外的意思表示不具有民商事行为的代表性和关联性。

**怎么办：**如果一个股东找另一方签署合同，他必须出示公司的授权委托书，否则这份合同可能是无效的，而且另一方可能因未尽到注意义务而承担部分损失。如果当事人入股的公司让其代表签署合同，应要求公司出具一份委托书，避免将来出了问题，当事人承担不必要的责任。

## 16

## 合同一方栏中签了两人以上名字有什么后果？

**回　答：**代表合同中一方有两个以上的合同主体，都应对合同中该方的权利义务承担责任。

**理　由：**签名意味着愿意遵守合同中对该方权责的约定，并愿意承担相应后果，合同对签署者产生约束力。在签署合同时，签署者在合同其中一方栏中签名，明确表示自己同意合同的所有条款和条件，承担完全履行合同的法律责任。

如果是签名错误，双方可以协商解决，如果协商不成，就需要向司法机关提起仲裁或者诉讼，要求对该签名是否代表合同双方作出相应的意思表示进行解释和确认。

**怎么办：**签名的时候应该看清楚签名的位置是否正确，所签署的合同中对应的权利义务内容是否准确。

**相关规定**

**《民法典》**

**第五百零九条** 当事人应当按照约定全面履行自己的义务。

当事人应当遵循诚信原则，根据合同的性质、目的和交易习惯履行通知、协助、保密等义务。

当事人在履行合同过程中，应当避免浪费资源、污染环境和破坏生态。

**17**

## 对方拿着公章，是否证明有权利代表公司签署合同？

**回　答：**持有公章不代表有权利代表公司，更不能证明其有权利代表公司签署合同。

**理　由：**如果对方当事人没有提供相应的授权文件或者其他证明文件，仅凭公章无法说明其有权代表公司签署合同。因为公章是公司的重要资产，由公司授权给特定的人员使用。一般来说，公司在授权某个人员代表公司签署合同时，会提供公司的相关资质文件，还会出具授权书并加盖公章。

作为民商事主体，我们在签署合同中应对对方身份和代表权限进行表面审查，应当注意验证对方当事人的身份和代表资格，并要求提供相应的授权文件和有效证明，以确保合同签署的合法性和有效性。

**怎么办：** 签订合同时，不能因谁持有公章就相信谁有权，仍需对签约人的身份和代理权限进行核实，要求其提供公司授权文件或向对方公司询证，这有利于确定合同效力，也有利于未来合同的履行。

## 相关规定

**《最高人民法院关于适用〈中华人民共和国民法典〉合同编通则若干问题的解释》**

**第二十条** 法律、行政法规为限制法人的法定代表人或者非法人组织的负责人的代表权，规定合同所涉事项应当由法人、非法人组织的权力机构或者决策机构决议，或者应当由法人、非法人组织的执行机构决定，法定代表人、负责人未取得授权而以法人、非法人组织的名义订立合同，未尽到合理审查义务的相对人主张该合同对法人、非法人组织发生效力并由其承担违约责任的，人民法院不予支持，但是法人、非法人组织有过错的，可以参照民法典第一百五十七条的规定判决其承担相应的赔偿责任。相对人已尽到合理审查义务，构成表见代表的，人民法院应当依据民法典第五百零四条的规定处理。

合同所涉事项未超越法律、行政法规规定的法定代表人或者负责人的代表权限，但是超越法人、非法人组织的章程或者权力机构等对代表权的限制，相对人主张该合同对法人、非法人组织发生效力并由其承担违约责任的，人民法院依法予以支持。但是，法人、非法人组织举证证明相对人知道或者应当知道该限制的除外。

法人、非法人组织承担民事责任后，向有过错的法定代表人、负责人追偿因越权代表行为造成的损失的，人民法院依法予以支持。法律、司法解释对法定代表人、负责人的民事责任另有规定的，依照其规定。

**第二十一条** 法人、非法人组织的工作人员就超越其职权范围的事项以法人、非法人组织的名义订立合同，相对人主张该合同对法人、非法人组织发生效力并由其承担违约责任的，人民法院不予支持。但是，法人、非法人组织有过错的，人民法院可以参照民法典第一百五十七条的规定判决其承担相应的赔偿责任。前述情形，构成表见代理的，人民法院应当依据民法典第一百七十二条的规定处理。

合同所涉事项有下列情形之一的，人民法院应当认定法人、非法人组织的工作人员在订立合同时超越其职权范围：

（一）依法应当由法人、非法人组织的权力机构或者决策机构决议的事项；

（二）依法应当由法人、非法人组织的执行机构决定的事项；

（三）依法应当由法定代表人、负责人代表法人、非法人组织实施的事项；

（四）不属于通常情形下依其职权可以处理的事项。

合同所涉事项未超越依据前款确定的职权范围，但是超越法人、非法人组织对工作人员职权范围的限制，相对人主张该合同对法人、非法人组织发生效力并由其承担违约责任的，人民法院应予支持。但是，法人、非法人组织举证证明相对人知道或者应当知道该限制的除外。

法人、非法人组织承担民事责任后，向故意或者有重大过失的工作人员追偿的，人民法院依法予以支持。

**第二十二条** 法定代表人、负责人或者工作人员以法人、非法人组织的名义订立合同且未超越权限，法人、非法人组织仅以合同加盖的印章不是备案印章或者系伪造的印章为由主张该合同对其不发生效力的，人民法院不予支持。

合同系以法人、非法人组织的名义订立，但是仅有法定代表人、负责人或者工作人员签名或者按指印而未加盖法人、非法人组织的印章，相对人能够证明法定代表人、负责人或者工作人员在订立合同时未超越权限的，人民法院应当认定合同对法人、非法人组织发生效力。但是，当事人约定以加盖印章作为合同成立条件的除外。

合同仅加盖法人、非法人组织的印章而无人员签名或者按指印，相对人能够证明合同系法定代表人、负责人或者工作人员在其权限范围内订立的，人民法院应当认定该合同对法人、非法人组织发生效力。

在前三款规定的情形下，法定代表人、负责人或者工作人员在订立合同时虽然超越代表或者代理权限，但是依据民法典第五百零四条的规定构成表见代表，或者依据民法典第一百七十二条的规定构成表见代理的，人民法院应当认定合同对法人、非法人组织发生效力。

**第二十三条** 法定代表人、负责人或者代理人与相对人恶意串通，以法人、非法人组织的名义订立合同，损害法人、非法人组织的合法权益，法人、非法人组织主张不承担民事责任的，人民法院应予支持。法人、非法人组织请求法定代表人、负责人或者代理人与相对人对因此受到的损失承担连带赔偿责任的，人民法院应予支持。

根据法人、非法人组织的举证，综合考虑当事人之间的交易习惯、合同在订立时是否显失公平、相关人员是否获取了不正当利益、合同的履行情况等因素，人民法院能够认定法定代表人、负责人或者代理人与相对人存在恶意串通的高度可能性的，可以要求前述人员就合同订立、履行的过程等相关事实作出陈述或者提供相应的证据。其无正当理由拒绝作出陈述，或者所作陈述不具合理性又不能提供相应证据的，人民法院可以认定恶意串通的事实成立。

## 扩展 “真人假章”或“假人真章”签署的合同哪个有效?

**回　答：**两种合同通常都是无效的，最终合同的效力还是看公司是否作出了签订合同的意思表示。

**理　由：**以上两个问题都无法证明该合同是否公司的真实意思表示，发生这种合同纠纷后，往往需要涉及公章的公司对该合同作出特别说明或者承诺，否则这两种合同就是无效合同。

合同成立最核心的条件是合同各方的意思表示具有一致性，从而达成合同的意思表示，而以上两种情况，都很难看出公司作出了愿意签署合同的意思表示，所以合同的效力都是无效的。

2023年12月5日施行的《合同编通则司法解释》第22条第1款对“真人假章”问题再次明确，仅以公章真实性抗辩合同不发生效力的，人民法院不予支持。立法者的态度，仍然是基于促进商业稳定性和促进交易，印章不能是拒绝合同有效的唯一理由。

**怎么办：** 发现存在“真人假章”或“假人真章”这样的问题，应马上向该公司发出问询函，要求该公司对合同的效力进行确认。如果合同被确认无效，我们要马上向司法部门提起诉讼或向公安部门报案，要求作出虚假意思表示的主体承担责任。

## 相关规定

**1.《民法典》**

**第一百四十三条** 具备下列条件的民事法律行为有效：

（一）行为人具有相应的民事行为能力；

（二）意思表示真实；

（三）不违反法律、行政法规的强制性规定，不违背公序良俗。

**2.《最高人民法院关于适用〈中华人民共和国民法典〉合同编通则若干问题的解释》**

**第二十二条** 法定代表人、负责人或者工作人员以法人、非法人组织的名义订立合同且未超越权限，法人、非法人组织仅以合同加盖的印章不是备案印章或者系伪造的印章为由主张该合同对其不发生效力的，人民法院不予支持。

合同系以法人、非法人组织的名义订立，但是仅有法定代表人、负责人或者工作人员签名或者按指印而未加盖法人、非法人组织的印章，相对人能够证明法定代表人、负责人或者工作人员在订立合同时未超越权限的，人民法院应当认定合同对法人、非法人组织发生效力。但是，当事人约定以加盖印章作为合同成立条件的除外。

合同仅加盖法人、非法人组织的印章而无人员签名或者按指印，相对人能够证明合同系法定代表人、负责人或者工作人员在其权限范围内订立的，人民法院应当认定该合同对法人、非法人组织发生效力。

在前三款规定的情形下，法定代表人、负责人或者工作人员在订立合同时虽然超越代表或者代理权限，但是依据民法典第五百零四条的规定构成表见代表，或者依据民法典第一百七十二条的规定构成表见代理的，人民法院应当认定合同对法人、非法人组织发生效力。

第三章

# “物”

## 第一节 合同中的“物”

每一份合同都有标的物，比如房屋买卖合同中的房屋，无论这个房屋是小产权、厂房、公寓还是住宅，在订立合同时，我们应该非常明确地确定这个标的物是什么。

有的时候，标的物可能不是一个实体物，而是某种服务或权利，比如汽车租赁中的汽车使用权，保险合同中获得保险赔偿的权利，还有美发店里的剪发服务。标的物，突出的不是“物”是什么，而是标的的明确性，即“物”是哪个。

作为合同中的核心之一，“物”在合同中具有不可替代的位置，既是合同签订的目的，也是我们履行合同的基础。

合同中缺失了“物”，整个合同就是一个空的框架，不具有可履行性，合同当事人就失去了主张权利义务的基础。比如一个买卖合同中买什么东西的内容是空白的，如果不能提供前置的商议内容证据或后续的履行证据，双方就无法履行合同，法院也将判定这个合同不成立。

“物”在合同中对于不同的主体具有相对性，每一个合同主体在合同中所关注的标的物可能都会不同。对于买卖合同的卖家，所关注的“物”就是相应价款，而对于买家来说就是买的物品。

对于“物”的描述，从语文角度来看，我们是通过在“物”的前面加上定语，也就是“物”的数量、质量、包装、价格等，来确定合同中的“物”是什么。

合同中我们要关注“物”的三个要求：合法性、明确性、质量标准。

### “物”的合法性

我们要确认的是，“物”要具有合法性，如在买卖合同中，合同标的是特定物，对买卖合同的“物”进行审查时，应注意标的物是不是合法物，是否为禁止交易的“物”。如果标的物是法律禁止物或限制物，如保护动物、盗版书籍、不合格食品、爆炸物等，则合同无效。

### “物”的明确性

标的物合法，并不能保证我们能够很好地去履行合同，“物”的约定是否清晰、具体、准确，对我们的履行也有重要的意义。

明确“物”的范围。笔者当律师的第一年碰到了至今印象深刻的案件——一起设备买卖合同纠纷。当事人计划购买一条流水线，双方签订的合同中对标的物的描述是长长的一串设备名称，买方签订合同时认为就是一条流水线的全部设备，交付时发现少了一台电机，整条流水线根本无法运作。双方因此发生争议诉至法院，法院终审判决买方败诉。法院裁决的理由就是双方交易款项是由单一设备价格集成，不包含电机价格，双方在合同中并未明确电机是该案的标的物。

当标的物是无形财产、劳务、工作成果时，更应该注意是描述的行为还是结果，是否已尽可能描述准确，确保在履行过程中具有可操作性，避免将来产生争议。

明确“物”的数量。避免将来合同履行期间产生交付数量争议。

明确“物”的对价（交易对方所需支付的对应货币）。一般情况下合同中的计价标准都是人民币，在涉外合同中我们需要注意合同中的货币单位是否准确。我们还要明确付款的方式，现金、电汇、转账、票据等不同的付款方式有不同的交易风险。我们还需要考虑合同对价是否含税，一般情况下未约定不含税，即视为含税价，我们必须在报价时考虑税赋成本。

### “物”的质量标准

一般我们常碰到以下三种“物”的质量问题。

（1）没有约定质量标准。合同中没有明确约定标的物的质量以什么标准交付，这种情况下一般按照国家强制标准或者交易惯例执行。

（2）包装、运输过程中产生质量问题约定不清晰。法律规定和合同中有自交付计算质量承担的约定，但实践中我们往往很难确定双方责任承担的具体分割节点，而且物流运输智能化后，交付的节点也会出现争议，包括包装破损或运输过程产生的质量问题，也很难分辨责任节点。

（3）质量验收约定不清。无论是上百亿元的建筑工程施工合同还是9.9元的网购合同，都会产生质量验收争议。最好的解决办法就是将质量验收约定程序化、节点化，同时严格执行验收节点的要求，才能更好地分割责任。

质量问题的解决办法可以借鉴网购的解决办法，即“无条件退货+退货险”。如果合同无法约定“无条件退货+退货险”，那么就老老实实地按照合同约定执行质量验收节点，发现问题及时通知对方。

## 第二节 “物”的问题

18

### 境内交易的合同能不能约定美元等外币为对价？

**回 答：** 合同有效，可根据实际履行地的法定货币履行，但最终仍应以人民币进行结算。

**理 由：** 合同以美元等外币计价和履行，并不违背《民法典》等相关法律规定；对于以美元等外币计价的合同，司法实践中均认定其具有有效性。

美元等外币在境内只能兑换，不能流通，因此国内客户之间的合同应该以人民币结算。

境内主体之间的合同，即使其合同约定的计价货币为美元等外币，但具体结算价款时，仍然应以人民币进行结算，即开具发票以及收取价款，均只能以人民币作为计价单位，而不能以美元等外币作为计价单位。

涉及境外履行的，可以以实际履行的法定货币履行，即使合同约定为人民币，也可请求债务人以实际履行地的法定货币履行。

**怎么办：** 合同尊重实际履行的情况，可以根据实际履行地的法定货币履行。若仅基于避免外汇汇率风险的考量约定履行币种，还可以在合同中明确约定，汇率按照特定时间购汇的汇率确定（比如以 2023 年 1 月 10 日人民币兑换美元的购汇汇率为计算标准）。

**相关规定**

**《民法典》**

**第五百一十四条** 以支付金钱为内容的债，除法律另有规定或者当事人另有约定外，债权人可以请求债务人以实际履行地的法定货币履行。

## 19

## 发票是否可以作为付款凭证？

**回　答：** 发票可以作为记账的付款凭证，但不能作为法律上的完成付款证明。

**理　由：** 发票的性质决定了其是收支款项的凭证，而且凭发票所收支的款项可以作为成本、费用或收入，也就是说，发票是发生的成本、费用或收入的原始凭证。发票具有财务和税务上的意义，在法律上证明了开具发票的一方完成了开票义务，并不能直接表明付款方完成了付款。

法律上的付款指的是一方将自己所有或者所控制的资金支付给另外一方的事实。因此发票仅仅是完税凭证，一般不作为完成付款凭证，不能用于证明付款的事实，也不能证明资金流动的事实。

现实中买方强势的合同中，都会要求先开具发票，之后才进入付款流程。因此付款方除了提供发票，还需提供其他证据证明自己完成了付款责任，但合同中有明确约定开具发票在收到款项后的，该发票可以作为付款证明。

**怎么办：** 证明完成付款方面，发票可能还没有收款方出具的收条有证明效力。因此付款后，可要求对方出具一张收条，以证明收款方已收到该款项。

## 20

## 出票方未按合同约定提供合格发票的，受票方可以拒绝支付尾款吗?

**回　答：** 如果合同有明确约定合格发票为前置义务，受票方可以拒绝后续履行，如没有此前置履行的约定，受票方无权拒绝支付。

**理　由：** 依据双务合同的本质，合同抗辩的范围仅限于对等义务。一方不履行对等义务的，相对方才享有抗辩权。支付货款与开具发票是两种不同性质的义务，不具有对等性，前者是合同的主要义务，后者并非合同的主要义务，二者不具有对等关系，一方以另一方未及时开具发票作为拒绝支付货款的抗辩理由不能成立。

当然，当事人也可以在合同中明确约定：一方不及时开具合格的发票，另一方有权拒绝支付对应价款。这种情况就意味着双方将开具合格发票视为与支付价款同等的义务。

根据 2023 年 12 月 5 日施行的《合同编通则司法解释》第 31 条第 1 款的规定，“当事人互负债务，一方以对方没有履行非主要债务为由拒绝履行自己的主要债务的，人民法院不予支持”。

《增值税暂行条例》第 1 条规定：“在中华人民共和国境内销售货物或者加工、修理修配劳务（以下简称劳务），销售服务、无形资产、不动产以及进口货物的单位和个人，为增值税的纳税人，应当依照本条例缴纳增值税。”据此理解，当事人一方向另一方开具发票为其法定义务之一，按照诚实信用的原则，该法定义务应当作为合同的附随义务由接受货款的一方履行，但这不是合同的主要义务。

怎么办：作为付款方，我们可以在合同中明确约定："一方不及时开具发票，另一方有权拒绝支付对应价款。"作为收款方，如果应缴税金额较高，对方付款周期较长时，我们最好删除该条款，避免合同履行成本扩大。

## 判例

**最高人民法院（2013）民申字第1664号民事裁定书**

转让方未按合同约定提供合格发票的，受让方享有抗辩权，可以拒绝转让方支付转让尾款的履行要求。

## 相关规定

**1.《民法典》**

**第五百二十七条** 应当先履行债务的当事人，有确切证据证明对方有下列情形之一的，可以中止履行：

（一）经营状况严重恶化；

（二）转移财产、抽逃资金，以逃避债务；

（三）丧失商业信誉；

（四）有丧失或者可能丧失履行债务能力的其他情形。

当事人没有确切证据中止履行的，应当承担违约责任。

**第五百二十八条** 当事人依据前条规定中止履行的，应当及时通知对方。对方提供适当担保的，应当恢复履行。中止履行后，对方在合理期限内未恢复履行能力且未提供适当担保的，视为以自己的行为表明不履行主要债务，中止履行的一方可以解除合同并可以请求对方承担违约责任。

**2.《最高人民法院关于适用〈中华人民共和国民法典〉合同编通则若干问题的解释》**

**第三十一条** 当事人互负债务，一方以对方没有履行非主要债务为由拒绝履行自己的主要债务的，人民法院不予支持。但是，对方不履行非主要债务致使不能实现合同目的或者当事人另有约定的除外。

当事人一方起诉请求对方履行债务，被告依据民法典第五百二十五条的规定主张双方同时履行的抗辩且抗辩成立，被告未提起反诉的，人民法院应当判决被告在原告履行债务的同时履行自己的债务，并在判项中明确原告申请强制执行的，人民法院应当在原告履行自己的债务后对被告采取执行行为；被告提起反诉的，人民法院应当判决双方同时履行自己的债务，并在判项中明确任何一方申请强制执行的，人民法院应当在该当事人履行自己的债务后对对方采取执行行为。

当事人一方起诉请求对方履行债务，被告依据民法典第五百二十六条的规定主张原告应先履行的抗辩且抗辩成立的，人民法院应当驳回原告的诉讼请求，但是不影响原告履行债务后另行提起诉讼。

21

## 合同中货物质量要求不明又很难确定的怎么办？

**回　答：**有标准按照标准来，没有标准就按照合同目的来。

**理　由：**在双方当事人没有约定质量要求的情况下，参照适用《民法典》第616条关于买卖标的物质量的规则，即对质量要求没有约定或者约定不明确，依据《民法典》第510条的规定仍不能确定的，适用《民法典》第511条第1项的规定。如果认为对方交付的货物产品质量不合格，可以参照《产品质量法》第40条第1款来认定是否符合质量要求，包括：（1）不具备产品应当具备的使用性能而事先未作说明的；（2）不符合在产品或者其包装上注明采用的产品标准的；（3）不符合以产品说明、实物样品等方式表明的质量状况的。

**怎么办：**为避免纠纷，我们应尽量在合同中约定清晰。如果合同中未约定明确的质量要求，之后又发生纠纷，一般按照国家标准和行业标准执行，没有标准的就按照合同目的进行解释。想要什么都说不清，那么签署合同的意义就失去了。

## 相关规定

**《民法典》**

**第五百一十一条** 当事人就有关合同内容约定不明确，依据前条规定仍不能确定的，适用下列规定：

（一）质量要求不明确的，按照强制性国家标准履行；没有强制性国家标准的，按照推荐性国家标准履行；没有推荐性国家标准的，按照行业标准履行；没有国家标准、行业标准的，按照通常标准或者符合合同目的的特定标准履行。

（二）价款或者报酬不明确的，按照订立合同时履行地的市场价格履行；依法应当执行政府定价或者政府指导价的，依照规定履行。

（三）履行地点不明确，给付货币的，在接受货币一方所在地履行；交付不动产的，在不动产所在地履行；其他标的，在履行义务一方所在地履行。

（四）履行期限不明确的，债务人可以随时履行，债权人也可以随时请求履行，但是应当给对方必要的准备时间。

（五）履行方式不明确的，按照有利于实现合同目的的方式履行。

（六）履行费用的负担不明确的，由履行义务一方负担；因债权人原因增加的履行费用，由债权人负担。

**第六百一十六条** 当事人对标的物的质量要求没有约定或者约定不明确，依据本法第五百一十条的规定仍不能确定的，适用本法第五百一十一条第一项的规定。

## 22

## 未约定检验期限，买受人签收单据的，可否认定已做检验？

**回　答：**如果没有约定检验期限，买受人签收货物的，视为买受人已经对数量和外观瑕疵进行检验，除非能够提供证据推翻上述内容。

**理　由：**《民法典》第623条规定，当事人对检验期限未作约定，买受人签收的送货单、确认单等载明标的物数量、型号、规格的，推定买受人已经对数量和外观瑕疵进行检验，但是有相关证据足以推翻的除外。该条款是为了保护交易的稳定性，买受人有义务对自己所购买的货物进行全面、及时的检验，以确保自己的合法权益。买受人签收货物即表明其对货物的数量、型号、规格等予以了确认，事后如果没有充足的证据，货物的数量和外观瑕疵责任则应由买受人自行承担。

因此，在买受人是公司的情况下，买受人的员工在签收送货人出具的送货单时，不能草率了事。企业应当加强员工培训，重视细节、环节的制度建设，以免遭受不必要的损失。没有约定检验期限的，我们在发现质量问题后，应尽快联系和通知出卖人。

任何签收都应该认真对待，不是所有的签收都是利益行为，我们更应该将签收视为一种风险管理行为。

**怎么办：**签收任何物品时，都应该询问物品的来源，检视货物的外包装，对于无法实时检验内部质量问题的，合同中要约定检验或者使用时间。如果没有约定检验期限，最实用的方式是视频收货，在收货后于合理时间内完成检验。

## 相关规定

《民法典》

**第六百二十条** 买受人收到标的物时应当在约定的检验期限内检验。没有约定检验期限的，应当及时检验。

**第六百二十一条** 当事人约定检验期限的，买受人应当在检验期限内将标的物的数量或者质量不符合约定的情形通知出卖人。买受人怠于通知的，视为标的物的数量或者质量符合约定。

当事人没有约定检验期限的，买受人应当在发现或者应当发现标的物的数量或者质量不符合约定的合理期限内通知出卖人。买受人在合理期限内未通知或者自收到标的物之日起二年内未通知出卖人的，视为标的物的数量或者质量符合约定；但是，对标的物有质量保证期的，适用质量保证期，不适用该二年的规定。

出卖人知道或者应当知道提供的标的物不符合约定的，买受人不受前两款规定的通知时间的限制。

**第六百二十二条** 当事人约定的检验期限过短，根据标的物的性质和交易习惯，买受人在检验期限内难以完成全面检验的，该期限仅视为买受人对标的物的外观瑕疵提出异议的期限。

约定的检验期限或者质量保证期短于法律、行政法规规定期限的，应当以法律、行政法规规定的期限为准。

**第六百二十三条** 当事人对检验期限未作约定，买受人签收的送货单、确认单等载明标的物数量、型号、规格的，推定买受人已经对数量和外观瑕疵进行检验，但是有相关证据足以推翻的除外。

## 扩展1 未仔细验货就在送货单上签字，是否可以视为验货完毕?

**回　答：**视为验货完毕，除非有相反证据证明。

**理　由：**法律保护每一个人的合法权益，但是对于那些迟延履行或者怠于行使权利的人，法律无法保护他们的权益。

没有约定检验期限的，买受方要及时检验货物，只要买受方签收确认单等载明货物数量、型号、规格的单据，就会认定其已经对货物进行了检验，但有相反证据足以证明的除外。

**怎么办：** 收货时验货时间不够时，最起码也要对外观进行确认，发现任何质量问题应及时通知对方，及时行权。

## 扩展2 因包装破裂，货物损坏应该谁承担损失？

**回　答：** 要根据破损包装的义务人是谁来确定由谁最终承担责任，既可能是出卖人，也可能是运输者。

**理　由：** 卖方有义务按照买方的要求对货物进行包装。若卖方未能按照合同约定合理包装，导致货物在运输过程中受损，买方有权要求卖方承担相应的损失赔偿责任。

如果是运输方有义务进行包装，因包装原因造成的货物损坏，则是运输公司的责任，运输公司把运输的东西损坏了，应依法赔偿。如果运输公司有故意或重大过失的，要全额赔偿。

外包装完好，但是内件破损的，一般来说属于产品的生产者、销售者的责任，可以向产品的生产者、销售者请求赔偿。若是因运输者、仓储者等第三人的过错而造成的，产品的生产者、销售者承担赔偿责任后可以向第三人进行追偿。

**怎么办：** 我们根据不同的情况向不同的人主张赔偿责任。如果不能确定，最好的方式是同时向运输者和卖方主张，这样有利于我们快速解决问题。但我们只能获得一次赔偿，不能因此获得额外收益。

相关规定

《民法典》

**第八百三十二条** 承运人对运输过程中货物的毁损、灭失承担赔偿责任。但是，承运人证明货物的毁损、灭失是因不可抗力、货物本身的自然性质或者合理损耗以及托运人、收货人的过错造成的，不承担赔偿责任。

## 扩展3 合同中对标的物检验期限约定得过短，我们能否要求额外的检验时间？

**回　答：**此种情况下，合同约定的检验期限仅视为对外观的检测期限，可以自动获得额外的检验时间，但需要及时通知对方。

**理　由：**《民法典》第622条有明确规定。

**怎么办：**我们仍需在此期限内对外观进行检验，这也是我们的义务。同时，即使质量检验的期限视为无约定，也需我们在合理期限内进行，不要拖延。

相关规定

《民法典》

**第六百二十二条** 当事人约定的检验期限过短，根据标的物的性质和交易习惯，买受人在检验期限内难以完成全面检验的，该期限仅视为买受人对标的物的外观瑕疵提出异议的期限。

约定的检验期限或者质量保证期短于法律、行政法规规定期限的，应当以法律、行政法规规定的期限为准。

## 23 发现对方交付的货物质量有瑕疵，我方能做什么？

**回　答：**交付的货物质量有瑕疵时，我们有很多种选择：可以请求减少价款；可以拒绝接受标的物；有权主张解除合同；可以请求更换、修理；有权要求出卖人赔偿。

**理　由：**我们拿到的产品有瑕疵时，要考虑产品瑕疵的严重性是否影响合同目的的达成，综合考虑我们要行使的权利。很多权利是不能重叠使用的，如不能先要求减少价款，再要求赔偿损失，最后又主张解除合同。所以我们在行权时必须考虑清楚行使哪种权利对我们最有利。

**怎么办：**发现对方交付的货物有质量瑕疵时，我们做的第一个动作应该是及时通知对方，告知其交付的货物存在质量瑕疵。如果这个时候还没有考虑好要选择哪种权利，可以暂不选择，但最终我们必须在对方作出弥补动作前根据合同或法律规定作出相应选择。

### 扩展1 什么情况下可以要求商家进行3倍赔偿？

**回　答：**属于生活消费领域，经营者提供商品或者服务有欺诈行为的，可以要求3倍赔偿。

**理　由：**3倍赔偿的要求中，一是消费：消费的商品应该属于满足个人生活需要的（衣食住行）的生活消费品。二是欺诈：商家故意告知消费者虚假情况，或者故意隐瞒真实情况，诱使消费者错误意思表示的民事行为，可以认定为欺诈行为。

**怎么办：**碰到这样的事情，应做的第一步是保留证据，保留商品信息和欺诈行为信息的证据，第二步是与商家联系要求赔偿，如果商家不同意或者恶意拖延，第三步我们就可以请求消费者保护协会进行协调或调解，如果还不行，第四步我们可以请求司法机关介入，诉讼或仲裁。

## 相关规定

**《消费者权益保护法》**

**第十六条** 经营者向消费者提供商品或者服务，应当依照本法和其他有关法律、法规的规定履行义务。

经营者和消费者有约定的，应当按照约定履行义务，但双方的约定不得违背法律、法规的规定。

经营者向消费者提供商品或者服务，应当恪守社会公德，诚信经营，保障消费者的合法权益；不得设定不公平、不合理的交易条件，不得强制交易。

**第二十条** 经营者向消费者提供有关商品或者服务的质量、性能、用途、有效期限等信息，应当真实、全面，不得作虚假或者引人误解的宣传。

经营者对消费者就其提供的商品或者服务的质量和使用方法等问题提出的询问，应当作出真实、明确的答复。

经营者提供商品或者服务应当明码标价。

**第五十五条** 经营者提供商品或者服务有欺诈行为的，应当按照消费者的要求增加赔偿其受到的损失，增加赔偿的金额为消费者购买商品的价款或者接受服务的费用的三倍；增加赔偿的金额不足五百元的，为五百元。法律另有规定的，依照其规定。

经营者明知商品或者服务存在缺陷，仍然向消费者提供，造成消费者或者其他受害人死亡或者健康严重损害的，受害人有权要求经营者依照本法第四十九条、第五十一条等法律规定赔偿损失，并有权要求所受损失二倍以下的惩罚性赔偿。

## 扩展2 买到不符合食品安全标准的食品，怎么做对我方最有利?

**回　答：** 保留证据，向商家要求支付10倍赔偿金。

**理　由：**《食品安全法》有明确规定，不符合食品安全标准的食品可以要求赔偿损失，并可要求支付价款10倍或者损失3倍的赔偿金。在这里10倍的计算标准是价款，而3倍的计算标准是损失，消费者具有选择权。

**怎么办：** 如果产生损失了，我们可以先主张损失，之后根据损失的3倍多还是价款的10倍多进行选择，如果没有其他损失，我们就直接选择价款的10倍赔偿即可。

### 相关规定

**《食品安全法》**

**第一百四十八条**　消费者因不符合食品安全标准的食品受到损害的，可以向经营者要求赔偿损失，也可以向生产者要求赔偿损失。接到消费者赔偿要求的生产经营者，应当实行首负责任制，先行赔付，不得推诿；属于生产者责任的，经营者赔偿后有权向生产者追偿；属于经营者责任的，生产者赔偿后有权向经营者追偿。

生产不符合食品安全标准的食品或者经营明知是不符合食品安全标准的食品，消费者除要求赔偿损失外，还可以向生产者或者经营者要求支付价款十倍或者损失三倍的赔偿金；增加赔偿的金额不足一千元的，为一千元。但是，食品的标签、说明书存在不影响食品安全且不会对消费者造成误导的瑕疵的除外。

## 24

## 什么情况下签署合同不能使用电子印章？

回　答：双方约定或者法律规定不能使用时，电子印章才不能使用。

理　由：电子印章是一种数字签名技术，可以用于合同的签署和认证。一般情况下，并不做任何限制，只有在双方合意或者法律规定的情况下才会排除电子印章。

怎么办：电子印章的正常使用是不被排除的，除法律规定外，如果使用电子印章的过程中存在技术问题或者安全隐患，也应当避免使用电子印章签署合同。

### 扩展1 如果采用电子签名，合同的生效时间和地点怎么算？

回　答：根据《电子签名法》的规定，电子签名合同的生效时间应当以最后一方完成签署并发送确认信息的时间为准。电子签名合同的生效地点应当以最后一方发送确认信息的地点为准。

理　由：当事人可以在合同中约定其他的生效时间，但必须符合相关法律规定，如果没有明确约定合同生效时间，电子签名合同的生效时间应当以最后一方完成签署并发送确认信息的时间为准。如果双方当事人在合同中没有明确约定，则生效地点应当以最后一方发送确认信息所在地的网络服务器所在地为准。

怎么办：合同的生效时间和地点与合同的管辖及合同效力争议有关，一般情况下都会以最后一方的生成时间和地点为准。

## 相关规定

**《民法典》**

**第四百九十一条** 当事人采用信件、数据电文等形式订立合同要求签订确认书的，签订确认书时合同成立。

当事人一方通过互联网等信息网络发布的商品或者服务信息符合要约条件的，对方选择该商品或者服务并提交订单成功时合同成立，但是当事人另有约定的除外。

**第四百九十二条** 承诺生效的地点为合同成立的地点。

采用数据电文形式订立合同的，收件人的主营业地为合同成立的地点；没有主营业地的，其住所地为合同成立的地点。当事人另有约定的，按照其约定。

## 扩展2 什么是合格的合同电子签名？

**回　答：**合格的合同电子签名，是指符合法律法规规定和行业标准要求，具有真实性、完整性和不可更改性等特点的电子签名。简单说就是能证明电子签名可以找到指定的“人”，证明合同中“人”的存在。

**理　由：**合格的合同电子签名应当具备以下特征：

（1）真实性：合同电子签名必须由签署者本人进行，并使用其专用的签名工具或者其他认证措施进行签署，确保身份的真实性和可靠性。

（2）完整性：合同电子签名必须保证合同内容不受篡改或损坏，且签署者在签署时已经确认了合同的所有条款和条件，确保合同的完整性和一致性。

（3）不可更改性：合同电子签名必须能够被签署者和其他相关人员识别和验证，且签署后无法更改或否认签署行为，确保签署者的责任和义务得到充分履行。

（4）安全性：合同电子签名必须采取相应的安全措施，以确保签名过程的安全和可靠，防止非法获取和使用签名数据。

（5）合法性：合同电子签名必须符合相关法律法规的规定和行业标准的要求，遵守国家政策和法律法规的规定。

**怎么办：** 如果是电子签名，最好是通过合法的平台签署电子合同。

## 25

## 合同的效力能约束合同以外的第三人吗？

**回　答：** 一般情况下合同不能约束合同以外的第三人。

**理　由：** 根据合同的相对性，合同只对签署合同的当事人具有约束力，并不直接约束合同以外的第三人。

但是，在特殊情况下，如果合同约定了第三人，相关权益也可能对第三人产生部分效果，比如债权转让协议，在通知债务人的情况下，债务人有义务向债权受让人偿还债务的义务。但是，这种涉及第三人的合同有很多限制，比如债权转让协议，债务人对原债权人的抗辩权并不消失，仍可对债权受让人行使。根据《民法典》的规定，当事人可以为既定的第三人设立利益，但是该设立不应当违反法律法规、社会公共利益和第三人自身意愿。如果设立不符合条件的利益，那么该约定将被视为无效。

**怎么办：** 如果想将第三人纳入合同，最好的方式是让第三人也成为合同的当事人之一，尽量不签约束合同外第三人的合同。

# 26

## 朋友对外欠钱，我想帮忙，哪种风险小？

**回　答：**如果一次性还款完毕，那么直接代偿风险更小。如果不能一次性代偿完毕，最好选择把钱借给朋友，这样就只剩朋友欠我们钱的风险了。

**理　由：**第三人代偿和债务人加入在《民法典》中处于不同的小节，第三人代偿属于第四章合同的履行，而债务人加入属于第六章合同的变更和转让，两者在法律关系上完全不一样。

任何合同只能约束合同当事人，如果第三人只是想帮忙，不想承担责任的话，还是不要加入合同为好。作为合同以外的人代偿，代偿完成原债权债务时，原债权债务消失，第三人与债务人之间产生新的债权债务关系。但是，第三人加入的情况下，债务人的原债权债务责任消失，如果没有约定追偿权，第三人仅能依据不当得利等规定，向债务人主张已履行的债务。

现实生活中代偿和债务加入两者区分较小，一般情况下，第三人直接表示代为清偿，而各方没有协商一致或者没有明确对合同约定变更的情况下，我们都认为是第三人清偿。如果清偿不到位，仍由债务人承担责任，但如果各方约定由第三人清偿，债务人承担连带责任或者不承担责任时，第三人也会作为合同的当事人承担责任。

作为法律人，我们的理念是：所有的人都应该为自己的行为承担责任，代偿不能真正解决问题，勇于承担责任才意味着成长。

**怎么办：**代偿时一定要记得获得相关的资料和手续，避免未来产生争议，最好由合同当事人都签字确认代偿的完成。风险更低的方式是不参与原合同，直接与债务人签订新的借款合同，钱借给债务人由他清偿原债务。

## 相关规定

1.《民法典》

**第五百二十三条** 当事人约定由第三人向债权人履行债务，第三人不履行债务或者履行债务不符合约定的，债务人应当向债权人承担违约责任。

**第五百二十四条** 债务人不履行债务，第三人对履行该债务具有合法利益的，第三人有权向债权人代为履行；但是，根据债务性质、按照当事人约定或者依照法律规定只能由债务人履行的除外。

债权人接受第三人履行后，其对债务人的债权转让给第三人，但是债务人和第三人另有约定的除外。

**第五百四十五条** 债权人可以将债权的全部或者部分转让给第三人，但是有下列情形之一的除外：

（一）根据债权性质不得转让；

（二）按照当事人约定不得转让；

（三）依照法律规定不得转让。

当事人约定非金钱债权不得转让的，不得对抗善意第三人。当事人约定金钱债权不得转让的，不得对抗第三人。

**第五百五十一条** 债务人将债务的全部或者部分转移给第三人的，应当经债权人同意。

债务人或者第三人可以催告债权人在合理期限内予以同意，债权人未作表示的，视为不同意。

**第五百五十二条** 第三人与债务人约定加入债务并通知债权人，或者第三人向债权人表示愿意加入债务，债权人未在合理期限内明确拒绝的，债权人可以请求第三人在其愿意承担的债务范围内和债务人承担连带债务。

**第五百五十三条** 债务人转移债务的，新债务人可以主张原债务人对债权人的抗辩；原债务人对债权人享有债权的，新债务人不得向债权人主张抵销。

**第五百五十四条** 债务人转移债务的，新债务人应当承担与主债务有关的从债务，但是该从债务专属于原债务人自身的除外。

**2.《最高人民法院关于适用〈中华人民共和国民法典〉合同编通则若干问题的解释》**

**第五十一条** 第三人加入债务并与债务人约定了追偿权，其履行债务后主张向债务人追偿的，人民法院应予支持；没有约定追偿权，第三人依照民法典关于不当得利等的规定，在其已经向债权人履行债务的范围内请求债务人向其履行的，人民法院应予支持，但是第三人知道或者应当知道加入债务会损害债务人利益的除外。

债务人就其对债权人享有的抗辩向加入债务的第三人主张的，人民法院应予支持。

**扩展** 因合同当事人以外的第三人的行为致使债权不能实现，债权人能否向第三人请求解除妨碍，要求第三人对合同债务承担连带责任?

**回　答：** 不能直接向第三人请求。只有债务人才可以要求第三人排除妨碍。

**理　由：** 合同当事人之间的权利和义务只作用于合同当事人，不得对第三人产生效力。

当合同当事人以外的第三人的行为致使债权不能实现时，债权人不可以直接向第三人请求解除妨碍。因为在这种情况下，第三人的行为虽然通过侵犯债务人的权益，间接侵犯了债权人的合法权益，导致债权人无法实现自己的权利，但第三人直接侵犯的是债务人的权益。在这种情况下，只有债务人可以向第三人追究责任。

出现这种情况时，我们应及时通知债务人，要求债务人立即排除妨碍；在没有获得债务人积极行动或反馈的情况下，我们可以直接要求债务人承担违约责任。

**怎么办：** 根据第三人的妨碍行为，我们可以要求债务人行使权利，排除妨碍，并要求债务人承担违约责任，但当债务人怠于行使相关权利的时候，我们就会很被动。

## 相关规定

**《民法典》**

**第五百九十三条** 当事人一方因第三人的原因造成违约的，应当依法向对方承担违约责任。当事人一方和第三人之间的纠纷，依照法律规定或者按照约定处理。

第四章

# “事”

## 第一节 我们必须面对的“事”

合同是一种法律文书，是只能约束合同当事人的文书，约束的范围是合同中的权利义务。在合同当中，每个“人”都有自己的权利和义务，这些权利和义务需要用合同的具体条款约定。

合同中的权利和义务是相互关联且具有平衡性的。每个当事人都应该遵守自己在合同中约定的义务，也可以依据合同中的条款要求对方承担相应的义务和责任。

举例来说，在一份销售合同中，卖方的义务包括向买方提供符合合同约定的产品或服务的完全履行义务，还有按时交付义务；买方的义务则包括按时付款、接收和确认产品的数量和质量等。在劳动合同中，雇主的义务包括向员工支付薪资、提供工作环境和必要的工作条件，并按照法律规定缴纳社会保险等费用；员工的义务则包括按照规定时间和质量完成工作任务，并遵守公司的规章制度等。

想约定好合同中的“事”要求我们找到“事”、完善“事”、预测“事”、推动“事”，这样才能更好地维护我们的合法权益。

### 找到“事”

找到我们合同的标的物，也就明白了合同中应该做什么事。所有与“物”相关的内容就是合同应该约定的“事”。

合同中的“事”是围绕“物”进行的，如果找不到“物”，可能就会干扰我们对合同权利义务（事）的选择，造成合同内容冲突或者设定条款不清晰。

任何权利义务条款实际都是围绕核心的“事”，当我们能用一句话说清楚合同最核心的“事”时，就能够作出最清晰的表达。

### 完善“事”

找到“事”后，我们不能眼里只有核心的“事”，还要把核心的“事”一点点细化，设计合同中具体的权利与义务，用具体的权利和义务保障我们达到合同目的。

对于这个“事”，我们需要在合同中明确各方交易过程中不同的权利义务，同时还需要约定违约、变更、解除等其他关联的“事”。

完善“事”，要求我们将能够想到的“事”尽量细节化，使其具有可履行性。给合同中每一件“事”找到一个合同上的“人”来对应承担责任，给每一件“事”赋予一个“人”的权利，给每一件“事”赋予一定“物”的价值，这样这份合同就有履行性。

给每一个“人”找到“事”，也让每一件“事”能找到“人”，每一件“事”都有对应“物”，这样的“事”自然就好做，这样的合同也不容易产生争议。

### 预测“事”

除了交易必需的“事”，我们还要对合同履行过程中的各种风险进行预测，将重大风险和发生概率较高的风险在合同中写明，明确责任，规避风险损失。

合同中，预测风险是最需要经验的事情。我们往往需要预测各种可能性，还要对这些可能性的破坏力和损失进行预测，保证我们在风险来临时能够从容应对。

有一点请注意，预测风险不是为了确定违约金，而是为了确认我们所面临的风险成本，让我们可以对合同的履行有一个清晰的认知。

我们写合同的方法就是分解合同流程，一步步依据流程预测可能出现的风险点，从而推导出风险的危险性、解决方案、追究方式、责任承担、损失等。总结经验和流程化思考，是我们预测合同风险的核心工具。

### 推动“事”

签订合同不是目的，履行合同才是。合同的设定一定要能够推动合同积极履行，任何沉寂的合同都是一个“坏”合同，能够自动向前运转的合同才是好合同。

推动合同的运行，最核心的就是“事”能够动起来，从而一步步协商合同目的，最终达成合同目标。需要我们在合同中对“事”的运转提供推动力，我们在前面完善“事”中提到给每一个“人”找到“事”，也让每一件“事”能找到“人”，每一件“事”都有对应“物”，这就是一种推动“事”的方式。我们可能还需要更多推动“事”的方式，比如奖勤罚懒、约定迟延履行责任等，让“事”运行得更快、更好。

所有设立推动“事”的方式都由期限和举措构成，但设立期限和举措要注意度，不能设立完全不合理的期限，也不能设立对方无法履行的举措，这些就需要我们在设立合同责任时进行换位思考。

## 篇外：合同目的清晰的重要性

从签署合同的角度来看，合同目的的明确性是非常重要的，虽然本书在第一章就强调了合同的目的性，但此处还是再次强调一下合同目的清晰明确的重要性。

笔者曾经参与过一个民办学校的股权纠纷，委托人签订合同的实际目的是获得该民办学校已划拨的教育用地使用权和建设权，但双方在合同中并未明确该目的。委托人接手学校后发现，因为项目一直未开工，当地有关部门已经在转让合同签订前发函撤销了划拨的教育用地建设权和使用权，双方遂起纠纷。我们接手该案件时，法院已经一审驳回委托人的诉请。虽然之后通过重组证据和发现新的事实，重新发起诉讼，最终解除了合同，但判决中也认定我方委托人有过错，应承担一定的过错责任。

合同目的清晰明确的重要性体现在以下几个方面。

理解权利、义务和责任：合同目的清晰明确可以帮助双方准确理解其享有的权利、应承担的义务和责任。

减少争议：在合同中明确规定目的可以避免或减少未来的纠纷和争议，因为双方都了解共同要达成的目的。合同目的是什么这个问题在很多合同争议中都是核心问题。

证据的证明方向：合同是法律文件，是合同纠纷中的核心证据。如果合同目的不明确，那么它可能无法证明双方应该履行的所有义务和责任，无法给律师和法官一个清晰的方向。

因此，双方在拟定合同和阅读合同时，一定要确保合同目的清晰、明确，并且符合双方的期望。

从风险的角度来看，没有明确的合同目的会增加合同以下风险。

不确定性风险：缺乏明确的合同目的可能导致不确定性和模糊性，这可能会使双方在未来发生分歧或争议时各执一词。

效力风险：如果没有明确的合同目的，那么合同可能无法执行，因为它无法满足合同成立的法律要求。

经济风险：没有明确合同目的导致双方在经济上都面临风险，因为各方可能会基于不同的合同目的去解释合同权利、义务和责任，各自努力的方向可能出现各种偏差，给合同各方都造成经济利益损失。

建议在签署合同之前花时间确认和明确合同目的，双方都需要确保合同目的的清晰、明确，避免产生不必要的纠纷和风险。

## 第二节 "事"的问题是大问题

### 27

### 合同目的是多个，需要签署多份合同，多份合同之间的效力和连接如何确认？

**回　答：**如果是基于同一最终目的，我们可以通过一致的合同表述使合同之间产生关联性。如果合同目的是多个，且具有独立履行性，那么合同之间的效力关联可能就很难成立。

**理　由：**只有在具有同一合同目的的情况下，我们才能通过合同表述使不同合同产生关联，让合同的生效和终结效果统一。只有同一的合同目的才能让多个合同产生效力的关联，而不能基于多个不同的合同目的。多个合同目的可能会产生合同履行的连接，但效力上具有独立性。

比如顾问单位要和一些公司合作进行直播推广项目，需要签署一系列的合作协议，可能还需要与多频道网络（Multi – Channel Network，MCN）机构下属不同的直播工作室签署推广协议，甚至还需要合作方的人员入职到本公司，签署劳动或者劳务合同。在这种情况下，我们就需要在这些合同上面写清楚"基于××合作协议"签署，这样我们有一个同一的目的，在合作协议到期或者合作协议解除时，这些合同也可以一并解除。同样的情况，如果我们聘用的人员是独立的，虽然也是为直播推广服务，但是独立进行招聘，合同中没有表达"基于××合作协议"签署，那么就会认定这个劳动或劳务合同是独立的，不会基于合作协议的效力产生变化。

**怎么办：**在合同的开头直接写清楚，如果有同一的合同目的可以写一致的"鉴于××××，经合同各方协商一致，依据法律的相关规定，达成以下约定”。如果核心合同已经签署生效，在其他附属的合同中可以在抬头写“为履行××××年××月××日签署的《×××合同》，经合同各方协商一致，依据法律规定和《×××合同》的约定，达成以下约定”。这种方式只能是基于同一合同目的，如果合同目的不同，即使有这句话，可能也不会发生法律效力。合同目的的确认容不得取巧，也不能牵强附会。

## 相关规定

**《最高人民法院关于适用〈中华人民共和国民法典〉合同编通则若干问题的解释》**

**第十四条** 当事人之间就同一交易订立多份合同，人民法院应当认定其中以虚假意思表示订立的合同无效。当事人为规避法律、行政法规的强制性规定，以虚假意思表示隐藏真实意思表示的，人民法院应当依据民法典第一百五十三条第一款的规定认定被隐藏合同的效力；当事人为规避法律、行政法规关于合同应当办理批准等手续的规定，以虚假意思表示隐藏真实意思表示的，人民法院应当依据民法典第五百零二条第二款的规定认定被隐藏合同的效力。

依据前款规定认定被隐藏合同无效或者确定不发生效力的，人民法院应当以被隐藏合同为事实基础，依据民法典第一百五十七条的规定确定当事人的民事责任。但是，法律另有规定的除外。

当事人就同一交易订立的多份合同均系真实意思表示，且不存在其他影响合同效力情形的，人民法院应当在查明各合同成立先后顺序和实际履行情况的基础上，认定合同内容是否发生变更。法律、行政法规禁止变更合同内容的，人民法院应当认定合同的相应变更无效。

**第十五条** 人民法院认定当事人之间的权利义务关系，不应当拘泥于合同使用的名称，而应当根据合同约定的内容。当事人主张的权利义务关系与根据合同内容认定的权利义务关系不一致的，人民法院应当结合缔约背景、交易目的、交易结构、履行行为以及当事人是否存在虚构交易标的等事实认定当事人之间的实际民事法律关系。

## 扩展1 “阴阳合同”的法律效力如何?

**回　答：**情况比较复杂，应根据实际情况分析。如果不冲突，两者都有效，如果有冲突，要看是否有强制备案或公示，没有就是后者有效，有公示的按照公示合同为准，但也不能排除合同生效后修改的效力。根据《合同编通则司法解释》，我们还要注意双方是否利用不同的合同约定隐藏真实的合同目的，如果构成隐藏合同目的的，人民法院会以被隐藏合同为事实基础，确认当事人之间的民事责任。

**理　由：**“阴阳合同”往往是指法律有规定，其中有一份合同要进行备案或者招标，而私下同时甚至事先又签署了一份与备案或招标合同不一致的合同。从正常双方达成意思表示一致角度来看，后签订的合同所确认的意思表示具有最终的有效性，但从备案角度来看，如建筑施工等合同，应以备案的合同约定为准。

合同一般的效力规则为按时间先后顺序，时间靠后的合同比在先的效力优先，只有在特殊规范下，以对外公示或公证流程的合同为准，但对外公示的合同在生效后实际履行中，基于实际情况对合同的内容和履行条款进行修改，也是具有效力的。

**怎么办：**一般情况下，“阳合同”具有超越“阴合同”的效力，但即使公证的合同也并非不能修改，任何合同都具有合意性，只要当事人各方达成一致就可以修改合同约定内容。如果双方试图通过“阳合同”隐藏真实意思表示，那么被隐藏的合同将成为认定纠纷的事实基础。

## 相关规定

**1.《民法典》**

**第五百零二条** 依法成立的合同，自成立时生效，但是法律另有规定或者当事人另有约定的除外。

依照法律、行政法规的规定，合同应当办理批准等手续的，依照其规定。未办理批准等手续影响合同生效的，不影响合同中履行报批等义务条款以及相关条款的效力。应当办理申请批准等手续的当事人未履行义务的，对方可以请求其承担违反该义务的责任。

依照法律、行政法规的规定，合同的变更、转让、解除等情形应当办理批准等手续的，适用前款规定。

**第五百三十三条** 合同成立后，合同的基础条件发生了当事人在订立合同时无法预见的、不属于商业风险的重大变化，继续履行合同对于当事人一方明显不公平的，受不利影响的当事人可以与对方重新协商；在合理期限内协商不成的，当事人可以请求人民法院或者仲裁机构变更或者解除合同。

人民法院或者仲裁机构应当结合案件的实际情况，根据公平原则变更或者解除合同。

**第五百四十三条** 当事人协商一致，可以变更合同。

**第五百四十四条** 当事人对合同变更的内容约定不明确的，推定为未变更。

**2.《最高人民法院关于适用〈中华人民共和国民法典〉合同编通则若干问题的解释》**

**第十四条** 当事人之间就同一交易订立多份合同，人民法院应当认定其中以虚假意思表示订立的合同无效。当事人为规避法律、行政法规的强制性规定，以虚假意思表示隐藏真实意思表示的，人民法院应当依据民法典第一百五十三条第一款的规定认定被隐藏合同的效力；当事人为规避法律、行政法规关于合同应当办理批准等手续的规定，以虚假意思表示隐藏真实意思表示的，人民法院应当依据民法典第五百零二条第二款的规定认定被隐藏合同的效力。

依据前款规定认定被隐藏合同无效或者确定不发生效力的，人民法院应当以被隐藏合同为事实基础，依据民法典第一百五十七条的规定确定当事人的民事责任。但是，法律另有规定的除外。

当事人就同一交易订立的多份合同均系真实意思表示，且不存在其他影响合同效力情形的，人民法院应当在查明各合同成立先后顺序和实际履行情况的基础上，认定合同内容是否发生变更。法律、行政法规禁止变更合同内容的，人民法院应当认定合同的相应变更无效。

**第十五条** 人民法院认定当事人之间的权利义务关系，不应当拘泥于合同使用的名称，而应当根据合同约定的内容。当事人主张的权利义务关系与根据合同内容认定的权利义务关系不一致的，人民法院应当结合缔约背景、交易目的、交易结构、履行行为以及当事人是否存在虚构交易标的等事实认定当事人之间的实际民事法律关系。

## 扩展2 签订的投资合作合同和最终设立的目标公司股权不一致，哪个有效？

**回　答：** 如果设立的目标公司股权登记经过全部投资人签署，且设立时间晚于投资合作合同，一般认为设立登记的股权具有最终效力。

**理　由：** 一般情况下，会先签订合作协议，后设立公司或进行股权变更。在后面的履行行为发生与前面合作协议约定冲突的情况下，从法律角度看，后发生的设立或股权变更行为视为对前面合同约定的修改。

特殊情况下，可能会发生部分合作人实际履行，而其他合作人没有参与后续的设立或变更股权行为，这时候，可以认为相关投资的实际履行与这些没有参与的投资人无关。

投资合同和股权在现实生活中往往很复杂，会产生很多变数，我们就碰到过两层的股权镶嵌加实际控制人的股权变动，还有名为股权转让实为借贷的事情，这就造成股权合同中法律关系极其复杂，需要根据实际情况进行分析。

**怎么办：**现实中我们无法避免合同的变动和修改，就在回答这个问题的时候，笔者刚接到一个咨询，内容是二手房买卖合同的买方在支付定金 12 天后不想买了。在这种情况下，我们建议面对任何合同的变动，最好签订新的补充协议，对合同修改的内容进行确认，避免发生争议。

**相关规定**

**《最高人民法院关于适用〈中华人民共和国民法典〉合同编通则若干问题的解释》**

**第十五条** 人民法院认定当事人之间的权利义务关系，不应当拘泥于合同使用的名称，而应当根据合同约定的内容。当事人主张的权利义务关系与根据合同内容认定的权利义务关系不一致的，人民法院应当结合缔约背景、交易目的、交易结构、履行行为以及当事人是否存在虚构交易标的等事实认定当事人之间的实际民事法律关系。

## 28

## 以物抵债协议是否合法，应该怎么签才能有效？

**回　答：**以物抵债的行为一般不违法。违反法律使得以物抵债无效的原因是：流质、违反公平、侵害其他债权人利益。以物抵债合法需要满足：债权到期，债权债务合法，抵债物作价公平，并依据合法的流程进行物权的变动。

**理　由：**对于以物抵债协议，我们应该认为这是一份新的合同。从这个角度理解，我们就比较容易判断以物抵债协议的有效性。大部分以物抵债协议的效力出现问题，都是因为在原合同中进行约定，造成流质条款无效。

从法律规定来说，以物抵债系债务清偿的方式之一，是当事人之间对于如何清偿债务作出的安排，故对以物抵债协议的效力、履行等问题的认定，应以尊重当事人的意思自治为基本原则。同时以物抵债是一种以物权消灭债权的方式，与债权本身属于两种不同的安排，所以需要当事人重新作出约定。

从法律关系来说，以物抵债协议往往会消灭一个旧的法律关系，形成一个新的法律关系。债权人与债务人达成以物抵债协议、新债务与旧债务并存时，确定债权人应通过主张新债务抑或旧债务履行以实现债权，若新债务届期不履行，致使以物抵债协议目的不能实现的，债权人有权请求债务人履行旧债务，并且该请求权的行使并不以以物抵债协议无效、被撤销或者被解除为前提。

《合同编通则司法解释》明确了以物抵债协议的物权对抗范围，以物抵债协议在交付前实际上不具有物权效力，确认了协议与物权对抗第三人的范围，准确来说就是不要以为签订了有效的以物抵债协议就能对抗别人了，真正的以物抵债是要完成物权交易才能对抗第三人。

**怎么办：**《合同编通则司法解释》明确把以物抵债协议作为一份新的合同。我们从这个新合同的角度起草和审视一份以物抵债协议，就比较不容易犯错。同时我们要把握以物抵债不是万能的，需要从债权和物权两个角度防止以物抵债协议的无法履行和履行风险。

## 相关规定

**1.《民法典》**

**第五百五十七条** 有下列情形之一的，债权债务终止：

（一）债务已经履行；

（二）债务相互抵销；

（三）债务人依法将标的物提存；

（四）债权人免除债务；

（五）债权债务同归于一人；

（六）法律规定或者当事人约定终止的其他情形。

合同解除的，该合同的权利义务关系终止。

**第五百六十八条** 当事人互负债务，该债务的标的物种类、品质相同的，任何一方可以将自己的债务与对方的到期债务抵销；但是，根据债务性质、按照当事人约定或者依照法律规定不得抵销的除外。

当事人主张抵销的，应当通知对方。通知自到达对方时生效。抵销不得附条件或者附期限。

**第五百六十九条** 当事人互负债务，标的物种类、品质不相同的，经协商一致，也可以抵销。

**2.《最高人民法院关于适用〈中华人民共和国民法典〉合同编通则若干问题的解释》**

**第二十七条** 债务人或者第三人与债权人在债务履行期限届满后达成以物抵债协议，不存在影响合同效力情形的，人民法院应当认定该协议自当事人意思表示一致时生效。

债务人或者第三人履行以物抵债协议后，人民法院应当认定相应的原债务同时消灭；债务人或者第三人未按照约定履行以物抵债协议，经催告后在合理期限内仍不履行，债权人选择请求履行原债务或者以物抵债协议的，人民法院应予支持，但是法律另有规定或者当事人另有约定的除外。

前款规定的以物抵债协议经人民法院确认或者人民法院根据当事人达成的以物抵债协议制作成调解书，债权人主张财产权利自确认书、调解书生效时发生变动或者具有对抗善意第三人效力的，人民法院不予支持。

债务人或者第三人以自己不享有所有权或者处分权的财产权利订立以物抵债协议的，依据本解释第十九条的规定处理。

**第二十八条** 债务人或者第三人与债权人在债务履行期限届满前达成以物抵债协议的，人民法院应当在审理债权债务关系的基础上认定该协议的效力。

当事人约定债务人到期没有清偿债务，债权人可以对抵债财产拍卖、变卖、折价以实现债权的，人民法院应当认定该约定有效。当事人约定债务人到期没有清偿债务，抵债财产归债权人所有的，人民法院应当认定该约定无效，但是不影响其他部分的效力；债权人请求对抵债财产拍卖、变卖、折价以实现债权的，人民法院应予支持。

当事人订立前款规定的以物抵债协议后，债务人或者第三人未将财产权利转移至债权人名下，债权人主张优先受偿的，人民法院不予支持；债务人或者第三人已将财产权利转移至债权人名下的，依据《最高人民法院关于适用〈中华人民共和国民法典〉有关担保制度的解释》第六十八条的规定处理。

## 扩展1 在债务到期后达成以物抵债是否都有效？

**回　答：** 不是的。要根据以物抵债协议的具体约定和可履行事实进行判断，我们要分别判断以物抵债的效力和以物抵债对抗第三人的效力。

**理　由：** 因为以物抵债协议不仅具有债权消灭效果，还具有物权效果，因此要确定以物抵债协议的效果，一般要求比较严格。以物抵债，学理称为代物清偿，指债权人受领他种给付以代原定给付而使债的关系消灭。

**怎么办：** 债务到期后，如果双方能够达成以物抵债的协议，且该物品没有其他债权或物权上的瑕疵，那么该以物抵债协议有效。需要注意的是，一定要及时地履行，合法的以物抵债协议很多因为未履行、无法履行、履行瑕疵，而无效或被撤销。

### 相关规定

**《最高人民法院关于适用〈中华人民共和国民法典〉合同编通则若干问题的解释》**

**第二十七条** 债务人或者第三人与债权人在债务履行期限届满后达成以

物抵债协议，不存在影响合同效力情形的，人民法院应当认定该协议自当事人意思表示一致时生效。

债务人或者第三人履行以物抵债协议后，人民法院应当认定相应的原债务同时消灭；债务人或者第三人未按照约定履行以物抵债协议，经催告后在合理期限内仍不履行，债权人选择请求履行原债务或者以物抵债协议的，人民法院应予支持，但是法律另有规定或者当事人另有约定的除外。

前款规定的以物抵债协议经人民法院确认或者人民法院根据当事人达成的以物抵债协议制作成调解书，债权人主张财产权利自确认书、调解书生效时发生变动或者具有对抗善意第三人效力的，人民法院不予支持。

债务人或者第三人以自己不享有所有权或者处分权的财产权利订立以物抵债协议的，依据本解释第十九条的规定处理。

**第四十三条** 债务人以明显不合理的价格，实施互易财产、以物抵债、出租或者承租财产、知识产权许可使用等行为，影响债权人的债权实现，债务人的相对人知道或者应当知道该情形，债权人请求撤销债务人的行为的，人民法院应当依据民法典第五百三十九条的规定予以支持。

## 扩展2 在债务到期前达成以物抵债是否必然无效？

**回　答：**一般为无效约定。根据《合同编通则司法解释》的规定，“人民法院应当在审理债权债务关系的基础上认定该协议的效力”。

**理　由：**在债务履行期届满之前达成以物抵债协议，本质乃为债权提供担保，但难免存在流质（抵）契约之嫌。我国法律对流质一直有禁止性规定，所以债务到期前的以物抵债协议一般都会认定违反法律的强制性规定而无效。在未届履行期达成的以物抵债协议，即便债权人已经实际受领抵债物，也不产生清偿效果，而仅具事实上的担保功能。

《合同编通则司法解释》中确立：“当事人约定债务人到期没有清

偿债务，债权人可以对抵债财产拍卖、变卖、折价以实现债权的，人民法院应当认定该约定有效。”该约定实际并未改变物权性质，在一定程度上，不属于以物抵债范畴。

**怎么办：** 债务到期前签订以物抵债协议为无效，如果双方真实意思表示是以物抵债抵销未到期的债务，最好的做法是双方先协议让原债权债务加速到期，然后再签订以物抵债协议。当然如果双方实际意思是对合同的担保，为了确保双方目的能够达成，最好的方式还是约定明确担保方式和担保范围，并履行担保手续，这样才能更好地维护自己的利益。

## 相关规定

**《最高人民法院关于适用〈中华人民共和国民法典〉合同编通则若干问题的解释》**

**第二十八条** 债务人或者第三人与债权人在债务履行期限届满前达成以物抵债协议的，人民法院应当在审理债权债务关系的基础上认定该协议的效力。

当事人约定债务人到期没有清偿债务，债权人可以对抵债财产拍卖、变卖、折价以实现债权的，人民法院应当认定该约定有效。当事人约定债务人到期没有清偿债务，抵债财产归债权人所有的，人民法院应当认定该约定无效，但是不影响其他部分的效力；债权人请求对抵债财产拍卖、变卖、折价以实现债权的，人民法院应予支持。

当事人订立前款规定的以物抵债协议后，债务人或者第三人未将财产权利转移至债权人名下，债权人主张优先受偿的，人民法院不予支持；债务人或者第三人已将财产权利转移至债权人名下的，依据《最高人民法院关于适用〈中华人民共和国民法典〉有关担保制度的解释》第六十八条的规定处理。

## 29

## 合同中应该约定先开发票还是先付款?

**回　答：**这个是合同当事人的选择权利，付款和开发票在合同中是不同的义务主体，同时两者在合同中的地位也不同，当事人可以协商确定先后顺序。

**理　由：**对于权利义务的履行顺序，这属于双方意思自治范畴，法律并无限制性规定。虽然法律没有限制性规定，但我们也要注意合同设置的公平性。

付款义务是合同的核心义务，而开发票是合同中的附属义务，两者在合同中的重要性不同，一般情况不能以发票义务对抗付款义务。

合同中，因部分强势主体的格式条款，往往会约定先开票，收到发票 10 天之后付款，这样的约定多了之后，大家可能觉得发票义务很重要，但从实践中看，法院对此认为，除非明确约定开具发票是前置义务，且影响合同履行，否则不支持因发票未开具而拒绝付款。

**怎么办：**作为付款方，肯定想要求先开票后付款；作为收款方，肯定想要求先付款后开票。律师的建议是，合同的约定应尽量公平，保证双方的权利义务对等，公平的合同才能更好地得到执行。

### 相关规定

**《最高人民法院关于适用〈中华人民共和国民法典〉合同编通则若干问题的解释》**

**第三十一条**　当事人互负债务，一方以对方没有履行非主要债务为由拒绝履行自己的主要债务的，人民法院不予支持。但是，对方不履行非主要债务致使不能实现合同目的或者当事人另有约定的除外。

当事人一方起诉请求对方履行债务，被告依据民法典第五百二十五条的规定主张双方同时履行的抗辩且抗辩成立，被告未提起反诉的，人民法院应当判决被告在原告履行债务的同时履行自己的债务，并在判项中明确原告申请强制执行的，人民法院应当在原告履行自己的债务后对被告采取执行行为；被告提起反诉的，人民法院应当判决双方同时履行自己的债务，并在判项中明确任何一方申请强制执行的，人民法院应当在该当事人履行自己的债务后对对方采取执行行为。

当事人一方起诉请求对方履行债务，被告依据民法典第五百二十六条的规定主张原告应先履行的抗辩且抗辩成立的，人民法院应当驳回原告的诉讼请求，但是不影响原告履行债务后另行提起诉讼。

## 30

## 合同中约定改变税收负担是否有效?

**回　答：**该约定无效。合同的一方当事人依法负有的缴纳个人所得税等纳税义务，系其作为纳税义务人所负有的法定义务，不得通过约定改由他人承担。但税费作为一种金钱之债，可通过约定由他人代为履行。

**理　由：**《税收征收管理法实施细则》第3条第1款规定：任何部门、单位和个人作出与税收法律、行政法规相抵触的决定一律无效，税务机关不得执行，并应当向上级税务机关报告。合同约定一方当事人所负的法定纳税义务由另一方承担的，该约定无效，但约定该义务由另一方代为履行的，该约定有效。

我们只能约定税款由谁负责支付履行，但不能改变纳税人是谁，不能将纳税人的义务转给其他人。

**怎么办：**如果合同中将应缴税义务委托对方代为履行，这样的约定是合法有效的。但我们需要注意的是，如果对方没有履行，最终的纳税义务人仍是我方。因此在合同中约定对方代缴税款时，一定要对代缴税费的行为进行确认，避免将来承担补税责任。

## 判例

**最高人民法院（2016）最高法民终51号民事判决书**

在股权转让场合，转让方依法负有缴纳个人所得税等纳税义务，系其作为纳税义务人所负有的法定义务，不得通过约定改由他人承担，但税费作为一种金钱之债，可通过约定由他人代为履行。案涉“8月11日协议”第7条约定由受让方支付相关税费，该约定不违反法律、行政法规的强制性规定，应属合法有效。然而“8月11日协议”仅约定由受让方支付相关税费，对于何时缴纳何种税费及缴纳多少税费，都没有约定。在税费种类及额度均未确定，转让方也没有实际缴纳相关税费的情况下，其要求受让方支付相关税费的诉讼请求缺乏事实依据，法院不予支持。当然，在税务征收部门催缴税费的情况下，转让方可根据合同的约定要求受让方代为缴纳相关费用。转让方根据有关规定缴纳了相关税费后，也可根据约定向受让方求偿。

## 相关规定

《民法典》

**第一百四十三条** 具备下列条件的民事法律行为有效：

（一）行为人具有相应的民事行为能力；

（二）意思表示真实；

（三）不违反法律、行政法规的强制性规定，不违背公序良俗。

**第一百五十三条** 违反法律、行政法规的强制性规定的民事法律行为无效。但是，该强制性规定不导致该民事法律行为无效的除外。

违背公序良俗的民事法律行为无效。

**第一百五十五条** 无效的或者被撤销的民事法律行为自始没有法律约束力。

**第一百五十六条** 民事法律行为部分无效，不影响其他部分效力的，其他部分仍然有效。

**第四百六十五条** 依法成立的合同，受法律保护。

依法成立的合同，仅对当事人具有法律约束力，但是法律另有规定的除外。

**第五百零二条** 依法成立的合同，自成立时生效，但是法律另有规定或者当事人另有约定的除外。

……

31

## 对方拒绝继续履行合同，我们该怎么办？

**回　答：**根据不同的合同约定和违约后果，我们所能选择的权利不一样，但一般都有以下权利：要求继续履行、要求承担违约责任。可能拥有以下权利：先履行抗辩权、合同解除权。

**理　由：**拒绝履行一般有两种：一种是“毁约”行为，合同当事人一方拒绝按照合同约定履行自己的义务；另一种是“抗辩”行为，在双务合同中，负有先履行义务的一方未在合同约定期限履行自己的义务时，负有后履行义务的一方可以拒绝履行自己的义务的一种行使先履行抗辩权的行为。我们回答的问题对应的是第一种毁约行为，一般认为拒绝履行是合同履行障碍中最为恶劣、严重的情形。对于拒绝履行，我们一般都认为是一种严重的违约，应予以严格的违约惩罚。

为什么我们强调合同应约定完善并有可执行性，做好风险的预测，准备好对应的条款？就是担心遇到这样的“人”、这样的“事”，如果我们约定得很清楚，那么就可以就“事”论“事”，根据合同约定解决。

**怎么办：**合同在签订前双方要协商好里面的细节和条款，合同一旦签订下来之后双方就要按照合同约定来履行，如果一方拒绝履行合同，另一方按照合同约定的处理方法要求对方承担责任即可。

**相关规定**

《民法典》

**第五百零九条** 当事人应当按照约定全面履行自己的义务。

当事人应当遵循诚信原则，根据合同的性质、目的和交易习惯履行通知、协助、保密等义务。

当事人在履行合同过程中，应当避免浪费资源、污染环境和破坏生态。

**第五百七十七条** 当事人一方不履行合同义务或者履行合同义务不符合约定的，应当承担继续履行、采取补救措施或者赔偿损失等违约责任。

**第五百七十八条** 当事人一方明确表示或者以自己的行为表明不履行合同义务的，对方可以在履行期限届满前请求其承担违约责任。

## 扩展1 对方违约未付上一阶段应付款，仍要求我方继续履行合同，该怎么办?

**回　答：**向对方发出通知要求履行支付义务，否则我方将拒绝继续履行合同。

**理　由：**任何合同的履行都应该考虑交易公平和安全，如果一方拒不履行付款义务，却要求另一方继续履行对应的合同义务，就丧失了合同的公平性，这种诉求是不合适的。

**怎么办：**如果合同中没有约定相关交付及付款的顺序，实际发生了分批交付和付款，对方发生违约后，应该马上正式通知对方，并告知对方合理的履行期限及违约后果，降低我们的履行风险。如果对方的前置履行风险可能造成比较大的损失时，我们最好能够在合同中明确约定我们的权利，比如中止履行、解除合同、违约赔偿等。

**相关规定**

《民法典》

**第五百二十五条** 当事人互负债务，没有先后履行顺序的，应当同时履行。一方在对方履行之前有权拒绝其履行请求。一方在对方履行债务不符合约定时，有权拒绝其相应的履行请求。

**第五百二十六条** 当事人互负债务，有先后履行顺序，应当先履行债务一方未履行的，后履行一方有权拒绝其履行请求。先履行一方履行债务不符合约定的，后履行一方有权拒绝其相应的履行请求。

**第五百七十七条** 当事人一方不履行合同义务或者履行合同义务不符合约定的，应当承担继续履行、采取补救措施或者赔偿损失等违约责任。

**第五百七十八条** 当事人一方明确表示或者以自己的行为表明不履行合同义务的，对方可以在履行期限届满前请求其承担违约责任。

**第五百七十九条** 当事人一方未支付价款、报酬、租金、利息，或者不履行其他金钱债务的，对方可以请求其支付。

## 扩展2 我们通知买方该提货了，买方就是不来提货该怎么办?

**回　答：** 一般情况下，债权人不得拒绝债务人的履行，否则将承担相应的违约、标的物损毁风险及延迟提货增加的费用。

**理　由：** 有两种情况债权人可以拒绝提货：提前交付和部分履行。其他情况下债权人不得拒绝提货。

**怎么办：** 我们可以发出能够留下证据的通知，告知买方需要履行其提货义务，并告知相关风险和因此产生的损失及违约责任。在合理期限内，买方收到通知后仍不提货的，根据不同情况，我们可以选择以下方式维护自己的利益：提存、要求买方承担违约责任、解除合同。

### 相关规定

**《民法典》**

**第五百三十条** 债权人可以拒绝债务人提前履行债务，但是提前履行不损害债权人利益的除外。

债务人提前履行债务给债权人增加的费用，由债务人负担。

**第五百三十一条** 债权人可以拒绝债务人部分履行债务，但是部分履行不损害债权人利益的除外。

债务人部分履行债务给债权人增加的费用，由债务人负担。

**第五百七十条** 有下列情形之一，难以履行债务的，债务人可以将标的物提存：

（一）债权人无正当理由拒绝受领；

（二）债权人下落不明；

（三）债权人死亡未确定继承人、遗产管理人，或者丧失民事行为能力未确定监护人；

（四）法律规定的其他情形。

标的物不适于提存或者提存费用过高的，债务人依法可以拍卖或者变卖标的物，提存所得的价款。

**第五百七十一条** 债务人将标的物或者将标的物依法拍卖、变卖所得价款交付提存部门时，提存成立。

提存成立的，视为债务人在其提存范围内已经交付标的物。

**第五百七十二条** 标的物提存后，债务人应当及时通知债权人或者债权人的继承人、遗产管理人、监护人、财产代管人。

**第五百七十三条** 标的物提存后，毁损、灭失的风险由债权人承担。提存期间，标的物的孳息归债权人所有。提存费用由债权人负担。

**第五百七十四条** 债权人可以随时领取提存物。但是，债权人对债务人负有到期债务的，在债权人未履行债务或者提供担保之前，提存部门根据债务人的要求应当拒绝其领取提存物。

债权人领取提存物的权利，自提存之日起五年内不行使而消灭，提存物扣除提存费用后归国家所有。但是，债权人未履行对债务人的到期债务，或者债权人向提存部门书面表示放弃领取提存物权利的，债务人负担提存费用后有权取回提存物。

**第五百八十九条** 债务人按照约定履行债务，债权人无正当理由拒绝受领的，债务人可以请求债权人赔偿增加的费用。

在债权人受领迟延期间，债务人无须支付利息。

## 32

## 支付定金后，合同最终未达成一致，所付的定金是否应返还？

**回　答：** 这种先支付的定金一般为订约金，发生这个问题，我们需要审视合同订立过程中的过错责任，如果合同未达成一致无法归因于任何一方，定金是应该退回的。

**理　由：** 定金实质是一种保证方式，虽然主合同没有成立，但是在支付定金的时候，双方的定金合同实际已经成立，双方应该按照定金合同约定执行。如果本问题中合同未达到一致是因其中一方造成的，那么造成合同未达成一致的一方就需要承担定金损失。合同未达成一致的原因无法归责于任意一方的时候，任意一方均不用承担定金损失，收取定金的一方应退还定金。

根据《合同编通则司法解释》第 67 条的规定，我们在支付定金时，最好约定清晰关于定金的适用规则，避免双方对该定金所担保的内容产生纠纷，从而影响未来的责任承担。

**怎么办：** 如果有订约金时，在合同谈判期间应保留双方商谈合同的过程资料，当合同无法达成一致时，以便有理有据地向对方要求退回定金。如果是因一方违约使合同无法达成一致，定金罚则就可能会被触发。

### 相关规定

**1.《民法典》**

**第五百八十六条** 当事人可以约定一方向对方给付定金作为债权的担

保。定金合同自实际交付定金时成立。

……

**第五百八十七条** 债务人履行债务的，定金应当抵作价款或者收回。给付定金的一方不履行债务或者履行债务不符合约定，致使不能实现合同目的的，无权请求返还定金；收受定金的一方不履行债务或者履行债务不符合约定，致使不能实现合同目的的，应当双倍返还定金。

**2.《最高人民法院关于适用〈中华人民共和国民法典〉合同编通则若干问题的解释》**

**第六十七条** 当事人交付留置金、担保金、保证金、订约金、押金或者订金等，但是没有约定定金性质，一方主张适用民法典第五百八十七条规定的定金罚则的，人民法院不予支持。当事人约定了定金性质，但是未约定定金类型或者约定不明，一方主张为违约定金的，人民法院应予支持。

当事人约定以交付定金作为订立合同的担保，一方拒绝订立合同或者在磋商订立合同时违背诚信原则导致未能订立合同，对方主张适用民法典第五百八十七条规定的定金罚则的，人民法院应予支持。

当事人约定以交付定金作为合同成立或者生效条件，应当交付定金的一方未交付定金，但是合同主要义务已经履行完毕并为对方所接受的，人民法院应当认定合同在对方接受履行时已经成立或者生效。

当事人约定定金性质为解约定金，交付定金的一方主张以丧失定金为代价解除合同的，或者收受定金的一方主张以双倍返还定金为代价解除合同的，人民法院应予支持。

**第六十八条** 双方当事人均具有致使不能实现合同目的的违约行为，其中一方请求适用定金罚则的，人民法院不予支持。当事人一方仅有轻微违约，对方具有致使不能实现合同目的的违约行为，轻微违约方主张适用定金罚则，对方以轻微违约方也构成违约为由抗辩的，人民法院对该抗辩不予支持。

当事人一方已经部分履行合同，对方接受并主张按照未履行部分所占比例适用定金罚则的，人民法院应予支持。对方主张按照合同整体适用定金罚则的，人民法院不予支持，但是部分未履行致使不能实现合同目的的除外。

因不可抗力致使合同不能履行，非违约方主张适用定金罚则的，人民法院不予支持。

33

## 违约金与定金是否可以并用？

**回　答：**不可以并用。守约方可以选择适用违约金或定金，无论是违约金还是定金都不能弥补违约带来的损失时，可以请求超过定金或违约金的损失赔偿。

**理　由：**定金和违约金都是对合同履行瑕疵的补救措施，两者性质上具有同一性。定金是其中一方对合同履行的担保，而违约金是对违约行为的一种制裁，定金是担保约定，而违约金是民事责任承担，两者有很大区别。

我国对民事行为所产生的损失赔偿是以补偿为主，惩罚性为辅，原则上不能通过违约赔偿获利，一般情况下不支持超过实际损失的赔偿。定金条款则遵循意思自治，只要不超过合同总金额的20%，依约定在合同履行前交付，且定金合同自定金实际交付时成立，定金条款的赔偿则在不超20%的定金之内，不受实际损失限制。

我们在向对方主张损失时，如果合同中同时存在定金条款和违约金条款，我们可以主张的赔偿有3个：定金、违约金、损失赔偿。在这3个赔偿里面，我们可以根据不同金额选择使用，同时因为定金的惩罚性和损失赔偿的补偿性能够在一定限度上并用，所以“定金＋损失赔偿”在不超过违约造成的损失之内可以限制并用。

《合同编通则司法解释》再次明确了违约金的适当性，第60条至第68条都在对违约金和定金赔偿的合理性问题进行明确，该司法解释共69条，其中用了9条条款来说违约金和定金问题，足以证明人民法院对违约赔偿这一平衡合同交易公平条款的重视。对于这9条条款，我们理解其核心表达是违约金要注意平衡性，要具有合理性，同时更要注意公平，以约定为基础，但实际的损失更应作为人民法院对违约金金额的判断基础。

**怎么办：** 定金条款具有确定性，也具有与违约金相同的补救性质，因此两者不能并用。

因定金条款具有担保性质，法院基本不会酌情予以扣减，如果在资金实力足够、对合同履行有信心的情况下，我们建议商定定金条款，通过定金条款锁定违约成本。即便损失真的超过定金罚则，也可以通过主张实际损失进行弥补。需要注意，《合同编通则司法解释》第68条明确规定，轻微违约和部分违约不能完全适用整体定金罚则。

## 相关规定

**1. 《民法典》**

**第五百八十四条** 当事人一方不履行合同义务或者履行合同义务不符合约定，造成对方损失的，损失赔偿额应当相当于因违约所造成的损失，包括合同履行后可以获得的利益；但是，不得超过违约一方订立合同时预见到或者应当预见到的因违约可能造成的损失。

**第五百八十五条** 当事人可以约定一方违约时应当根据违约情况向对方支付一定数额的违约金，也可以约定因违约产生的损失赔偿额的计算方法。

约定的违约金低于造成的损失的，人民法院或者仲裁机构可以根据当事人的请求予以增加；约定的违约金过分高于造成的损失的，人民法院或者仲裁机构可以根据当事人的请求予以适当减少。

当事人就迟延履行约定违约金的，违约方支付违约金后，还应当履行债务。

**第五百八十六条** 当事人可以约定一方向对方给付定金作为债权的担

保。定金合同自实际交付定金时成立。

定金的数额由当事人约定；但是，不得超过主合同标的额的百分之二十，超过部分不产生定金的效力。实际交付的定金数额多于或者少于约定数额的，视为变更约定的定金数额。

**第五百八十七条** 债务人履行债务的，定金应当抵作价款或者收回。给付定金的一方不履行债务或者履行债务不符合约定，致使不能实现合同目的的，无权请求返还定金；收受定金的一方不履行债务或者履行债务不符合约定，致使不能实现合同目的的，应当双倍返还定金。

**第五百八十八条** 当事人既约定违约金，又约定定金的，一方违约时，对方可以选择适用违约金或者定金条款。

定金不足以弥补一方违约造成的损失的，对方可以请求赔偿超过定金数额的损失。

**2.《最高人民法院关于适用〈中华人民共和国民法典〉合同编通则若干问题的解释》**

**第六十条** 人民法院依据民法典第五百八十四条的规定确定合同履行后可以获得的利益时，可以在扣除非违约方为订立、履行合同支出的费用等合理成本后，按照非违约方能够获得的生产利润、经营利润或者转售利润等计算。

非违约方依法行使合同解除权并实施了替代交易，主张按照替代交易价格与合同价格的差额确定合同履行后可以获得的利益的，人民法院依法予以支持；替代交易价格明显偏离替代交易发生时当地的市场价格，违约方主张按照市场价格与合同价格的差额确定合同履行后可以获得的利益的，人民法院应予支持。

非违约方依法行使合同解除权但是未实施替代交易，主张按照违约行为发生后合理期间内合同履行地的市场价格与合同价格的差额确定合同履行后可以获得的利益的，人民法院应予支持。

**第六十一条** 在以持续履行的债务为内容的定期合同中，一方不履行支付价款、租金等金钱债务，对方请求解除合同，人民法院经审理认为合同应当依法解除的，可以根据当事人的主张，参考合同主体、交易类型、市场价格变化、剩余履行期限等因素确定非违约方寻找替代交易的合理期限，并按照该期限对应的价款、租金等扣除非违约方应当支付的相应履约成本确定合同履行后可以获得的利益。

非违约方主张按照合同解除后剩余履行期限相应的价款、租金等扣除履约成本确定合同履行后可以获得的利益的，人民法院不予支持。但是，剩余履行期限少于寻找替代交易的合理期限的除外。

**第六十二条** 非违约方在合同履行后可以获得的利益难以根据本解释第六十条、第六十一条的规定予以确定的，人民法院可以综合考虑违约方因违约获得的利益、违约方的过错程度、其他违约情节等因素，遵循公平原则和诚信原则确定。

**第六十三条** 在认定民法典第五百八十四条规定的“违约一方订立合同时预见到或者应当预见到的因违约可能造成的损失”时，人民法院应当根据当事人订立合同的目的，综合考虑合同主体、合同内容、交易类型、交易习惯、磋商过程等因素，按照与违约方处于相同或者类似情况的民事主体在订立合同时预见到或者应当预见到的损失予以确定。

除合同履行后可以获得的利益外，非违约方主张还有其向第三人承担违约责任应当支出的额外费用等其他因违约所造成的损失，并请求违约方赔偿，经审理认为该损失系违约一方订立合同时预见到或者应当预见到的，人民法院应予支持。

在确定违约损失赔偿额时，违约方主张扣除非违约方未采取适当措施导致的扩大损失、非违约方也有过错造成的相应损失、非违约方因违约获得的额外利益或者减少的必要支出的，人民法院依法予以支持。

**第六十四条** 当事人一方通过反诉或者抗辩的方式，请求调整违约金的，人民法院依法予以支持。

违约方主张约定的违约金过分高于违约造成的损失，请求予以适当减少的，应当承担举证责任。非违约方主张约定的违约金合理的，也应当提供相应的证据。

当事人仅以合同约定不得对违约金进行调整为由主张不予调整违约金的，人民法院不予支持。

**第六十五条** 当事人主张约定的违约金过分高于违约造成的损失，请求予以适当减少的，人民法院应当以民法典第五百八十四条规定的损失为基础，兼顾合同主体、交易类型、合同的履行情况、当事人的过错程度、履约背景等因素，遵循公平原则和诚信原则进行衡量，并作出裁判。

约定的违约金超过造成损失的百分之三十的，人民法院一般可以认定为过分高于造成的损失。

恶意违约的当事人一方请求减少违约金的，人民法院一般不予支持。

**第六十六条** 当事人一方请求对方支付违约金，对方以合同不成立、无效、被撤销、确定不发生效力、不构成违约或者非违约方不存在损失等为由抗辩，未主张调整过高的违约金的，人民法院应当就若不支持该抗辩，当事人是否请求调整违约金进行释明。第一审人民法院认为抗辩成立且未予释明，第二审人民法院认为应当判决支付违约金的，可以直接释明，并根据当事人的请求，在当事人就是否应当调整违约金充分举证、质证、辩论后，依法判决适当减少违约金。

被告因客观原因在第一审程序中未到庭参加诉讼，但是在第二审程序中到庭参加诉讼并请求减少违约金的，第二审人民法院可以在当事人就是否应当调整违约金充分举证、质证、辩论后，依法判决适当减少违约金。

**第六十七条** 当事人交付留置金、担保金、保证金、订约金、押金或者订金等，但是没有约定定金性质，一方主张适用民法典第五百八十七条规定的定金罚则的，人民法院不予支持。当事人约定了定金性质，但是未约定定金类型或者约定不明，一方主张为违约定金的，人民法院应予支持。

当事人约定以交付定金作为订立合同的担保，一方拒绝订立合同或者在磋商订立合同时违背诚信原则导致未能订立合同，对方主张适用民法典第五百八十七条规定的定金罚则的，人民法院应予支持。

当事人约定以交付定金作为合同成立或者生效条件，应当交付定金的一方未交付定金，但是合同主要义务已经履行完毕并为对方所接受的，人民法院应当认定合同在对方接受履行时已经成立或者生效。

当事人约定定金性质为解约定金，交付定金的一方主张以丧失定金为代价解除合同的，或者收受定金的一方主张以双倍返还定金为代价解除合同的，人民法院应予支持。

**第六十八条** 双方当事人均具有致使不能实现合同目的的违约行为，其中一方请求适用定金罚则的，人民法院不予支持。当事人一方仅有轻微违约，对方具有致使不能实现合同目的的违约行为，轻微违约方主张适用定金罚则，对方以轻微违约方也构成违约为由抗辩的，人民法院对该抗辩不予支持。

当事人一方已经部分履行合同，对方接受并主张按照未履行部分所占比例适用定金罚则的，人民法院应予支持。对方主张按照合同整体适用定金罚则的，人民法院不予支持，但是部分未履行致使不能实现合同目的的除外。

因不可抗力致使合同不能履行，非违约方主张适用定金罚则的，人民法院不予支持。

## 扩展1 违约金是否可以与损害赔偿金并用？

**回　答：** 当违约金不能弥补全部损失时，可以主张调整违约金金额，但不能并用。

**理　由：** 违约责任的承担原则为“补偿性为主，惩罚性为辅”。即便违约金的约定很高，对方也可以要求法院对此进行适当调整，因此违约金和损害赔偿金数额往往比较接近。

两者在实践中也有一定区别，从举证角度来说，违约金的举证难度更低，我们只需要证明对方有违约行为和合同有违约行为对应的违约金约定即可，损害数额不是必需的证明。如果要证明损害赔偿金，则需要举证证明有违约行为、违约行为与损害结果的因果关系、损害结果的数额等问题，实际上增加了我们的举证难度。

从举证角度来看，诉求违约金的难度一般情况下低于损害赔偿金。

**怎么办：** 违约金没有显著少于损害后果时，我们推荐使用合同中的违约金条款附加损害赔偿，这样可以降低举证责任，更有利于维护自己的权益。

## 相关规定

《民法典》

**第五百八十四条** 当事人一方不履行合同义务或者履行合同义务不符合约定，造成对方损失的，损失赔偿额应当相当于因违约所造成的损失，包括合同履行后可以获得的利益；但是，不得超过违约一方订立合同时预见到或者应当预见到的因违约可能造成的损失。

**第五百八十五条** 当事人可以约定一方违约时应当根据违约情况向对方支付一定数额的违约金，也可以约定因违约产生的损失赔偿额的计算方法。

约定的违约金低于造成的损失的，人民法院或者仲裁机构可以根据当事人的请求予以增加；约定的违约金过分高于造成的损失的，人民法院或者仲裁机构可以根据当事人的请求予以适当减少。

当事人就迟延履行约定违约金的，违约方支付违约金后，还应当履行债务。

## 扩展2 支付了违约金是否就可以不履行合同？

**回　答：** 如合同未解除，支付了违约金也应继续履行合同。比如支付迟延履行的违约金后，还是需要履行合同的。

**理　由：** 在合同中对于不同的违约情况可以设定不同的违约金支付，违约金的支付不等于合同解除，也不必然导致不再履行合同。

需要注意的是，《合同编通则司法解释》第 67 条第 4 款规定，一方可以以解约定金为代价解除合同，我们在日常订立合同时需要注意该代价是否可以覆盖成本。

**怎么办：** 违约金的支付不等于合同的终止，我们可以在合同中对不同的违约事由设定不同的违约金计算和支付方式，加大违约成本，促进合同的履行效率。

## 相关规定

**1.《民法典》**

**第五百八十五条** 当事人可以约定一方违约时应当根据违约情况向对方支付一定数额的违约金，也可以约定因违约产生的损失赔偿额的计算方法。

约定的违约金低于造成的损失的，人民法院或者仲裁机构可以根据当事人的请求予以增加；约定的违约金过分高于造成的损失的，人民法院或者仲裁机构可以根据当事人的请求予以适当减少。

当事人就迟延履行约定违约金的，违约方支付违约金后，还应当履行债务。

**2.《最高人民法院关于适用〈中华人民共和国民法典〉合同编通则若干问题的解释》**

**第六十七条** 当事人交付留置金、担保金、保证金、订约金、押金或者订金等，但是没有约定定金性质，一方主张适用民法典第五百八十七条规定的定金罚则的，人民法院不予支持。当事人约定了定金性质，但是未约定定金类型或者约定不明，一方主张为违约定金的，人民法院应予支持。

当事人约定以交付定金作为订立合同的担保，一方拒绝订立合同或者在磋商订立合同时违背诚信原则导致未能订立合同，对方主张适用民法典第五百八十七条规定的定金罚则的，人民法院应予支持。

当事人约定以交付定金作为合同成立或者生效条件，应当交付定金的一方未交付定金，但是合同主要义务已经履行完毕并为对方所接受的，人民法院应当认定合同在对方接受履行时已经成立或者生效。

当事人约定定金性质为解约定金，交付定金的一方主张以丧失定金为代价解除合同的，或者收受定金的一方主张以双倍返还定金为代价解除合同的，人民法院应予支持。

34

## 合同中“定金”与“订金”的区别是什么？

**回　答：**定金是法律概念，对合同的履行具有担保性；而订金是交易习惯，往往作为一种预付款的定义。

**理　由：**定金合同成立后，双方的合同履行将产生确定的违约成本，双方以定金金额作为违约成本。然而订金只是双方履行合同中的部分支付行为，并不能必然产生违约成本，订金只是合同全部款项的一部分，不具有担保效果。

简单区别两者的方式是靠语文方式：定金，代表了确定和盖棺论定；订金，就是说说，不代表一定要承担责任。

**怎么办：**如果对合同履行有信心，建议上面写定金；如果对合同履行没有信心，建议写订金。我们也可以根据对方提供的合同上写的是定金还是订金，来判断对方是否对履行合同有信心。

### 相关规定

**《最高人民法院关于适用〈中华人民共和国民法典〉合同编通则若干问题的解释》**

**第六十七条**　当事人交付留置金、担保金、保证金、订约金、押金或者订金等，但是没有约定定金性质，一方主张适用民法典第五百八十七条规定的定金罚则的，人民法院不予支持。当事人约定了定金性质，但是未约定定金类型或者约定不明，一方主张为违约定金的，人民法院应予支持。

当事人约定以交付定金作为订立合同的担保，一方拒绝订立合同或者在磋商订立合同时违背诚信原则导致未能订立合同，对方主张适用民法典第五百八十七条规定的定金罚则的，人民法院应予支持。

当事人约定以交付定金作为合同成立或者生效条件，应当交付定金的一方未交付定金，但是合同主要义务已经履行完毕并为对方所接受的，人民法院应当认定合同在对方接受履行时已经成立或者生效。

当事人约定定金性质为解约定金，交付定金的一方主张以丧失定金为代价解除合同的，或者收受定金的一方主张以双倍返还定金为代价解除合同的，人民法院应予支持。

## 扩展 我方的实际损失大于定金数额怎么办?

**回　答：**主张定金赔偿的同时，要求对方另行赔偿超出定金赔偿的损失数额。

**理　由：**法律有明确规定，“定金不足以弥补一方违约造成的损失的，对方可以请求赔偿超过定金数额的损失”。

为什么我们建议按照“定金＋损失赔偿”，不直接主张损失赔偿？那是因为主张“定金＋损失赔偿”的方式可以降低我们的诉讼风险，增加诉讼的确定性。如果我们只主张损失赔偿，那么就需要提供全部的损失后果以证明有这么多损失。比如我们主张合同纠纷造成实际损失100万元，其中支付定金40万元。如果直接主张损失，法院需要对损失全面认定，如果认为我们的损失数额只有75万元，我们获得法院支持的赔偿就是75万元。

若改变一下诉讼主张，我们主张对方“双倍赔偿定金＋损失赔偿”，法院对此只需要审核定金支付情况，就可以支持80万元赔偿。这时我们就可以提供证据证明存在超额损失部分，一般情况下获得的赔偿都可能多于80万元。

需要注意的是，我们之前支付的40万元定金如果没有主张定金罚则，这部分定金去哪儿了？这部分定金计入合同履行，该部分会在双方履行价值或损失中予以计算。

**怎么办：**如果发生实际损失超过定金赔偿数额，最稳妥的索赔方式是以“定金＋损失赔偿”的方式向对方主张。

**相关规定**

《民法典》

**第五百八十八条** 当事人既约定违约金，又约定定金的，一方违约时，对方可以选择适用违约金或者定金条款。

定金不足以弥补一方违约造成的损失的，对方可以请求赔偿超过定金数额的损失。

35

## 合同中没有约定对方付款的时间，对方是否可以无限期推迟付款？

**回　答：**不能无限期推迟，仍应在合理期间内履行。

**理　由：**我国法律制定相关合同规则的核心价值是“促进交易”，因此无约定即推迟履行不符合我们的核心价值。

在合同中应明确付款时间，如果没有约定付款时间，我们可以通过发送催促付款通知的方式确定付款期限。如果当事人是付款方，看到合同中没有约定付款时间也不要暗自窃喜，因为没有约定付款时间，对方可以随时主张付款，而且没有约定付款时间则诉讼时效会一直存在。

**怎么办：** 履行的核心是公平和合理，对于付款时间，无论合同是否约定，我们都可以催促对方履行。

## 相关规定

**1.《民法典》**

**第五百一十条** 合同生效后，当事人就质量、价款或者报酬、履行地点等内容没有约定或者约定不明确的，可以协议补充；不能达成补充协议的，按照合同相关条款或者交易习惯确定。

**第五百一十一条** 当事人就有关合同内容约定不明确，依据前条规定仍不能确定的，适用下列规定：

（一）质量要求不明确的，按照强制性国家标准履行；没有强制性国家标准的，按照推荐性国家标准履行；没有推荐性国家标准的，按照行业标准履行；没有国家标准、行业标准的，按照通常标准或者符合合同目的的特定标准履行。

（二）价款或者报酬不明确的，按照订立合同时履行地的市场价格履行；依法应当执行政府定价或者政府指导价的，依照规定履行。

（三）履行地点不明确，给付货币的，在接受货币一方所在地履行；交付不动产的，在不动产所在地履行；其他标的，在履行义务一方所在地履行。

（四）履行期限不明确的，债务人可以随时履行，债权人也可以随时请求履行，但是应当给对方必要的准备时间。

（五）履行方式不明确的，按照有利于实现合同目的的方式履行。

（六）履行费用的负担不明确的，由履行义务一方负担；因债权人原因增加的履行费用，由债权人负担。

**2.《最高人民法院关于适用〈中华人民共和国民法典〉合同编通则若干问题的解释》**

**第二条** 下列情形，不违反法律、行政法规的强制性规定且不违背公序良俗的，人民法院可以认定为民法典所称的“交易习惯”：

（一）当事人之间在交易活动中的惯常做法；

（二）在交易行为当地或者某一领域、某一行业通常采用并为交易对方订立合同时所知道或者应当知道的做法。

对于交易习惯，由提出主张的当事人一方承担举证责任。

## 扩展1 合同中约定了以汇款方式支付，若以其他方式支付是否违约？

**回　答：** 根据实际情况确定，如果改变支付方式会影响收款方的利益，则改变付款方式构成违约。

**理　由：** 付款方式实际上是双方的一种预期，不构成合同的主要义务，一般情况下，不会构成违约。此类纠纷常见于建筑施工合同纠纷系列，其中往往与变更为票据方式付款相关，主要原因就是票据的承兑、兑付、发生的兑付成本问题。

在现金、转账、汇款、支票之间变更付款方式的，因以上付款方式基本一样，其相互转换一般认为并不构成违约。如果付款方式没有影响收款方的权利义务，在不影响当事人权利义务情况下，变更付款方式不能认定为违约。

**怎么办：** 如果不侵害收款方的权利，改变付款方式一般不构成违约。我们在签订合同时一定要设计便于履行的付款方式。虽然法律规定应当全面履行合同约定，但我们还应该从促进交易角度去理解合同约定和履行情况，不能从合同约定中生搬硬套。

### 相关规定

**《民法典》**

**第五百零九条**　当事人应当按照约定全面履行自己的义务。

当事人应当遵循诚信原则，根据合同的性质、目的和交易习惯履行通知、协助、保密等义务。

当事人在履行合同过程中，应当避免浪费资源、污染环境和破坏生态。

**第五百一十条** 合同生效后，当事人就质量、价款或者报酬、履行地点等内容没有约定或者约定不明确的，可以协议补充；不能达成补充协议的，按照合同相关条款或者交易习惯确定。

**第五百一十一条** 当事人就有关合同内容约定不明确，依据前条规定仍不能确定的，适用下列规定：

（一）质量要求不明确的，按照强制性国家标准履行；没有强制性国家标准的，按照推荐性国家标准履行；没有推荐性国家标准的，按照行业标准履行；没有国家标准、行业标准的，按照通常标准或者符合合同目的的特定标准履行。

（二）价款或者报酬不明确的，按照订立合同时履行地的市场价格履行；依法应当执行政府定价或者政府指导价的，依照规定履行。

（三）履行地点不明确，给付货币的，在接受货币一方所在地履行；交付不动产的，在不动产所在地履行；其他标的，在履行义务一方所在地履行。

（四）履行期限不明确的，债务人可以随时履行，债权人也可以随时请求履行，但是应当给对方必要的准备时间。

（五）履行方式不明确的，按照有利于实现合同目的的方式履行。

（六）履行费用的负担不明确的，由履行义务一方负担；因债权人原因增加的履行费用，由债权人负担。

## 扩展2 合同中如果约定不含税，税费应该由谁承担？

**回　答：**税费应该由买方承担，卖方有义务以不含税价格和增值税税金之和作为票面金额，为买方出具增值税发票。

**理　由：**纳税是所有居民的义务，经过协商后，双方签订的不含税费合同是合法的。在合同中注明不含税是一种常见的商业行为，只要双方同意并依法纳税，这种行为就是合法的。双方虽然约定合同价格为不含税价格符合法律规定，合同有效，但相关纳税义务并不能免除，相关税费仍然应缴纳。在这里，买方有义务支付相关税款。

**怎么办：**虽然合同中约定了不含税，但是我们的缴税义务并没有免除，不要认为合同中约定不含税，税就不用交了。约定不含税实际上是把缴税义务人变更为买方，买方实际并未节省相关税费。卖方也不要觉得“万事大吉”，卖方有义务向买方开具包含增值税税金的发票，否则也会承担法律责任。

## 相关规定

**1.《民法典》**

**第五百九十八条** 出卖人应当履行向买受人交付标的物或者交付提取标的物的单证，并转移标的物所有权的义务。

**第五百九十九条** 出卖人应当按照约定或者交易习惯向买受人交付提取标的物单证以外的有关单证和资料。

**2.《增值税暂行条例》**

**第一条** 在中华人民共和国境内销售货物或者加工、修理修配劳务（以下简称劳务），销售服务、无形资产、不动产以及进口货物的单位和个人，为增值税的纳税人，应当依照本条例缴纳增值税。

**第五条** 纳税人发生应税销售行为，按照销售额和本条例第二条规定的税率计算收取的增值税额，为销项税额。销项税额计算公式：

销项税额＝销售额×税率。

## 扩展3 没有约定对方的履行期限，我方能否追究对方迟延履行的违约责任？

**回　答：**虽然没有约定履行期限，但仍然可以追究迟延履行的违约责任。

**理　由：**没有约定履行期限，不等于履行期限就不存在。实践中，即便合同中没有约定履行期限，我们也可以根据法律规定、习惯等方式确定履行期限。根据法律规定，履行期限不明确的，债务人可以随时履行，债权人也可以随时请求履行。没有约定期限实际给双方提出了更高的要求。

**怎么办：**在合同中应尽量明确履行方式、履行期限，对未来履行过程才有更强的可预测性，才能掌握合同的主动性。如果真的忘了约定履行期限，我们也可以通过发送通知函的方式要求对方在合理期限内履行，推动合同进度。

## 相关规定

《民法典》

**第五百一十条**　合同生效后，当事人就质量、价款或者报酬、履行地点等内容没有约定或者约定不明确的，可以协议补充；不能达成补充协议的，按照合同相关条款或者交易习惯确定。

**第五百一十一条**　当事人就有关合同内容约定不明确，依据前条规定仍不能确定的，适用下列规定：

（一）质量要求不明确的，按照强制性国家标准履行；没有强制性国家标准的，按照推荐性国家标准履行；没有推荐性国家标准的，按照行业标准履行；没有国家标准、行业标准的，按照通常标准或者符合合同目的的特定标准履行。

（二）价款或者报酬不明确的，按照订立合同时履行地的市场价格履行；依法应当执行政府定价或者政府指导价的，依照规定履行。

（三）履行地点不明确，给付货币的，在接受货币一方所在地履行；交付不动产的，在不动产所在地履行；其他标的，在履行义务一方所在地履行。

（四）履行期限不明确的，债务人可以随时履行，债权人也可以随时请求履行，但是应当给对方必要的准备时间。

（五）履行方式不明确的，按照有利于实现合同目的的方式履行。

（六）履行费用的负担不明确的，由履行义务一方负担；因债权人原因增加的履行费用，由债权人负担。

## 36

## 附条件生效合同是条件符合之后就自动生效吗？

**回　答：**是的，附条件生效的合同自条件达成时自动生效。

**理　由：**合同一般为成立即生效，在合同中生效约定附条件或附期限时，条件达成或期限到达时即生效。合同生效需要注意两点：（1）如果一方当事人阻止条件达成时，视为条件成就；（2）不仅可以设定生效的附条件，还可以设定附条件解除，与生效一样，附条件解除的也是自条件达成后即产生解除效果。

附条件生效合同不能只关注条件是否成就，基础的合同成立是前提。同时所附的条件一般为延缓条件、肯定条件、否定条件，对于这些条件的描述必须清晰、可履行、能判断状态。

**怎么办：**附条件合同往往是一种特殊状态，是合同当事人各方基于现有情况对未来的一种约定，制定这样的合同，要求合同对条件的未达成有明确的约定，避免使合同一直处于成立而未生效的状态，造成合同各方无法继续履行也无法解除的尴尬局面。

### 相关规定

**《民法典》**

**第一百三十六条**　民事法律行为自成立时生效，但是法律另有规定或者当事人另有约定的除外。

行为人非依法律规定或者未经对方同意，不得擅自变更或者解除民事法律行为。

**第一百五十八条** 民事法律行为可以附条件，但是根据其性质不得附条件的除外。附生效条件的民事法律行为，自条件成就时生效。附解除条件的民事法律行为，自条件成就时失效。

**第一百五十九条** 附条件的民事法律行为，当事人为自己的利益不正当地阻止条件成就的，视为条件已经成就；不正当地促成条件成就的，视为条件不成就。

**第五百零二条** 依法成立的合同，自成立时生效，但是法律另有规定或者当事人另有约定的除外。

依照法律、行政法规的规定，合同应当办理批准等手续的，依照其规定。未办理批准等手续影响合同生效的，不影响合同中履行报批等义务条款以及相关条款的效力。应当办理申请批准等手续的当事人未履行义务的，对方可以请求其承担违反该义务的责任。

依照法律、行政法规的规定，合同的变更、转让、解除等情形应当办理批准等手续的，适用前款规定。

## 37

## 在附条件生效的基础上我方再添加附期限的内容是否有效？

**回　答：**合法有效。从律师角度，我们非常赞成这样操作。从合同角度，约定得越清晰，双方越不容易产生认识的错误和纠纷。

**理　由：**附条件生效合同，最重要的是条件，同时法律还规定了附期限合同，两者既可以独立存在，也可以合并使用。

附条件合同实务中最大的难点就是证明条件是否成就，但附期限就不一样了，时间在现在的科学水平下是客观的、无须证明的，因此附期限这种方式对于合同的效力问题是争议最小的。如果在附条件的基础上增加期限，是一种很好的方式，也符合法律“促进交易”的核心价值。

**怎么办：** 非常建议在附条件条款后面增加“或在本合同成立后×天内完成以上条件”或“或在××××年××月××日前完成以上条件”，避免各方无意义地拖延，造成合同的“静止”状态。

## 相关规定

《民法典》

**第一百五十八条** 民事法律行为可以附条件，但是根据其性质不得附条件的除外。附生效条件的民事法律行为，自条件成就时生效。附解除条件的民事法律行为，自条件成就时失效。

**第一百五十九条** 附条件的民事法律行为，当事人为自己的利益不正当地阻止条件成就的，视为条件已经成就；不正当地促成条件成就的，视为条件不成就。

**第一百六十条** 民事法律行为可以附期限，但是根据其性质不得附期限的除外。附生效期限的民事法律行为，自期限届至时生效。附终止期限的民事法律行为，自期限届满时失效。

## 扩展1 如何判断附条件生效的合同中，所附条件已成就？

**回　答：** 这个问题没有统一的判断标准，需要根据不同条件的事实情况来判断，有的还需要根据合同目的来进行解释和判断。

**理　由：** 附条件合同中条件应是将来发生由当事人设定或选定的合法事实。这就要求所附条件是由双方当事人约定的，并且作为合同的一个条款列入合同中，是合同的一部分，而条件是将来可能发生的事实。过去的、现存的事实或者将来必定发生的事实或者必定不能发生的事实不能作为所附条件。

附条件可分为延缓条件、肯定条件、否定条件、解除条件。肯定条件又称积极条件，它以一定事实发生为条件成就。否定条件又称消极条件，与肯定条件相反，它以一定事实的不发生为条件成就。解除条件是指合同效力的终止决定于所附条件的成就。不同的条件有不同的判断方式，而且结合合同内容，这些条件可能还会发生细节上的变化，因此附条件合同的条件成就需要根据合同实际内容进行综合判断。

**怎么办：**附条件合同设定的条件要事实清晰，容易判断，比如预售房屋的二手房买卖合同中的过户条件为卖方获得不动产证，在合同中表述清楚即可。如果设定的条件很难判断，比如约定合同其中一方当事人股东会决议批准后生效，如果没有一个附期限限制，合同生效就可能久拖不决。

## 扩展2 附条件生效合同所附的条件违反法律强制性规定或损害公共利益的是否有效？

**回　答：**如果所附的条件违反法律强制性规定或损害公共利益，整个民事行为都不会发生法律效力。

**理　由：**任何一个民事行为都不应该违反法律强制性规定，更不要说损害公共利益。无论附条件之后的合同是否合法，因所附条件违法，民事行为将整体不发生效力。

**怎么办：**无论是以任何方式掩盖非法行为，还是以非法行为作为条件所进行的民事行为，都不会发生效力，这一点没有任何讨价还价的余地，合法性是民事法律行为的基础。

### 相关规定

**1.《民法典》**

**第一百四十六条**　行为人与相对人以虚假的意思表示实施的民事法律行

为无效。

以虚假的意思表示隐藏的民事法律行为的效力，依照有关法律规定处理。

**2.《最高人民法院关于适用〈中华人民共和国民法典〉总则编若干问题的解释》**

**第三条** 对于民法典第一百三十二条所称的滥用民事权利，人民法院可以根据权利行使的对象、目的、时间、方式、造成当事人之间利益失衡的程度等因素作出认定。

行为人以损害国家利益、社会公共利益、他人合法权益为主要目的行使民事权利的，人民法院应当认定构成滥用民事权利。

构成滥用民事权利的，人民法院应当认定该滥用行为不发生相应的法律效力。滥用民事权利造成损害的，依照民法典第七编等有关规定处理。

**第二十四条** 民事法律行为所附条件不可能发生，当事人约定为生效条件的，人民法院应当认定民事法律行为不发生效力；当事人约定为解除条件的，应当认定未附条件，民事法律行为是否失效，依照民法典和相关法律、行政法规的规定认定。

## 扩展3 合同中附有合同生效条件，合同当事人人为阻止生效条件达成，我方该怎么办？

**回　答：** 视为条件达成，合同生效，要求对方履行合同。

**理　由：** 无论是不当阻却条件达成还是不当促成条件达成，法律明确规定了两者所造成的后果是相反的。

**怎么办：** 对于合同应该诚信履行，即便是合同成立未生效，如果真的觉得合同无法继续履行，双方可以在条件成就前协商解除合同，没必要因为不当履行产生违约责任或者更加复杂的后果。

**相关规定**

《民法典》

**第一百五十九条** 附条件的民事法律行为，当事人为自己的利益不正当地阻止条件成就的，视为条件已经成就；不正当地促成条件成就的，视为条件不成就。

**扩展4** **经营者未向消费者告知服务有限制条件，后以该限制条件为由停止服务的是否承担违约责任？**

**回　答：** 未告知的限制条件不对合同相对方发生效力，经营者应承担继续履行的责任，如符合合同违约约定，还应承担违约责任。

**理　由：** 这个问题实际上不应属于附条件合同的范畴，应属于内部规定或者合同外格式条款是否对合同当事人发生效力的问题。合同无约定，或者未明确约定该合同所提供的服务、产品有限制性条件的，该合同的履行不应被限制性条件限制。

**怎么办：** 作为消费者，合同中未约定限制性条件对消费者不产生法律后果。

作为经营者，如果该合同的履行确实有限制性条件，一定要在合同中体现，并将限制性条件加以突出显示，还要加以说明，以方便合同相对方明确知道限制信息，这不仅是为了避免无约定，更是避免格式条款对合同提供方的限制。

**相关规定**

1. 《民法典》

**第四百九十六条** 格式条款是当事人为了重复使用而预先拟定，并在订立合同时未与对方协商的条款。

采用格式条款订立合同的，提供格式条款的一方应当遵循公平原则确定当事人之间的权利和义务，并采取合理的方式提示对方注意免除或者减轻其责任等与对方有重大利害关系的条款，按照对方的要求，对该条款予以说明。提供格式条款的一方未履行提示或者说明义务，致使对方没有注意或者理解与其有重大利害关系的条款的，对方可以主张该条款不成为合同的内容。

**2.《最高人民法院关于适用〈中华人民共和国民法典〉合同编通则若干问题的解释》**

**第十条** 提供格式条款的一方在合同订立时采用通常足以引起对方注意的文字、符号、字体等明显标识，提示对方注意免除或者减轻其责任、排除或者限制对方权利等与对方有重大利害关系的异常条款的，人民法院可以认定其已经履行民法典第四百九十六条第二款规定的提示义务。

提供格式条款的一方按照对方的要求，就与对方有重大利害关系的异常条款的概念、内容及其法律后果以书面或者口头形式向对方作出通常能够理解的解释说明的，人民法院可以认定其已经履行民法典第四百九十六条第二款规定的说明义务。

提供格式条款的一方对其已经尽到提示义务或者说明义务承担举证责任。对于通过互联网等信息网络订立的电子合同，提供格式条款的一方仅以采取了设置勾选、弹窗等方式为由主张其已经履行提示义务或者说明义务的，人民法院不予支持，但是其举证符合前两款规定的除外。

**3.《消费者权益保护法》**

**第三条** 经营者为消费者提供其生产、销售的商品或者提供服务，应当遵守本法；本法未作规定的，应当遵守其他有关法律、法规。

**第十六条** 经营者向消费者提供商品或者服务，应当依照本法和其他有关法律、法规的规定履行义务。

经营者和消费者有约定的，应当按照约定履行义务，但双方的约定不得违背法律、法规的规定。

经营者向消费者提供商品或者服务，应当恪守社会公德，诚信经营，保障消费者的合法权益；不得设定不公平、不合理的交易条件，不得强制交易。

**第二十条** 经营者向消费者提供有关商品或者服务的质量、性能、用途、有效期限等信息，应当真实、全面，不得作虚假或者引人误解的宣传。

经营者对消费者就其提供的商品或者服务的质量和使用方法等问题提出的询问，应当作出真实、明确的回复。

经营者提供商品或者服务应当明码标价。

## 38

## 股权“代持”协议是否有效？

**回　答：**股权代持协议只要是双方自愿签订的，内容合法且不违反强制性规定和公序良俗，就是合法有效的。

**理　由：**股权代持又称委托持股、隐名投资，是指实际出资人与他人约定，以他人名义代实际出资人履行股东权利义务的一种股权或股份处置方式。这种民事行为只要不违反法律的强制性规定，或者有导致民事行为无效的情节，一般情况下是有效的。

违反法律强制性规定的情节基本上可以根据本书的合同重构方式去理解：“人”是否违法，比如合同签订人没有民事行为能力；“物”是否违法，比如签订委托持有的股权是赌场的股权；“事”是否违法，比如违反审批代持金融机构的股权；“行”是否违法，比如通过委托代持方式偷逃税款。

签订股权代持协议，还应了解股权代持协议存在以下风险：

（1）未来股权转让的税务风险。税务机关对于当事人辩称因为股权代持关系，并未发生股权转让并不认可，往往要求按照公允价值计算缴税。

（2）名义股东侵害实际出资人利益的风险。包括继承风险、名义股东个人债务风险、侵占收益风险、私自变更风险等。

（3）出资义务风险。当实际投资人未履行出资义务时，若债权人追索，则名义股东需要在承诺的出资范围内承担补缴出资的义务，而不能以其不是实际投资人为由拒绝承担责任。

**怎么办：** 股权代持合同只要符合合同有效的一般性要件就有效。

## 扩展 房屋代持协议是否有效？

**回　答：** 只要代持协议双方订立的内容不违背法律的基本规定，就是有效的。

**理　由：** 法律尊重合同当事人意思自治，只要不违反法律的强制性规定，民事法律行为符合当事人的真实意思表示，就可以认定民事法律行为有效。

房屋代持和股权代持一样也存在风险：税务风险、侵占风险、房屋附随的债务风险。

因各地限购政策，生活中出现了很多房屋代持的现象。房屋毕竟是家庭财产中的核心财产，无论是当事人还是司法机关对此都很谨慎。签署房屋代持协议，应明确将房屋的信息、付款的来源、房屋的管理和使用、将来的处分说清楚，并说清楚未来税费责任的承担，将能够想到的问题都事无巨细地写清楚，以减少纠纷和解释的空间。没有完美的合同，只有细节翔实的合同。

**怎么办：** 房屋代持协议的核心是信任，同时因为房屋的登记具有对抗第三人的效力，因此房屋代持不能对抗登记物权产生的法律风险。

## 39

## 合同中约定“永不反悔”“不得解除”等说法是否有效，合同是否不得解除？

**回　答：** 该约定有效，有此约定时，限制强制解除权和单方解除权。合同中的“永不反悔”“不得解除”等说法并不意味着合同不能被解除，当事人可以协商一致解除合同，或请求法院法定解除。

**理　由：**在合同中存在“永不反悔”“不得解除”约定的情况下，符合当事人之间的意思自决，相当于限制了合同中的单方解除权。任何一方都不得单方面解除合同，但这样的约定不能排除法定解除权和双方协商解除权。

法定解除权是法律为维护社会的公平和利益所设定的底线保护，不能被当事人的意思自治排除。双方协商解除，是当事人的意思自治，即便双方约定永不反悔，但当事人重新修改合同也是民事权利的行使，只要不影响第三人或公共利益、违反法律的强制性规定，当事人共同反悔，也是可以解除合同的。

**怎么办：**在合同中约定“不得解除”条款是为了维护合同的交易稳定性，维护双方的合同预期。

## 判例

**最高人民法院（2015）最高法民申字第2532号民事裁定书**

从诚实信用的角度，原《合同法》第60条规定，“当事人应当按照约定全面履行自己的义务。当事人应当遵循诚实信用原则，根据合同的性质、目的和交易习惯履行通知、协助、保密等义务”。鉴于双方在股权转让合同上明确约定“此协议一式两份，双方签字生效，永不反悔”，因此周某即使依据原《合同法》第167条的规定，也应当首先选择要求汤某支付全部价款，而不是解除合同（根据《民法典》的规定，原《合同法》第167条已经被《民法典》第634条废止）。

## 相关规定

**《民法典》**

**第五百六十二条**　当事人协商一致，可以解除合同。

当事人可以约定一方解除合同的事由。解除合同的事由发生时，解除权人可以解除合同。

**第五百六十三条**　有下列情形之一的，当事人可以解除合同：

（一）因不可抗力致使不能实现合同目的；

（二）在履行期限届满前，当事人一方明确表示或者以自己的行为表明不履行主要债务；

（三）当事人一方迟延履行主要债务，经催告后在合理期限内仍未履行；

（四）当事人一方迟延履行债务或者有其他违约行为致使不能实现合同目的；

（五）法律规定的其他情形。

以持续履行的债务为内容的不定期合同，当事人可以随时解除合同，但是应当在合理期限之前通知对方。

## 40

## 当事人将债权转让给别人，应该如何进行债权转让通知才能有效？

**回　答：** 能证明债务人收到通知就行，比如三方签订协议、有收件反馈的邮件、微信聊天记录、能够证明通话内容的通话记录等。

**理　由：** 这个问题实际上是一个实务纠纷，债务人往往以无通知或未接到通知作为抗辩，实践中并不能推翻债权转让的有效性。如果可以证明债务人收到了通知，并对通知进行了确认或者回复对于债权人来说更加有利。

债权转让并不以债务人收到债权转让通知为有效条件，这个通知是债权转让是否对债务人发生效力的条件。应当理解为，在债权转让通知未送达债务人时，债务人对债权转让人的清偿仍发生债务清偿之法律效果，并不影响债权受让人取得受让债权。

债权转让实际上是一个新的合同，债权转让合同的效力不需要第三人同意，因此债权转让合同自成立就生效，通知债务人是为了让债务人能够对新债权人履行合同义务。

《合同编通则司法解释》第48条和第50条关于通知的规定，均说明通知的条件是到达对方才能发生通知效力，这一点是我们必须注意的。

怎么办：这个通知只要合法到达债务人就生效。但我们要重视这个通知，特别是对于债权的受让人来说，真实地通知到债务人并获得债务人的确认，可以了解受让债权的真实性和合法性，避免被骗的可能。

## 相关规定

**1.《民法典》**

**第五百四十五条** 债权人可以将债权的全部或者部分转让给第三人，但是有下列情形之一的除外：

（一）根据债权性质不得转让；

（二）按照当事人约定不得转让；

（三）依照法律规定不得转让。

当事人约定非金钱债权不得转让的，不得对抗善意第三人。当事人约定金钱债权不得转让的，不得对抗第三人。

**第五百四十六条** 债权人转让债权，未通知债务人的，该转让对债务人不发生效力。

债权转让的通知不得撤销，但是经受让人同意的除外。

**2.《最高人民法院关于适用〈中华人民共和国民法典〉合同编通则若干问题的解释》**

**第四十七条** 债权转让后，债务人向受让人主张其对让与人的抗辩的，人民法院可以追加让与人为第三人。

债务转移后，新债务人主张原债务人对债权人的抗辩的，人民法院可以追加原债务人为第三人。

当事人一方将合同权利义务一并转让后，对方就合同权利义务向受让人主张抗辩或者受让人就合同权利义务向对方主张抗辩的，人民法院可以追加让与人为第三人。

**第四十八条** 债务人在接到债权转让通知前已经向让与人履行，受让人请求债务人履行的，人民法院不予支持；债务人接到债权转让通知后仍然向让与人履行，受让人请求债务人履行的，人民法院应予支持。

让与人未通知债务人，受让人直接起诉债务人请求履行债务，人民法院经审理确认债权转让事实的，应当认定债权转让自起诉状副本送达时对债务人发生效力。债务人主张因未通知而给其增加的费用或者造成的损失从认定的债权数额中扣除的，人民法院依法予以支持。

**第四十九条** 债务人接到债权转让通知后，让与人以债权转让合同不成立、无效、被撤销或者确定不发生效力为由请求债务人向其履行的，人民法院不予支持。但是，该债权转让通知被依法撤销的除外。

受让人基于债务人对债权真实存在的确认受让债权后，债务人又以该债权不存在为由拒绝向受让人履行的，人民法院不予支持。但是，受让人知道或者应当知道该债权不存在的除外。

**第五十条** 让与人将同一债权转让给两个以上受让人，债务人以已经向最先通知的受让人履行为由主张其不再履行债务的，人民法院应予支持。债务人明知接受履行的受让人不是最先通知的受让人，最先通知的受让人请求债务人继续履行债务或者依据债权转让协议请求让与人承担违约责任的，人民法院应予支持；最先通知的受让人请求接受履行的受让人返还其接受的财产的，人民法院不予支持，但是接受履行的受让人明知该债权在其受让前已经转让给其他受让人的除外。

前款所称最先通知的受让人，是指最先到达债务人的转让通知中载明的受让人。当事人之间对通知到达时间有争议的，人民法院应当结合通知的方式等因素综合判断，而不能仅根据债务人认可的通知时间或者通知记载的时间予以认定。当事人采用邮寄、通讯电子系统等方式发出通知的，人民法院应当以邮戳时间或者通讯电子系统记载的时间等作为认定通知到达时间的依据。

## 扩展1 债权转让中，登报是否可以视为有效通知?

**回　答：** 不一定，登报不等于是有效通知。

**理　由：** 登报声明在法律上通常被视为一种公告形式，能够提供一定的法律效力。根据《民事诉讼法》第95条第1款的规定，受送达人下落不明，或者用本节规定的其他方式无法送达的，公告送达。自发出公告之日起，经过30日，即视为送达。也就是理论上，受送达人在无法使用其他方式送达的情况下，才能适用公告送达。有些公告无效是因为所公告的范围要通知的主体根本无法看到，比如笔者就曾见过一个债权转让发在杭州某报纸上，通知的主体是河南的相关企业，这种公告就不是一个合格的公告送达，不能发生通知效力。

现实中有些情况是受送达的人就在眼前，因各种原因不愿意直接送达，而选择使用登报方式公告。如受送达人能够证明双方有其他联系方式，而没有接收到通知的时候，登报的公告送达效果是可以被排除的，但债权转让的有效性并不会得到损害，同时受送达人的异议也可以认为是接收到通知，在提出异议时即可认为收到了有效通知。

**怎么办：** 如果有其他方式可以送达，不建议仅进行登报公告，特别是只有特定单一债务人时，公告只能作为一种补充，不要滥用。

## 扩展2 债权转让没有通知债务人，债权受让人直接起诉的，是否起到债权转让通知的效果?

**回　答：** 起诉后起诉状送达债务人时，该债权转让对债务人发生效力。

**理　由：** 从债权转让的法律规定来看，在债权转让通知未送达债务人时，债务人对债权转让人的清偿仍发生债务清偿之法律效果，并不影响债权受让人取得受让债权。因此债权受让人可以直接提起诉讼，债务人可以通过收到起诉状的方式获知债权转让信息，亦可发生通知转让的法律效果，但该诉讼要在相关起诉状实际送达给债务人后，才能视为有效通知。

**怎么办：**起诉可以视为债权转让通知送达，有一点细节是，起诉也要等起诉状送达才能视为有效送达。

## 判例

**最高人民法院（2016）最高法民申3020号民事裁定书**

就该案涉及的债权转让通知问题，法院认为，原《合同法》第80条第1款规定的“债权人转让权利的，应当通知债务人。未经通知，该转让对债务人不发生效力”，应当理解为在债权转让通知未送达债务人时，债务人对债权转让人的清偿仍发生债务清偿之法律效果，并不影响债权受让人取得受让债权。虽然该款法律规定的债权转让通知行为人，从文义上应理解为债权转让人，但在可以确认债权转让行为真实性的前提下，亦不应否定债权受让人为该通知行为的法律效力，即应以债务人是否知晓债权转让事实作为认定债权转让通知法律效力之关键。故而债权受让人直接向人民法院起诉，并借助人民法院送达起诉状的方式，向债务人送达债权转让通知，亦可以发生通知转让之法律效力。法院认为，重庆某实业公司未举证证明，在上述案件起诉后或者起诉状实际送达重庆某厂之后的二年内，再行提出债务清偿请求。而且2012年7月17日重庆某实业公司向人民法院再次提起债权清偿之诉后，于同日向人民法院申请撤诉，重庆某实业公司亦未提供证据证明该次起诉已经实际送达重庆某厂，不能认定该次起诉可以产生诉讼时效中断的法律效果。

## 相关规定

**《最高人民法院关于适用〈中华人民共和国民法典〉合同编通则若干问题的解释》**

**第四十八条** 债务人在接到债权转让通知前已经向让与人履行，受让人请求债务人履行的，人民法院不予支持；债务人接到债权转让通知后仍然向让与人履行，受让人请求债务人履行的，人民法院应予支持。

让与人未通知债务人，受让人直接起诉债务人请求履行债务，人民法院经审理确认债权转让事实的，应当认定债权转让自起诉状副本送达时对债务人发生效力。债务人主张因未通知而给其增加的费用或者造成的损失从认定的债权数额中扣除的，人民法院依法予以支持。

## 扩展3 债权人转让权利未通知债务人的会产生什么后果?

**回　答：**债权转让对债务人不发生效力，债务人仍对原债权人承担偿还义务，但不影响该转让在债权人（让与人）和受让人之间的效力。

**理　由：**基于合同的相对性，任何合同都是不同的当事“人”之间的法律关系，而债权转让实际会发生合同中“人”的变化，对此变更需要特殊的程序，从而要求更多的通知义务。做好通知，才能引起合同中“人”发生变化，如果没有通知，只是形成了一个新的债权转让合同，有一个新的法律关系，并没有消灭原来的债权债务关系。通知就是为了让债务人对原债权人的“事”向新债权人履行。

债权转让一定要有合格的通知，特别是在债务人有清偿能力并正在清偿的时候，及时通知才能获得更多的权益。受让债权的时候，对方是否有稳定的联系人和联系方式，也是对债权价值的评定因素之一。

**怎么办：**债权转让后不通知债务人，仅能代表原债权人与受让人之间的合同成立，并不对债务人发生效力。

**相关规定**

《民法典》

**第五百四十六条**　债权人转让债权，未通知债务人的，该转让对债务人不发生效力。

债权转让的通知不得撤销，但是经受让人同意的除外。

## 扩展4 转让合同债权可否以口头方式通知债务人？

回　答：可以，只要能够提供证据证明已经口头通知。

理　由：合同并不禁止口头合同，因此也不禁止以通知的方式对合同进行变更。现实中的问题是口头通知之后，将来起争议对方否认的话能否有效？如果能够证明已经口头通知，则口头通知有效。

怎么办：可以签订协议的就不要书面通知，可以书面通知的就不要以其他方式通知，有可以留下痕迹的通知方式就不要使用口头或电话无痕通知，能够拿到回执的就不要只发个通知。

## 扩展5 存在保证人的情形下债权转让是否要通知保证人？

回　答：当然要通知保证人，而且要获得保证人的同意，否则该债权可能会脱保。

理　由：担保中的保证在债权转让中是最容易脱保的，有的担保合同签署的内容就有债权转让发生就会产生脱保后果，所以债权转让时对于担保人的通知要重视起来。

相对抵押、质押，保证是一种承诺，这种承诺往往具有人身性，在法律中对保证期间约定比较严格，保证期间性质上属于除斥期间，根据《民法典》的规定，保证期间不发生诉讼时效的中止、中断和延长。债权人没有在保证期间主张权利的，保证人免除保证责任，而且“主张权利”的方式在一般保证中表现为对债务人提起诉讼或者申请仲裁，在连带责任保证中表现为向保证人请求承担保证责任。如果发生债权转让，我们必须通知保证人，最好能够获得保证人的回执确认。

**怎么办：**债权转让存在保证时，最好的方式首先是所有当事人共同签署书面协议，其次是获得保证人的同意回执，再次是有回复痕迹的书面或聊天记录，最后是邮寄或者邮件发送债权转让通知书。若完全没有办法通知到，那就在该保证人区域内发报纸公告。

## 相关规定

《民法典》

**第五百四十七条** 债权人转让债权的，受让人取得与债权有关的从权利，但是该从权利专属于债权人自身的除外。

受让人取得从权利不因该从权利未办理转移登记手续或者未转移占有而受到影响。

**第六百八十六条** 保证的方式包括一般保证和连带责任保证。

当事人在保证合同中对保证方式没有约定或者约定不明确的，按照一般保证承担保证责任。

**第六百八十八条** 当事人在保证合同中约定保证人和债务人对债务承担连带责任的，为连带责任保证。

连带责任保证的债务人不履行到期债务或者发生当事人约定的情形时，债权人可以请求债务人履行债务，也可以请求保证人在其保证范围内承担保证责任。

**第六百九十二条** 保证期间是确定保证人承担保证责任的期间，不发生中止、中断和延长。

债权人与保证人可以约定保证期间，但是约定的保证期间早于主债务履行期限或者与主债务履行期限同时届满的，视为没有约定；没有约定或者约定不明确的，保证期间为主债务履行期限届满之日起六个月。

债权人与债务人对主债务履行期限没有约定或者约定不明确的，保证期间自债权人请求债务人履行债务的宽限期届满之日起计算。

**第六百九十三条** 一般保证的债权人未在保证期间对债务人提起诉讼或者申请仲裁的，保证人不再承担保证责任。

连带责任保证的债权人未在保证期间请求保证人承担保证责任的，保证人不再承担保证责任。

**第六百九十四条** 一般保证的债权人在保证期间届满前对债务人提起诉讼或者申请仲裁的，从保证人拒绝承担保证责任的权利消灭之日起，开始计算保证债务的诉讼时效。

连带责任保证的债权人在保证期间届满前请求保证人承担保证责任的，从债权人请求保证人承担保证责任之日起，开始计算保证债务的诉讼时效。

**第六百九十五条** 债权人和债务人未经保证人书面同意，协商变更主债权债务合同内容，减轻债务的，保证人仍对变更后的债务承担保证责任；加重债务的，保证人对加重的部分不承担保证责任。

债权人和债务人变更主债权债务合同的履行期限，未经保证人书面同意的，保证期间不受影响。

**第六百九十六条** 债权人转让全部或者部分债权，未通知保证人的，该转让对保证人不发生效力。

保证人与债权人约定禁止债权转让，债权人未经保证人书面同意转让债权的，保证人对受让人不再承担保证责任。

## 扩展6 被转让的债权无效，那么债权转让合同是否有效？

**回　答：**原债权无效的，不影响债权转让合同的效力。

**理　由：**债权转让合同中“人”“物”“事”与原债权中的“人”“物”“事”均不一样，我们可以视其存在关联但又有相互独立的法律关系。原债权的无效，并不必然导致债权转让合同无效。

虽然有些律师主张债权转让的基础是合法的债权，但从合同本身来讲，债权转让合同是一个独立的合同，除非因该债权转让合同本身的原因致使无效，否则另一法律关系的无效不当然导致其无效。比如，涉及债权转让的民间借贷违反法律规定被归为无效，这时受让的债权人可以依据债权转让合同要求原债权人承担违约责任。若债权转让合同无效，原债权人仅需承担合同无效的返还责任，这对受让人来说是不公平的。

**怎么办：** 作为受让人，应该严格审核受让债权的性质、价值、可履行性，毕竟债务人能够对抗原债权人的理由对受让人都会发生效力。虽然被转让债权无效也可以向原债权人要求承担责任，但纠纷的时间和周期将产生新的成本。

## 相关规定

**1.《民法典》**

**第五百四十五条** 债权人可以将债权的全部或者部分转让给第三人，但是有下列情形之一的除外：

（一）根据债权性质不得转让；

（二）按照当事人约定不得转让；

（三）依照法律规定不得转让。

当事人约定非金钱债权不得转让的，不得对抗善意第三人。当事人约定金钱债权不得转让的，不得对抗第三人。

**2.《最高人民法院关于适用〈中华人民共和国民法典〉合同编通则若干问题的解释》**

**第四十九条** 债务人接到债权转让通知后，让与人以债权转让合同不成立、无效、被撤销或者确定不发生效力为由请求债务人向其履行的，人民法院不予支持。但是，该债权转让通知被依法撤销的除外。

受让人基于债务人对债权真实存在的确认受让债权后，债务人又以该债权不存在为由拒绝向受让人履行的，人民法院不予支持。但是，受让人知道或者应当知道该债权不存在的除外。

## 扩展7 原始的债务不合法，之后签订的债务承担协议是否有效？

**回　答：** 债务承担协议有效，但新债务人可以主张债务不合法的抗辩。

**理　由：** 和债权转让一样，债务的承担协议与原始债务法律关系不是一个法律关系，实际上是对相关债权债务重组形成两个不同的法律关系，因此债务承担协议的效力应具有独立性。同时，新的法律关系并不能抹去原始债务的不合法，因此新债务人仍有权向债权人主张相关合法性的抗辩。

**怎么办：** 作为合同的新加入者，我们往往无法对原来的法律关系和事实进行真实、全面的了解。我们需要在债权债务转让合同中添加尽量多的否决性条款，比如要求原债权人与债务人对原始债权债务的合法性作出承诺，要求原债权人与债务人对双方履行情况作出承诺。

### 相关规定

**1.《民法典》**

**第五百五十一条**　债务人将债务的全部或者部分转移给第三人的，应当经债权人同意。

债务人或者第三人可以催告债权人在合理期限内予以同意，债权人未作表示的，视为不同意。

**第五百五十三条**　债务人转移债务的，新债务人可以主张原债务人对债权人的抗辩；原债务人对债权人享有债权的，新债务人不得向债权人主张抵销。

2.《最高人民法院关于适用〈中华人民共和国民法典〉合同编通则若干问题的解释》

**第四十七条** 债权转让后，债务人向受让人主张其对让与人的抗辩的，人民法院可以追加让与人为第三人。

债务转移后，新债务人主张原债务人对债权人的抗辩的，人民法院可以追加原债务人为第三人。

当事人一方将合同权利义务一并转让后，对方就合同权利义务向受让人主张抗辩或者受让人就合同权利义务向对方主张抗辩的，人民法院可以追加让与人为第三人。

**第五十一条** 第三人加入债务并与债务人约定了追偿权，其履行债务后主张向债务人追偿的，人民法院应予支持；没有约定追偿权，第三人依照民法典关于不当得利等的规定，在其已经向债权人履行债务的范围内请求债务人向其履行的，人民法院应予支持，但是第三人知道或者应当知道加入债务会损害债务人利益的除外。

债务人就其对债权人享有的抗辩向加入债务的第三人主张的，人民法院应予支持。

## 41

## 债务转移完成后，新债务人不履行或不适当履行债务，债权人能否向原债务人请求履行或要求其承担违约责任?

**回　答：**不能。

**理　由：**债务转移是个专业的法律术语，债务转移的构成，需要债权人明确表示同意债务人将债务转移至第三人，原债务人退出原债权债务关系。债务转移形成了新的合同关系，简单来说就是经债权人同意，债务人变更，原债务人不再承担责任。换句话说就是债务人换人了。

根据法律规定，债务人将合同约定的债务转移给第三人，应经债权人同意，且该同意只能是明示同意。如此严格的约定就是为了保护债权人的利益，如果债权人同意债务转移的话，无论新债务人是否履行该债务，债权人都不能向原债务人主张被转移部分的债务。

本问题最容易与第三人承担债务（债务加入）和第三人代为履行混淆。

债务加入，是指新的债务人加入原有的债权债务关系中，由新的债务人与原债务人一同承担该债务。债务加入亦称并存的债务承担。债务加入需要第三人明确表示自愿承担债务人的债务，债务人以及债权人是否同意该第三人加入债务，不影响债务加入的成立。如果出现违约，债权人享有自主选择权，可以按照约定选择向原债务人或者加入债务的第三人主张违约责任，亦可主张由原债务人和第三人同时承担责任。

债务转移的构成，需要债权人明确表示同意债务人将债务转移至第三人，原债务人退出原债权债务关系。债务转移形成了新的合同关系。债务转移导致了合同主体的变更，转移前的合同关系消灭，转移后的合同关系产生，第三人即债务受让人成为合同主体和当事人。债务承担主体仅仅是新的债务人，如果出现违约，债权人只能向新的债务人主张违约责任。

第三人代为履行则是由债权人与债务人达成协议即可，该协议不需要第三人明确表示同意，债务承担主体仍然是原债务人，第三人没有加入债权人与债务人的合同关系，第三人不是合同的义务人，只是代为履行的义务人，第三人不履行债务的，原债务人应当承担违约责任，债权人也只能向原债务人主张违约责任。

综合以上概念，以本书的理论，以上 3 个概念不同的地方是合同中“人”的不同。债务的加入是第三人主动成为合同的债务人，所形成的结果是债务人加一；债务转移是债务人变更为第三人，原债务人与该债权债务在转移部分脱钩；第三人代为履行则是合同关系的人不变，只是履行方式的变更。我们从“人”的角度很容易以不同的方式形成不同的法律关系，从而引起不同的法律后果。

如果想让原债务人继续承担责任，有两种方式：（1）要求原债务人提供保证，保证新的债务人偿还债务，否则承担保证责任；（2）要求原债务人对新债务人的资产和偿还能力具体信息提供承诺，保证以上资产和偿还能力信息真实，否则对债务转移合同承担违约和损失赔偿责任。

**怎么办：**债务转移的债务人完全不承担该转移的债务部分，因此对于债权人来说，债务人就与转移的债务部分脱钩，这对债务人来说是结束了一个法律关系，对债权人来说是形成了一个新的债权债务关系。

## 相关规定

《民法典》

**第五百五十一条** 债务人将债务的全部或者部分转移给第三人的，应当经债权人同意。

债务人或者第三人可以催告债权人在合理期限内予以同意，债权人未作表示的，视为不同意。

**第五百五十二条** 第三人与债务人约定加入债务并通知债权人，或者第三人向债权人表示愿意加入债务，债权人未在合理期限内明确拒绝的，债权人可以请求第三人在其愿意承担的债务范围内和债务人承担连带债务。

**第五百五十三条** 债务人转移债务的，新债务人可以主张原债务人对债权人的抗辩；原债务人对债权人享有债权的，新债务人不得向债权人主张抵销。

**第五百五十四条** 债务人转移债务的，新债务人应当承担与主债务有关的从债务，但是该从债务专属于原债务人自身的除外。

## 42

## 债权人依法将主债权转让给第三人，保证人是否继续承担保证责任？

**回　答：** 根据双方保证合同的约定，如没有限制性规定，则在通知保证人后，保证人应该承担保证责任。

**理　由：** 保证合同是主债权合同的从合同，一般情况下跟随主合同的变更而变更，保证是对债务的担保，也会随着债权债务的变动而变动。

债权人发生变动时，债权人应主动通知债务人和保证人，避免债权转让协议虽然生效，但是并未发生对债务人和保证人的效力。

债权人一定不要忘记通知保证人，没有通知，转让就不会对保证人发生效力。

**怎么办：** 如果保证人不希望对债权转让后的债务承担责任，可以在保证合同中明确约定所保证的债权债务发生转让时，不再对转让后的债务承担责任。如果是受让人，应要求债权人承诺保证的有效性，并通知到位，否则要承担违约责任。

### 相关规定

**《民法典》**

**第六百九十六条**　债权人转让全部或者部分债权，未通知保证人的，该转让对保证人不发生效力。

保证人与债权人约定禁止债权转让，债权人未经保证人书面同意转让债权的，保证人对受让人不再承担保证责任。

## 43 遗赠扶养协议是否可以转让？

**回　答：**该协议中如果包含人身属性，则不能转让；如果不依附于人身，则可以转让。

**理　由：**遗赠扶养协议是遗赠人和扶养人之间关于扶养人承担遗赠人的生养死葬的义务，遗赠人的财产在其死后转归扶养人所有的协议。遗赠扶养协议一经签订，双方必须认真遵守协议的各项规定。被扶养人对协议中指明的财产，在其生前可以占有、使用，但不能处分。

因遗赠扶养协议中包括两大核心义务：遗赠财产和扶养。这两个核心义务中关于遗赠财产部分，理论上不能转让，因为该遗赠财产具有特定性和支付性，如果转让可能会影响扶养人的受遗赠权。关于扶养部分，我们认为这是可以转让的，扶养义务不仅是可以由其他人承担并履行的义务，而且该扶养也是有偿的，因此，根据法律的相关规定，对于扶养部分，扶养人可以将遗赠扶养协议中的权利义务一并转让给第三人，但应经被扶养人同意。

**怎么办：**本问题暂无任何司法解释或案例，我们对此研究后认为：遗赠扶养协议是一种平等、有偿和互为权利义务关系的民事法律关系。该协议中被扶养人的条件、遗赠财产一般具有特定性，而且具有人身性，不应允许转让。对于扶养人来说，如果不是特定主体（如子女、配偶、近亲属等），扶养人的合同权利义务在经被扶养人同意的情况下可以转让。

### 相关规定

《民法典》

**第五百五十五条**　当事人一方经对方同意，可以将自己在合同中的权利和义务一并转让给第三人。

**第五百五十六条** 合同的权利和义务一并转让的，适用债权转让、债务转移的有关规定。

**第六百六十一条** 赠与可以附义务。

赠与附义务的，受赠人应当按照约定履行义务。

**第一千一百四十四条** 遗嘱继承或者遗赠附有义务的，继承人或者受遗赠人应当履行义务。没有正当理由不履行义务的，经利害关系人或者有关组织请求，人民法院可以取消其接受附义务部分遗产的权利。

**第一千一百五十八条** 自然人可以与继承人以外的组织或者个人签订遗赠扶养协议。按照协议，该组织或者个人承担该自然人生养死葬的义务，享有受遗赠的权利。

第五章

# “行”

## 第一节　合同的价值——“行”

本书结构中的“行”，既是合同履行的行为，也是合同履行的后果。“行”是合同的一种状态，这种状态是合同当事人通过作为或不作为所形成的法律事实。

合同中的“人”“物”“事”都是确定的，合同中的约定是完整的，但“行”是不确定的，会通过合同当事人的行为和选择发生变化。

本书将“行”分为无因性行为、权利性行为。

无因性行为是引起合同发生“人”“物”“事”及权责变化的一种履行或不履行，是合同其中一方当事人的作为或者不作为，不需要原因，也不需要授权，比如违约、拒绝支付、拒绝追认等。

权利性行为则是一方行使合同或者法律授予的选择权，造成合同中“人”“物”“事”及权责的变化。比如代位权的行使，改变债务人和次债务人之间的法律权益；比如撤销权的行使，改变原交易的有效性；比如解除权的行使，改变合同的有效性；比如选择追究违约责任还是选择解除合同，影响合同的效力和责任的承担。权利性行为实质是通过行使选择权，改变合同的权责。

“行”是一个复杂且不容易定义的体系。我们在整理合同问题的过程中发现，一些问题虽不在“人”“物”“事”体系内，但无法回避。对其的命名从最初的“法”“果”，进化到了最后的“行”，是因为我们在总结中发现，相关问题基本都在合同签订之外，发生在合同履行中。补上“行”，整个合同的结构才是一个完整的体系；没有“行”的合同是不完整的，这样的合同也无法找到自己的定位。

## 第二节 复杂的“行”问题

### 44

### 合同一方能否以合同当事人以外的人违约为由主张行使不安抗辩权？

**回　答：**不能。

**理　由：**合同具有相对性，合同一方不得向合同当事人以外的人主张合同的不安抗辩权。合同具有法定性，也不得以合同当事人以外的人违约为由行使不安抗辩权。法律规定行使不安抗辩权的情形只有 4 种：经营状况严重恶化；转移财产、抽逃资金，以逃避债务；丧失商业信誉；有丧失或者可能丧失履行债务能力的其他情形。

即使合同一方的违约是合同当事人以外的人造成的，违约责任仍由合同违约一方承担。合同的相对性决定我们无权跨过合同，只能追究合同相对方的违约责任，相对方可以主张合同以外人的违约或者侵权。

如果合同以外的人违约，造成发生经营状况严重恶化的情形，那么我们可以因对方当事人经营状况严重恶化，行使不安抗辩权。

**怎么办：**不安抗辩权的行使有严格限制，我们只能针对法定的 4 种情形中止履行。

**相关规定**

**《民法典》**

**第五百二十七条**　应当先履行债务的当事人，有确切证据证明对方有下列情形之一的，可以中止履行：

（一）经营状况严重恶化；

（二）转移财产、抽逃资金，以逃避债务；

（三）丧失商业信誉；

（四）有丧失或者可能丧失履行债务能力的其他情形。

当事人没有确切证据中止履行的，应当承担违约责任。

**第五百二十八条** 当事人依据前条规定中止履行的，应当及时通知对方。对方提供适当担保的，应当恢复履行。中止履行后，对方在合理期限内未恢复履行能力且未提供适当担保的，视为以自己的行为表明不履行主要债务，中止履行的一方可以解除合同并可以请求对方承担违约责任。

**第五百九十三条** 当事人一方因第三人的原因造成违约的，应当依法向对方承担违约责任。当事人一方和第三人之间的纠纷，依照法律规定或者按照约定处理。

## 45

## 夫妻一方可以将夫妻共同财产赠与他人吗？

**回　答：**可以，但有限制，不应超出合理范围。

**理　由：**“赠与”是赠与人将自己的财产无偿给予受赠人、受赠人表示接受的一种行为，这种行为的实质是财产所有权的转移。夫妻名下的财产可以分为个人财产和共同财产，如果是个人财产，则赠与有效，且不适用《民法典》婚姻篇的调整。夫妻的共同财产是夫妻共有的，相关处分也应为共同处分，如果单方处分夫妻共同财产，该行为一般为效力待定行为。

夫妻共同财产的婚内赠与分为两类：对内赠与和对外赠与。如果是婚内对内（夫妻一方向另一方）赠与，则该赠与生效即有效，不需要登记和公示。如果赠与的财产是夫妻共同财产，并且受赠方是夫妻以外的人，则分为不同情况：(1) 受赠方为善意第三人，如赠与已经完成（物权的变动完成，如不动产的过户、动产的交付、慈善基金的捐赠声明等），则赠与协议有效。另一方可以在离婚时要求擅自赠与的一方作出赔偿。(2) 受赠方明知是夫妻共同财产，不能认定为善意第三人的，我们可以主张赠与无效，要求追回赠与。(3) 如果受赠方是婚姻期间的外遇第三者，该赠与行为违背了公序良俗，因违背法律而无效，可以要求追回财产。

需要强调的是，赠与合同是赠与人将属于自己所有的合法财物无偿地给予受赠人而订立的。本问题是夫妻一方处置夫妻共同财产，这就可能造成无权处分。

**怎么办：**为避免将来可能的纠纷，如不能确定该赠与是否夫妻共同财产，最好让夫妻双方都签名。同时，任何赠与都需要在合同中写明赠与的财产名称、种类、数量、是否有其他附属义务等。

## 相关规定

**1.《民法典》**

**第六百五十七条** 赠与合同是赠与人将自己的财产无偿给予受赠人，受赠人表示接受赠与的合同。

**第六百五十八条** 赠与人在赠与财产的权利转移之前可以撤销赠与。

经过公证的赠与合同或者依法不得撤销的具有救灾、扶贫、助残等公益、道德义务性质的赠与合同，不适用前款规定。

**第六百五十九条** 赠与的财产依法需要办理登记或者其他手续的，应当办理有关手续。

**第六百六十条** 经过公证的赠与合同或者依法不得撤销的具有救灾、扶贫、助残等公益、道德义务性质的赠与合同，赠与人不交付赠与财产的，受赠人可以请求交付。

依据前款规定应当交付的赠与财产因赠与人故意或者重大过失致使毁损、灭失的，赠与人应当承担赔偿责任。

**第一千零六十二条** 夫妻在婚姻关系存续期间所得的下列财产，为夫妻的共同财产，归夫妻共同所有：

（一）工资、奖金、劳务报酬；

（二）生产、经营、投资的收益；

（三）知识产权的收益；

（四）继承或者受赠的财产，但是本法第一千零六十三条第三项规定的除外；

（五）其他应当归共同所有的财产。

夫妻对共同财产，有平等的处理权。

**2.《最高人民法院关于适用〈中华人民共和国民法典〉婚姻家庭编的解释（一）》**

**第三十二条** 婚前或者婚姻关系存续期间，当事人约定将一方所有的房产赠与另一方或者共有，赠与方在赠与房产变更登记之前撤销赠与，另一方请求判令继续履行的，人民法院可以按照民法典第六百五十八条的规定处理。

### 扩展1 夫妻之间赠与并将房产变更产权登记是否视为其中一方的个人资产？

**回　答：** 如只是变更产权登记且该房产是夫妻共同财产，则不能视为个人财产。如变更产权登记的同时签订婚内财产协议，将该房产赠与其中一方的，则应视为个人财产，但该赠与和变更行为对外仍具有夫妻共同财产的效果，不得对抗第三人。

**理　由：** 婚姻存续并不等于双方就没有个人资产，夫妻双方共同作出决定将夫妻共同财产变更为其中一方财产，该变更行为符合法律规定，应为有效。

**怎么办：** 仅变更产权登记并不能证明夫妻双方有赠与其中一方的意思表示，双方除变更产权登记外，还应签订相关赠与协议，将双方赠与财产的性质、内容和目的说清楚，这样才能达到财产划分的目的。

## 相关规定

**《民法典》**

**第六百五十七条** 赠与合同是赠与人将自己的财产无偿给予受赠人，受赠人表示接受赠与的合同。

**第六百五十九条** 赠与的财产依法需要办理登记或者其他手续的，应当办理有关手续。

**第一千零六十二条** 夫妻在婚姻关系存续期间所得的下列财产，为夫妻的共同财产，归夫妻共同所有：

（一）工资、奖金、劳务报酬；

（二）生产、经营、投资的收益；

（三）知识产权的收益；

（四）继承或者受赠的财产，但是本法第一千零六十三条第三项规定的除外；

（五）其他应当归共同所有的财产。

夫妻对共同财产，有平等的处理权。

**第一千零六十三条** 下列财产为夫妻一方的个人财产：

（一）一方的婚前财产；

（二）一方因受到人身损害获得的赔偿或者补偿；

（三）遗嘱或者赠与合同中确定只归一方的财产；

（四）一方专用的生活用品；

（五）其他应当归一方的财产。

**第一千零六十五条** 男女双方可以约定婚姻关系存续期间所得的财产以

及婚前财产归各自所有、共同所有或者部分各自所有、部分共同所有。约定应当采用书面形式。没有约定或者约定不明确的，适用本法第一千零六十二条、第一千零六十三条的规定。

夫妻对婚姻关系存续期间所得的财产以及婚前财产的约定，对双方具有法律约束力。

夫妻对婚姻关系存续期间所得的财产约定归各自所有，夫或者妻一方对外所负的债务，相对人知道该约定的，以夫或者妻一方的个人财产清偿。

## 扩展2 共同共有人单方对外赠与的效力？

**回　答：**无效或效力待定。

**理　由：**共同共有除共同约定外，一般的共同共有都与家庭有关，因此处置共同共有的财产应该经过其他共有人的同意。但如果赠与是为了一定的共同利益或者具有一定的合理性，则认为该赠与效力待定。

**怎么办：**与夫妻共同财产一样，如果想获得赠与，最好的方式就是全体共有人一起签字。任何物权的变动都需要在调查清楚财产的来源、性质之后再进行交易。

### 相关规定

**《民法典》**

**第二百九十九条**　共同共有人对共有的不动产或者动产共同享有所有权。

**第三百条**　共有人按照约定管理共有的不动产或者动产；没有约定或者约定不明确的，各共有人都有管理的权利和义务。

**第三百零一条**　处分共有的不动产或者动产以及对共有的不动产或者动产作重大修缮、变更性质或者用途的，应当经占份额三分之二以上的按份共有人或者全体共同共有人同意，但是共有人之间另有约定的除外。

**第三百零八条** 共有人对共有的不动产或者动产没有约定为按份共有或者共同共有，或者约定不明确的，除共有人具有家庭关系等外，视为按份共有。

## 扩展3 婚内协议可以对未来的财产进行处分吗？

**回　答：** 婚内协议可以对未来确定的财产作出处分。

**理　由：** 婚内协议是一种特殊的合同形式，具有特殊的身份性，因此法律对婚内协议的要求更加详细。首先要求婚内协议应具备书面形式；其次要求婚内财产的分配范围、分配内容应该约定明确；最后要求婚内协议最好能够在民政部门完成备案。

婚内协议在《民法典》中仅有一个条文，对于婚内协议的内容和约定是根据司法实践来确定的。笔者认为可以参考离婚协议中对财产的约定生效条件和要求进行判断，离婚协议实际上也是一种特殊的婚内协议，只不过它发生在婚内的最后时刻。离婚协议中不仅有财产关系，还有对双方婚姻关系和家庭关系进行的处分。

婚内协议可以对未来的财产进行处分，有一个细节是必须对现有的财产进行全面的分割，避免未来因对婚内协议签订前的财产性质认定不清而产生争议。

**怎么办：** 婚内协议可以对未来的财产进行约定，避免产生争议的前提是对签订时双方的共同财产和个人财产进行全面、细致的列举和明确。

### 相关规定

《民法典》

**第一千零六十五条** 男女双方可以约定婚姻关系存续期间所得的财产以

及婚前财产归各自所有、共同所有或者部分各自所有、部分共同所有。约定应当采用书面形式。没有约定或者约定不明确的，适用本法第一千零六十二条、第一千零六十三条的规定。

夫妻对婚姻关系存续期间所得的财产以及婚前财产的约定，对双方具有法律约束力。

夫妻对婚姻关系存续期间所得的财产约定归各自所有，夫或者妻一方对外所负的债务，相对人知道该约定的，以夫或者妻一方的个人财产清偿。

**第一千零七十六条** 夫妻双方自愿离婚的，应当签订书面离婚协议，并亲自到婚姻登记机关申请离婚登记。

离婚协议应当载明双方自愿离婚的意思表示和对子女抚养、财产以及债务处理等事项协商一致的意见。

## 扩展4 亲属间赠与财产瑕疵，产生的损失应由谁承担责任？

**回　答：** 如果没有附加赠与义务，除非赠与人不告知或者保证无瑕疵，否则赠与人不承担责任。

**理　由：** 赠与是一种无偿的财产变动行为，如果再对赠与人提出更高的要求，未免有失公允。但如果赠与人有故意行为，并且造成相关损失，那么赠与人应当承担责任。如果是在赠与有附义务的情况下，那么赠与人应在该赠与所附义务的限度内承担责任。

**怎么办：** 赠与是无偿行为，我们也不应对赠与提出过高的要求，从公平和诚信角度来说，受赠方需要提高自己的识别能力，赠与人也需要尽量明确告知赠与物的缺陷或瑕疵。

## 相关规定

**《民法典》**

**第六百五十七条** 赠与合同是赠与人将自己的财产无偿给予受赠人，受赠人表示接受赠与的合同。

**第六百六十二条** 赠与的财产有瑕疵的，赠与人不承担责任。附义务的赠与，赠与的财产有瑕疵的，赠与人在附义务的限度内承担与出卖人相同的责任。

赠与人故意不告知瑕疵或者保证无瑕疵，造成受赠人损失的，应当承担赔偿责任。

**46**

## 未办理抵押登记，抵押是否有效？

**回　答：**抵押登记不是抵押合同生效的要件，但是部分抵押物需登记才能形成对抗第三人的抵押物权。虽不需登记抵押权就能成立，但抵押登记也是抵押权产生对外对抗效力的要件。

**理　由：**抵押登记的目的是获得优先权，使拥有抵押权的一方可以就某一个财产的变卖对价获得优先偿还的权利。

抵押权想产生对抗其他物权或者他人对物变卖价款的权利，便需要登记并对外公示，让外界知道该抵押权的存在，这样才能形成对外效力。

对于特定的物（《民法典》第395条第1款第1项至第3项规定的财产或者第5项规定的正在建造的建筑物抵押的），法律明确要求办理抵押登记才能形成抵押权，因此在这些物上没有进行登记，仅存在抵押合同的情况下，抵押合同有效，但抵押权并不成立。对于这种情况，抵押权人可以根据抵押合同的约定，追究抵押未登记的责任人的违约责任。

**怎么办：**不登记不影响抵押合同的效力，但无法形成对抗第三人的抵押权。及时登记是任何抵押权人的权利，也是维护自己权益的义务。

## 相关规定

《民法典》

**第三百九十四条** 为担保债务的履行，债务人或者第三人不转移财产的占有，将该财产抵押给债权人的，债务人不履行到期债务或者发生当事人约定的实现抵押权的情形，债权人有权就该财产优先受偿。

前款规定的债务人或者第三人为抵押人，债权人为抵押权人，提供担保的财产为抵押财产。

**第三百九十五条** 债务人或者第三人有权处分的下列财产可以抵押：

（一）建筑物和其他土地附着物；

（二）建设用地使用权；

（三）海域使用权；

（四）生产设备、原材料、半成品、产品；

（五）正在建造的建筑物、船舶、航空器；

（六）交通运输工具；

（七）法律、行政法规未禁止抵押的其他财产。

抵押人可以将前款所列财产一并抵押。

**第四百条** 设立抵押权，当事人应当采用书面形式订立抵押合同。

抵押合同一般包括下列条款：

（一）被担保债权的种类和数额；

（二）债务人履行债务的期限；

（三）抵押财产的名称、数量等情况；

（四）担保的范围。

**第四百零二条** 以本法第三百九十五条第一款第一项至第三项规定的财

产或者第五项规定的正在建造的建筑物抵押的，应当办理抵押登记。抵押权自登记时设立。

**第四百零三条** 以动产抵押的，抵押权自抵押合同生效时设立；未经登记，不得对抗善意第三人。

47

## 房地产公司在商品房买卖合同中的捆绑装修合同是否有效?

**回　答：**一般情况下有效，具体需要根据实际情况进行判断，没有办法作出确定性回答。

**理　由：**目前，各地法院对商品房买卖中进行的捆绑装修的状况认定不一，有的地方法院认为将带装修的房屋的交易价款拆分以规避地方政府的限价政策，属于违背公序良俗，装修合同无效；而有的法院认为委托装修合同中双方意思表示真实，合同没有违反法律、行政法规的效力性强制性规定，属有效合同。对于是否涉嫌规避限价政策等问题，非法院主管范围，应当由相关行政主管部门依法判定和查处。

对此问题我们认为，捆绑装修合同可能系规避行政主管部门的限价或者土地购买时的房价承诺上限等的行政关系，单纯就双方签订捆绑装修合同时，购房人往往无法证明自己的意思表示不真实，因此双方对订立该合同并不存在意思表示不一致，或形成重大误解，该合同的订立有效。仅就违反行政部门的限价政策，该行为应由行政部门进行处罚和管理，不应认定合同无效。

**怎么办：**如果想主张该合同无效，最好能够处于“虽签订装修合同，但实际未进行装修施工”的情况。同时该合同签订过程存在瑕疵，双方意思表示不真实，比如公章、签订流程、装修内容等。

## 48

## 倒签日期的合同是否有效？

**回　答：** 有效。

**理　由：** 倒签合同一般是先干活，之后再签署合同，是指合作双方在合同签订生效之前已经开始实际履行合同合作项目，而在合同履行过程中或在合同履行完毕后补签合同的现象。对于双方履行中的项目，一般认定补充签订的合同有效，该倒签的合同只要双方意思表示真实，不违反法律的强制性规定，就是合法有效的。

倒签合同实际上是在赌对方在履行中不会变卦，也不会突然拒绝履行，合同双方的权利和义务也仅限于口头约定，没有通过合同进行确定。这种情况导致合同签订前的履行过程存在不确定性，法律责任界定不清，容易产生法律纠纷。如果想减少纠纷，合同双方最好还是少采用倒签合同的方式。

**怎么办：** 倒签合同就是先干活后签署合同，合同的效力不存在瑕疵，签署日期与合同约定不一致不影响合同效力。

### 相关规定

《民法典》

**第四百九十条**　当事人采用合同书形式订立合同的，自当事人均签名、盖章或者按指印时合同成立。在签名、盖章或者按指印之前，当事人一方已经履行主要义务，对方接受时，该合同成立。

法律、行政法规规定或者当事人约定合同应当采用书面形式订立，当事人未采用书面形式但是一方已经履行主要义务，对方接受时，该合同成立。

49

## 购买的古玩、玉器是否可以以被欺诈为由要求撤销合同或者合同无效?

**回　答：** 如对方作出虚假宣传或承诺，最终古玩或玉器与承诺不相符，买方有权以欺诈为由撤销合同或主张合同无效。反之，则无法请求撤销合同或主张合同无效。古玩、玉器等特殊商品因质量致使合同无效的要求很高，往往很难构成。

**理　由：** 古玩、玉器交易类物品属于特殊商品，对于特殊商品的交易，民间的交易习惯——“买卖全凭眼力，真假各安天命”。按照惯例，古玩交易中应由买受人通过实物查看自行判断商品价值，并与出卖人达成交易合意。因此，即便买受人确实对商品质量存在误判，也不构成法律所认可的重大误解，不能要求撤销合同或认定合同无效。但是，若出卖人对古玩、玉器交易类物品的年代、材质等内容存在误导性说明，对买受人订立合同产生了实质性影响，直接关系买受人的订约目的及重大利益，应当认定存在重大误解。

古玩和玉器与一般商品最大的区别就是二者是特殊商品，要求买方对商品的质量风险有较大的承受能力，只有在出卖人作出相关误导或者欺诈故意的情况下，才会构成可撤销合同。

**怎么办：** 古玩或玉器交易，买方不仅要对购买物品有足够的识别能力，也要有承担风险的能力。如果卖方作出相关承诺或者作出物品的品质承诺，我们要保存相关证据，证明我们进行购买是基于以上承诺，这样如果交易商品未达到以上承诺，我们就可以要求卖方承担违约赔偿或者解除合同。

## 相关规定

《民法典》

**第一百四十七条** 基于重大误解实施的民事法律行为，行为人有权请求人民法院或者仲裁机构予以撤销。

**第一百五十二条** 有下列情形之一的，撤销权消灭：

（一）当事人自知道或者应当知道撤销事由之日起一年内、重大误解的当事人自知道或者应当知道撤销事由之日起九十日内没有行使撤销权；

（二）当事人受胁迫，自胁迫行为终止之日起一年内没有行使撤销权；

（三）当事人知道撤销事由后明确表示或者以自己的行为表明放弃撤销权。

当事人自民事法律行为发生之日起五年内没有行使撤销权的，撤销权消灭。

## 50

## 网上购物何时算买卖合同成立？

**回　答：** 一般是订单提交成功时合同成立。

**理　由：** 网上购物，我们一般认为在网络平台上发布商品是一种要约行为，而下单的行为是一种承诺行为，所以应以作出承诺的时间为合同成立时间，即应以订单提交成功的时间为准。

未来是大数据的时代，我们在网络上的行为有可能被记录入大数据，构成对我们整体的评价。减少风险的最好办法是找到对自己最有用的物品，远离平台诱惑。

**怎么办：** 网络购物的合同成立时间是我们订单提交成功时，现实中一般为付款完成订单才能提交。

## 相关规定

《民法典》

**第四百七十二条** 要约是希望与他人订立合同的意思表示，该意思表示应当符合下列条件：

（一）内容具体确定；

（二）表明经受要约人承诺，要约人即受该意思表示约束。

**第四百八十三条** 承诺生效时合同成立，但是法律另有规定或者当事人另有约定的除外。

**第四百九十一条** 当事人采用信件、数据电文等形式订立合同要求签订确认书的，签订确认书时合同成立。

当事人一方通过互联网等信息网络发布的商品或者服务信息符合要约条件的，对方选择该商品或者服务并提交订单成功时合同成立，但是当事人另有约定的除外。

**第五百零二条** 依法成立的合同，自成立时生效，但是法律另有规定或者当事人另有约定的除外。

依照法律、行政法规的规定，合同应当办理批准等手续的，依照其规定。未办理批准等手续影响合同生效的，不影响合同中履行报批等义务条款以及相关条款的效力。应当办理申请批准等手续的当事人未履行义务的，对方可以请求其承担违反该义务的责任。

依照法律、行政法规的规定，合同的变更、转让、解除等情形应当办理批准等手续的，适用前款规定。

## 51

## 行为人不知悬赏广告存在而完成广告指定行为的能否请求获得悬赏报酬?

**回　答:** 可以请求获得悬赏报酬。

**理　由:** 从司法实务来看，悬赏广告一直是被当作合同对待的，在最高人民法院发布的《民事案件案由规定》中，悬赏广告纠纷也是被当作合同纠纷对待的。发布悬赏广告构成要约，即便将悬赏广告规定为单方行为，其与要约也十分类似。因此，完成悬赏广告指定的行为，就可以依据悬赏人的公开声明要求其支付报酬，该悬赏的行为对所有人有效，完成悬赏的行为人不受到是否知道该悬赏存在的限制。

**怎么办:** 完成悬赏的指定行为后，提供自己完成悬赏行为的证据就可以要求悬赏人支付报酬，不需要事先知道悬赏的存在。

**相关规定**

《民法典》

**第四百九十九条**　悬赏人以公开方式声明对完成特定行为的人支付报酬的，完成该行为的人可以请求其支付。

## 52

## 合同成立立即生效吗？合同的成立和生效有什么区别?

**回　答:** 大部分合同成立即生效，除非在合同中明确约定了合同生效的条件。

**理　由:** 合同生效与合同成立都是意思达成一致的一种情况，成立是合同各方在合同订立过程中完成的，生效则是合同产生约束力。一般情况下，合同成立是生效的逻辑前提，只有合同成立才能说生效问题。分辨合同成立与生效实际上是合同无效中的重点问题，确定合同是无效还是合同自始便不成立。

**怎么办：**一般的合同签订方式是自双方签章之日起生效，避免双方争议合同的生效时间问题。如果需要约定生效条件，最好附一个限定周期，关于附条件生效问题请看问题36、问题37扩展1。

## 相关规定

**《民法典》**

**第五百零二条** 依法成立的合同，自成立时生效，但是法律另有规定或者当事人另有约定的除外。

依照法律、行政法规的规定，合同应当办理批准等手续的，依照其规定。未办理批准等手续影响合同生效的，不影响合同中履行报批等义务条款以及相关条款的效力。应当办理申请批准等手续的当事人未履行义务的，对方可以请求其承担违反该义务的责任。

依照法律、行政法规的规定，合同的变更、转让、解除等情形应当办理批准等手续的，适用前款规定。

## 扩展1 没有租赁物的经营资质许可对融资租赁合同效力是否有影响?

**回　答：**不影响合同的效力。

**理　由：**融资租赁合同实质是一种金融合同，因此不要求融资租赁公司持有租赁物的经营资质。法律明确规定，出租人未取得行政许可不影响融资租赁合同的效力。租赁物的经营使用需要取得行政许可是对承租人具体经营的监管，属于承租人取得租赁物是否合法使用的问题，不应当影响融资租赁合同的效力。这里有另外一个问题，承租人没有经营许可，笔者认为对融资租赁合同的效力也不应有影响，但承租人应承担行政责任或刑事责任。

**怎么办：** 通过融资租赁方式出租物品，不需要持有经营该租赁物的经营许可。在签订任何合同前我们应该了解对方是否有相应的经营资质和行政许可，如果有瑕疵，可以在合同中写明，以减少后期纠纷风险。

## 相关规定

《民法典》

**第七百三十八条** 依照法律、行政法规的规定，对于租赁物的经营使用应当取得行政许可的，出租人未取得行政许可不影响融资租赁合同的效力。

## 扩展2 因对方不具备法定生效条件而未生效的合同，相对方能够做什么？

**回　答：** 可以在合理范围内请求法院判令相对方办理相关手续，也可请求判令相对方赔偿信赖利益损失和相关费用。

**理　由：** 《民法典》第502条第2款规定了法定生效要件，而有义务办理申请批准或申请登记等手续的一方当事人未按照法律规定或者合同约定办理申请批准或者未申请登记的，属于不具备法定生效条件。这种行为属于其他违背诚实信用原则的行为，应根据《民法典》第500条的规定承担缔约过失赔偿责任。

当合同有法定的生效条件时，作为合同的当事人，应该紧密关注法定生效条件的履行情况，并根据不同的履行内容，在对方违约时，选择合适的诉讼请求方向。即使作为违约方，也可以根据对方选择的诉讼请求向法院提出是否合理及是否可以执行的抗辩，要求法院驳回不合理、不能执行的诉请。

**怎么办：**因对方引起的合同未生效，属于缔约过失责任的范畴，我们应该及时地催促对方完成相关的资质登记或手续办理，否则可以要求对方承担赔偿责任。

## 相关规定

**1.《民法典》**

**第五百条** 当事人在订立合同过程中有下列情形之一，造成对方损失的，应当承担赔偿责任：

（一）假借订立合同，恶意进行磋商；

（二）故意隐瞒与订立合同有关的重要事实或者提供虚假情况；

（三）有其他违背诚信原则的行为。

**第五百零二条** 依法成立的合同，自成立时生效，但是法律另有规定或者当事人另有约定的除外。

依照法律、行政法规的规定，合同应当办理批准等手续的，依照其规定。未办理批准等手续影响合同生效的，不影响合同中履行报批等义务条款以及相关条款的效力。应当办理申请批准等手续的当事人未履行义务的，对方可以请求其承担违反该义务的责任。

依照法律、行政法规的规定，合同的变更、转让、解除等情形应当办理批准等手续的，适用前款规定。

**2.《最高人民法院关于适用〈中华人民共和国民法典〉合同编通则若干问题的解释》**

**第十二条** 合同依法成立后，负有报批义务的当事人不履行报批义务或者履行报批义务不符合合同的约定或者法律、行政法规的规定，对方请求其继续履行报批义务的，人民法院应予支持；对方主张解除合同并请求其承担违反报批义务的赔偿责任的，人民法院应予支持。

人民法院判决当事人一方履行报批义务后，其仍不履行，对方主张解除合同并参照违反合同的违约责任请求其承担赔偿责任的，人民法院应予支持。

合同获得批准前，当事人一方起诉请求对方履行合同约定的主要义务，经释明后拒绝变更诉讼请求的，人民法院应当判决驳回其诉讼请求，但是不影响其另行提起诉讼。

负有报批义务的当事人已经办理申请批准等手续或者已经履行生效判决确定的报批义务，批准机关决定不予批准，对方请求其承担赔偿责任的，人民法院不予支持。但是，因迟延履行报批义务等可归责于当事人的原因导致合同未获批准，对方请求赔偿因此受到的损失的，人民法院应当依据民法典第一百五十七条的规定处理。

## 53

## 预约合同成立后是否可以强制双方订立合同?

**回　答：**不能。

**理　由：**预约合同的继续履行即双方签署本约合同，合同一方签署本约合同的义务当然是非金钱债务，预约合同的一方不履行签署本约合同这一非金钱债务的，对方不可以请求履行，因为该继续履行的内容符合《民法典》第580条的规定，法律上或者事实上不能履行、债务的标的不适于强制履行的内容。因为设立民事法律关系应遵循自愿原则，是否订立本约合同，以及本约合同的每一个条款（预约合同中没有的条款）如何确定，都要遵循自愿原则。在预约合同一方当事人明确表示不愿意继续签订本约合同（尤其是不愿意按照对方提出的条款签订本约合同）的情况下，对方当事人不得要求签订本约合同。一方违反预约合同，对方不得要求违约方签订本约合同；同理，一方如果没有违反预约合同，对方也不得强制要求其必须签订本约合同。

同时，法律已经授予守约方可以获得相关违约赔偿，即守约方可向违约方要求赔偿。当然，如果对于本约合同的签订双方均无过错，则相互不承担违约责任。

根据《合同编通则司法解释》第8条的规定，我们应该在预约合同中明确不履行订立本约合同的责任，这样才能更好地维护我们的权利。

**怎么办：** 我们可以把预约合同签署得详细和全面，尽量将已经确定的本约合同内容全面覆盖，还可约定条件达成时，该预约合同自动变为本约合同，避免发生本问题。

## 相关规定

**1.《民法典》**

**第五条** 民事主体从事民事活动，应当遵循自愿原则，按照自己的意思设立、变更、终止民事法律关系。

**第四百九十五条** 当事人约定在将来一定期限内订立合同的认购书、订购书、预订书等，构成预约合同。

当事人一方不履行预约合同约定的订立合同义务的，对方可以请求其承担预约合同的违约责任。

**第五百七十七条** 当事人一方不履行合同义务或者履行合同义务不符合约定的，应当承担继续履行、采取补救措施或者赔偿损失等违约责任。

**第五百七十八条** 当事人一方明确表示或者以自己的行为表明不履行合同义务的，对方可以在履行期限届满前请求其承担违约责任。

**第五百八十条** 当事人一方不履行非金钱债务或者履行非金钱债务不符合约定的，对方可以请求履行，但是有下列情形之一的除外：

（一）法律上或者事实上不能履行；

（二）债务的标的不适于强制履行或者履行费用过高；

（三）债权人在合理期限内未请求履行。

有前款规定的除外情形之一，致使不能实现合同目的的，人民法院或者仲裁机构可以根据当事人的请求终止合同权利义务关系，但是不影响违约责任的承担。

**2.《最高人民法院关于适用〈中华人民共和国民法典〉合同编通则若干问题的解释》**

**第六条** 当事人以认购书、订购书、预订书等形式约定在将来一定期限内订立合同，或者为担保在将来一定期限内订立合同交付了定金，能够确定将来所要订立合同的主体、标的等内容的，人民法院应当认定预约合同成立。

当事人通过签订意向书或者备忘录等方式，仅表达交易的意向，未约定在将来一定期限内订立合同，或者虽然有约定但是难以确定将来所要订立合同的主体、标的等内容，一方主张预约合同成立的，人民法院不予支持。

当事人订立的认购书、订购书、预订书等已就合同标的、数量、价款或者报酬等主要内容达成合意，符合本解释第三条第一款规定的合同成立条件，未明确约定在将来一定期限内另行订立合同，或者虽然有约定但是当事人一方已实施履行行为且对方接受的，人民法院应当认定本约合同成立。

**第七条** 预约合同生效后，当事人一方拒绝订立本约合同或者在磋商订立本约合同时违背诚信原则导致未能订立本约合同的，人民法院应当认定该当事人不履行预约合同约定的义务。

人民法院认定当事人一方在磋商订立本约合同时是否违背诚信原则，应当综合考虑该当事人在磋商时提出的条件是否明显背离预约合同约定的内容以及是否已尽合理努力进行协商等因素。

**第八条** 预约合同生效后，当事人一方不履行订立本约合同的义务，对方请求其赔偿因此造成的损失的，人民法院依法予以支持。

前款规定的损失赔偿，当事人有约定的，按照约定；没有约定的，人民法院应当综合考虑预约合同在内容上的完备程度以及订立本约合同的条件的成就程度等因素酌定。

## 扩展1 预约合同的违约赔偿范围是否包括预期利益?

**回　答：**有争议，一般适用的是预约合同中的定金罚则或违约罚则，也有支持信赖利益损失的案例。

**理　由：**本问题核心争议点是预期利益是"合同履行后可以获得的利益"，这里的合同履行分为本约合同的履行和预约合同的履行，预期利益应分为预约合同的预期收益和本约合同的预期收益。预约合同可以单独履行，且实际已经得到执行，则可以支持预期利益。如果预约合同不能单独执行，需要本约合同的生效，则只能执行预约合同中的罚则，不能主张本约合同履行的预期利益。

根据《合同编通则司法解释》第8条、第60条、第61条、第62条的规定，预期利益应是在签订合同时可以预测的利益，同时要根据预约合同和交易成熟度进行综合考虑，预约合同的赔偿不应达到本约合同的损失赔偿数额。

**怎么办：**在预约合同中全面约定违约的后果，对未来预期的利益进行全面的约定，违约方应该赔偿预期收益。

### 相关规定

**1.《民法典》**

**第四百九十五条**　当事人约定在将来一定期限内订立合同的认购书、订购书、预订书等，构成预约合同。

当事人一方不履行预约合同约定的订立合同义务的，对方可以请求其承担预约合同的违约责任。

**2.《最高人民法院关于适用〈中华人民共和国民法典〉合同编通则若干问题的解释》**

**第七条**　预约合同生效后，当事人一方拒绝订立本约合同或者在磋商订立本约合同时违背诚信原则导致未能订立本约合同的，人民法院应当认定该当事人不履行预约合同约定的义务。

人民法院认定当事人一方在磋商订立本约合同时是否违背诚信原则，应当综合考虑该当事人在磋商时提出的条件是否明显背离预约合同约定的内容以及是否已尽合理努力进行协商等因素。

**第八条** 预约合同生效后，当事人一方不履行订立本约合同的义务，对方请求其赔偿因此造成的损失的，人民法院依法予以支持。

前款规定的损失赔偿，当事人有约定的，按照约定；没有约定的，人民法院应当综合考虑预约合同在内容上的完备程度以及订立本约合同的条件的成就程度等因素酌定。

**第六十条** 人民法院依据民法典第五百八十四条的规定确定合同履行后可以获得的利益时，可以在扣除非违约方为订立、履行合同支出的费用等合理成本后，按照非违约方能够获得的生产利润、经营利润或者转售利润等计算。

非违约方依法行使合同解除权并实施了替代交易，主张按照替代交易价格与合同价格的差额确定合同履行后可以获得的利益的，人民法院依法予以支持；替代交易价格明显偏离替代交易发生时当地的市场价格，违约方主张按照市场价格与合同价格的差额确定合同履行后可以获得的利益的，人民法院应予支持。

非违约方依法行使合同解除权但是未实施替代交易，主张按照违约行为发生后合理期间内合同履行地的市场价格与合同价格的差额确定合同履行后可以获得的利益的，人民法院应予支持。

**第六十一条** 在以持续履行的债务为内容的定期合同中，一方不履行支付价款、租金等金钱债务，对方请求解除合同，人民法院经审理认为合同应当依法解除的，可以根据当事人的主张，参考合同主体、交易类型、市场价格变化、剩余履行期限等因素确定非违约方寻找替代交易的合理期限，并按照该期限对应的价款、租金等扣除非违约方应当支付的相应履约成本确定合同履行后可以获得的利益。

非违约方主张按照合同解除后剩余履行期限相应的价款、租金等扣除履约成本确定合同履行后可以获得的利益的，人民法院不予支持。但是，剩余履行期限少于寻找替代交易的合理期限的除外。

**第六十二条** 非违约方在合同履行后可以获得的利益难以根据本解释第六十条、第六十一条的规定予以确定的，人民法院可以综合考虑违约方因违约获得的利益、违约方的过错程度、其他违约情节等因素，遵循公平原则和诚信原则确定。

**第六十三条** 在认定民法典第五百八十四条规定的“违约一方订立合同时预见到或者应当预见到的因违约可能造成的损失”时，人民法院应当根据当事人订立合同的目的，综合考虑合同主体、合同内容、交易类型、交易习惯、磋商过程等因素，按照与违约方处于相同或者类似情况的民事主体在订立合同时预见到或者应当预见到的损失予以确定。

除合同履行后可以获得的利益外，非违约方主张还有其向第三人承担违约责任应当支出的额外费用等其他因违约所造成的损失，并请求违约方赔偿，经审理认为该损失系违约一方订立合同时预见到或者应当预见到的，人民法院应予支持。

在确定违约损失赔偿额时，违约方主张扣除非违约方未采取适当措施导致的扩大损失、非违约方也有过错造成的相应损失、非违约方因违约获得的额外利益或者减少的必要支出的，人民法院依法予以支持。

**第六十七条** 当事人交付留置金、担保金、保证金、订约金、押金或者订金等，但是没有约定定金性质，一方主张适用民法典第五百八十七条规定的定金罚则的，人民法院不予支持。当事人约定了定金性质，但是未约定定金类型或者约定不明，一方主张为违约定金的，人民法院应予支持。

当事人约定以交付定金作为订立合同的担保，一方拒绝订立合同或者在磋商订立合同时违背诚信原则导致未能订立合同，对方主张适用民法典第五百八十七条规定的定金罚则的，人民法院应予支持。

当事人约定以交付定金作为合同成立或者生效条件，应当交付定金的一方未交付定金，但是合同主要义务已经履行完毕并为对方所接受的，人民法院应当认定合同在对方接受履行时已经成立或者生效。

当事人约定定金性质为解约定金，交付定金的一方主张以丧失定金为代价解除合同的，或者收受定金的一方主张以双倍返还定金为代价解除合同的，人民法院应予支持。

## 扩展2 双方签订意向书后，对方不签合同怎么办？

**回　答：** 如果意向书可以构成预约合同，则按照预约合同执行，如果仅为意向，则无权追究对方责任。

**理　由：** 判断的核心是意向书的性质是否符合预约合同的要求。我们需要判断意向书的性质，《合同编通则司法解释》第6条对不同性质的约定进行了明确划分，我们应该注意意向书中的内容，到底符合哪一种情况，才能更好地判断，下一步需要做什么。

**怎么办：** 意向书写得明确并约定在一定期限内订立合同，就是预约合同，就可以追究对方的缔约过失责任。

### 相关规定

**1.《民法典》**

**第四百九十五条**　当事人约定在将来一定期限内订立合同的认购书、订购书、预订书等，构成预约合同。

当事人一方不履行预约合同约定的订立合同义务的，对方可以请求其承担预约合同的违约责任。

**2.《最高人民法院关于适用〈中华人民共和国民法典〉合同编通则若干问题的解释》**

**第六条**　当事人以认购书、订购书、预订书等形式约定在将来一定期限内订立合同，或者为担保在将来一定期限内订立合同交付了定金，能够确定将来所要订立合同的主体、标的等内容的，人民法院应当认定预约合同成立。

当事人通过签订意向书或者备忘录等方式，仅表达交易的意向，未约定在将来一定期限内订立合同，或者虽然有约定但是难以确定将来所要订立合同的主体、标的等内容，一方主张预约合同成立的，人民法院不予支持。

当事人订立的认购书、订购书、预订书等已就合同标的、数量、价款或者报酬等主要内容达成合意，符合本解释第三条第一款规定的合同成立条件，未明确约定在将来一定期限内另行订立合同，或者虽然有约定但是当事人一方已实施履行行为且对方接受的，人民法院应当认定本约合同成立。

**第七条** 预约合同生效后，当事人一方拒绝订立本约合同或者在磋商订立本约合同时违背诚信原则导致未能订立本约合同的，人民法院应当认定该当事人不履行预约合同约定的义务。

人民法院认定当事人一方在磋商订立本约合同时是否违背诚信原则，应当综合考虑该当事人在磋商时提出的条件是否明显背离预约合同约定的内容以及是否已尽合理努力进行协商等因素。

## 扩展3 房屋认购书是预约合同还是房屋买卖合同?

**回　答：** 一般认为是预约合同，但如果符合商品房买卖合同的主要内容，且购房款已经实际支付的，应当认定为商品房买卖合同。

**理　由：**《最高人民法院关于审理商品房买卖合同纠纷案件适用法律若干问题的解释》第5条规定，商品房的认购、订购、预订等协议具备《商品房销售管理办法》第16条规定的商品房买卖合同的主要内容，并且出卖人已经按照约定收受购房款的，该协议应当认定为商品房买卖合同。

**怎么办：** 不仅要看认购书的规定，还要看实际的履行，没有履行仅有认购书，不能认定为商品房买卖合同。

**相关规定**

**《最高人民法院关于适用〈中华人民共和国民法典〉合同编通则若干问题的解释》**

**第六条** 当事人以认购书、订购书、预订书等形式约定在将来一定期限内订立合同，或者为担保在将来一定期限内订立合同交付了定金，能够确定将来所要订立合同的主体、标的等内容的，人民法院应当认定预约合同成立。

当事人通过签订意向书或者备忘录等方式，仅表达交易的意向，未约定在将来一定期限内订立合同，或者虽然有约定但是难以确定将来所要订立合同的主体、标的等内容，一方主张预约合同成立的，人民法院不予支持。

当事人订立的认购书、订购书、预订书等已就合同标的、数量、价款或者报酬等主要内容达成合意，符合本解释第三条第一款规定的合同成立条件，未明确约定在将来一定期限内另行订立合同，或者虽然有约定但是当事人一方已实施履行行为且对方接受的，人民法院应当认定本约合同成立。

## 54

## 其他的债权人提起代位权诉讼，我方还能否另行提起代位权诉讼？

**回　答：**代位权是债权人的一种法定从权利，各个符合法定条件的债权人均可以行使。

**理　由：**法院对代位权诉讼审理后认定代位权成立的，应当由次债务人直接向债权人清偿债务，故在某一债权人提起代位权诉讼后，如果禁止其他债权人另行提起代位权诉讼，将难以保障其他债权人的合法权益。人民法院也不应限制后来提起的代位权诉讼，凡符合立案条件的均应立案审理。

如次债务人已通过提存履行或向先诉债权人清偿了其对债务人负有的全部债务的，则对其他债权人后来提起的代位权诉讼，人民法院应当不予受理。

**怎么办：**代位权是基于债权的保全权能而生成的一项法定从权利，所有债权人均享有这个权利。应该注意的是，我国代位权相关规定保障了代位权人优先获得偿还的权利，因此越早起诉越好。

## 相关规定

**1.《民法典》**

**第五百三十五条** 因债务人怠于行使其债权或者与该债权有关的从权利，影响债权人的到期债权实现的，债权人可以向人民法院请求以自己的名义代位行使债务人对相对人的权利，但是该权利专属于债务人自身的除外。

代位权的行使范围以债权人的到期债权为限。债权人行使代位权的必要费用，由债务人负担。

相对人对债务人的抗辩，可以向债权人主张。

**第五百三十六条** 债权人的债权到期前，债务人的债权或者与该债权有关的从权利存在诉讼时效期间即将届满或者未及时申报破产债权等情形，影响债权人的债权实现的，债权人可以代位向债务人的相对人请求其向债务人履行、向破产管理人申报或者作出其他必要的行为。

**第五百三十七条** 人民法院认定代位权成立的，由债务人的相对人向债权人履行义务，债权人接受履行后，债权人与债务人、债务人与相对人之间相应的权利义务终止。债务人对相对人的债权或者与该债权有关的从权利被采取保全、执行措施，或者债务人破产的，依照相关法律的规定处理。

**2.《最高人民法院关于适用〈中华人民共和国民法典〉合同编通则若干问题的解释》**

**第三十五条** 债权人依据民法典第五百三十五条的规定对债务人的相对人提起代位权诉讼的，由被告住所地人民法院管辖，但是依法应当适用专属管辖规定的除外。

债务人或者相对人以双方之间的债权债务关系订有管辖协议为由提出异议的，人民法院不予支持。

**第三十六条** 债权人提起代位权诉讼后，债务人或者相对人以双方之间的债权债务关系订有仲裁协议为由对法院主管提出异议的，人民法院不予支持。但是，债务人或者相对人在首次开庭前就债务人与相对人之间的债权债务关系申请仲裁的，人民法院可以依法中止代位权诉讼。

**第三十七条** 债权人以债务人的相对人为被告向人民法院提起代位权诉讼，未将债务人列为第三人的，人民法院应当追加债务人为第三人。

两个以上债权人以债务人的同一相对人为被告提起代位权诉讼的，人民法院可以合并审理。债务人对相对人享有的债权不足以清偿其对两个以上债权人负担的债务的，人民法院应当按照债权人享有的债权比例确定相对人的履行份额，但是法律另有规定的除外。

**第三十八条** 债权人向人民法院起诉债务人后，又向同一人民法院对债务人的相对人提起代位权诉讼，属于该人民法院管辖的，可以合并审理。不属于该人民法院管辖的，应当告知其向有管辖权的人民法院另行起诉；在起诉债务人的诉讼终结前，代位权诉讼应当中止。

**第三十九条** 在代位权诉讼中，债务人对超过债权人代位请求数额的债权部分起诉相对人，属于同一人民法院管辖的，可以合并审理。不属于同一人民法院管辖的，应当告知其向有管辖权的人民法院另行起诉；在代位权诉讼终结前，债务人对相对人的诉讼应当中止。

**第四十条** 代位权诉讼中，人民法院经审理认为债权人的主张不符合代位权行使条件的，应当驳回诉讼请求，但是不影响债权人根据新的事实再次起诉。

债务人的相对人仅以债权人提起代位权诉讼时债权人与债务人之间的债权债务关系未经生效法律文书确认为由，主张债权人提起的诉讼不符合代位权行使条件的，人民法院不予支持。

**第四十一条** 债权人提起代位权诉讼后，债务人无正当理由减免相对人的债务或者延长相对人的履行期限，相对人以此向债权人抗辩的，人民法院不予支持。

## 扩展1 债权人对次债务人提起代位权诉讼后，债务人能否就同一债权对次债务人另行提起诉讼？

**回　答：**不可以。有两种情况需要注意：(1)《合同编通则司法解释》第39条规定，超过代位请求数额的债权部分，债务人可以对相对人起诉；(2)《合同编通则司法解释》第36条规定，代位权诉讼开庭前，债务人与相对人之间的债权债务关系申请仲裁的，人民法院可以依法中止代位权诉讼。

**理　由：**代位权诉讼与债务人对次债务人的诉讼基于同一事由，两者在权利内容上具有一致性，债务人之诉的诉讼标的与债权人代位权之诉的诉讼标的相同，债务人的债权请求权已为债权人所替代行使，债务人对代位权之诉的诉讼标的已无管理处分权和诉讼实施权。

对于次债务人来说，代位权之诉与债务人提起的债权诉讼是同一标的，如果可以同时诉讼，次债务人将承担双倍的责任，因此代位权之诉发生后，债务人在代位权之诉的范围内丧失诉权和处分权。

针对超过代位权部分的债权，债务人仍然享有诉权和处分权。同时，在开庭前如果债务人与相对人之间存在仲裁协议，并申请仲裁的，法院可以中止审理。

**怎么办：**债权人发现可以提前行使的代位权之诉时，应积极提起，这样可以排除债务人的处分权，维护自己的利益。债务人也应积极行使自己的权利，避免怠于履行而造成更多的损失。

## 相关规定

**1.《民法典》**

**第五百三十五条** 因债务人怠于行使其债权或者与该债权有关的从权利，影响债权人的到期债权实现的，债权人可以向人民法院请求以自己的名义代位行使债务人对相对人的权利，但是该权利专属于债务人自身的除外。

代位权的行使范围以债权人的到期债权为限。债权人行使代位权的必要费用，由债务人负担。

相对人对债务人的抗辩，可以向债权人主张。

**第五百三十七条** 人民法院认定代位权成立的，由债务人的相对人向债权人履行义务，债权人接受履行后，债权人与债务人、债务人与相对人之间相应的权利义务终止。债务人对相对人的债权或者与该债权有关的从权利被采取保全、执行措施，或者债务人破产的，依照相关法律的规定处理。

**2.《最高人民法院关于适用〈中华人民共和国民法典〉合同编通则若干问题的解释》**

**第三十六条** 债权人提起代位权诉讼后，债务人或者相对人以双方之间的债权债务关系订有仲裁协议为由对法院主管提出异议的，人民法院不予支持。但是，债务人或者相对人在首次开庭前就债务人与相对人之间的债权债务关系申请仲裁的，人民法院可以依法中止代位权诉讼。

**第三十九条** 在代位权诉讼中，债务人对超过债权人代位请求数额的债权部分起诉相对人，属于同一人民法院管辖的，可以合并审理。不属于同一人民法院管辖的，应当告知其向有管辖权的人民法院另行起诉；在代位权诉讼终结前，债务人对相对人的诉讼应当中止。

## 扩展2 如何证明债务人怠于行使债权?

**回　答：**只需证明该债权债务没有进入司法程序或仲裁程序即可。

**理　由：**怠于行使债权，是指债务人不履行其对债权人的到期债务，又不以诉讼方式或者仲裁方式向相对人主张其享有的债权或者与该债权有关的从权利，致使债权人的到期债权未能实现。

对于债权人来说，仅需对债权债务关系客观存在且均到期，而债务人并未采取切实行动追讨债权的事实进行举证即可。

对于次债务人来说，需要就确实已经向债务人履行了债务，或正在履行债务，或双方因债务的履行正处于诉争之中的事实承担举证责任。

对于债务人来说，只要债权到期，债务人"非怠于"行权方式应该限缩在以诉讼或仲裁的方式主张自己的权利，而且在进入司法或仲裁程序后应积极推进案件进度，不能恶意拖延、随意撤诉。

在《合同编通则司法解释》第33条中，明确了在"债务人不履行其对债权人的到期债务"的情况下，"不以诉讼或者仲裁方式向相对人主张其享有的债权或者与该债权有关的从权利"，视为"债务人怠于行使其债权或者与该债权有关的从权利，影响债权人的到期债权实现"。

**怎么办：**对于债权人来说，代位权成立的核心是证明债务人没有进入司法程序或仲裁程序。债务人仅能以已经采取诉讼或仲裁的形式主张债权才能对债权人行使代位权形成有效抗辩。

**判例**

**最高人民法院（2018）最高法民终917号民事裁定书**

债务人采取其他私力救济方式向次债务人主张债权仍可视为怠于行使债权，仅支持以诉讼或仲裁的形式主张债权才能被法院认可为有效抗辩。

## 相关规定

**1.《民法典》**

**第五百三十五条** 因债务人怠于行使其债权或者与该债权有关的从权利，影响债权人的到期债权实现的，债权人可以向人民法院请求以自己的名义代位行使债务人对相对人的权利，但是该权利专属于债务人自身的除外。

代位权的行使范围以债权人的到期债权为限。债权人行使代位权的必要费用，由债务人负担。

相对人对债务人的抗辩，可以向债权人主张。

**2.《最高人民法院关于适用〈中华人民共和国民法典〉合同编通则若干问题的解释》**

**第三十三条** 债务人不履行其对债权人的到期债务，又不以诉讼或者仲裁方式向相对人主张其享有的债权或者与该债权有关的从权利，致使债权人的到期债权未能实现的，人民法院可以认定为民法典第五百三十五条规定的“债务人怠于行使其债权或者与该债权有关的从权利，影响债权人的到期债权实现”。

## 扩展3 行使代位权时，是否要证明次债权的数额？

**回　答：** 代位权的行权基础是债权数额清晰，包括主债权和次债权。

**理　由：** 债权人提起代位权诉讼，应以主债权和次债权的成立为条件，但是“债权成立”不仅要求债权的内容不违反法律法规的规定，而且要求债权的数额应当确定。这种确定既可以表现为债务人、次债务人对债权的认可，也可经人民法院判决或仲裁机构裁决加以确认。

代位权之诉，次债务人可以抗辩相关瑕疵，如果抗辩该债权不存在或者双方有其他纠纷，代位权之诉就比较难获得支持。

代位权是一个好权利，但也是一个容易陷入证明陷阱的权利。

《合同编通则司法解释》第 40 条第 2 款规定，"债务人的相对人仅以债权人提起代位权诉讼时债权人与债务人之间的债权债务关系未经生效法律文书确认为由，主张债权人提起的诉讼不符合代位权行使条件的，人民法院不予支持"。

**怎么办：** 债权人提起代位权诉讼，应以主债权和次债权的成立为条件。债权成立不仅要求债权的内容不违反法律法规的规定，而且要求债权的数额应当确定，这个确定并不是指无争议，而是指债权人有明确的数额主张和证据。

## 判例

**最高人民法院（2011）最高法民提字第 7 号民事裁定书**

债权人提起代位权诉讼，应以主债权和次债权的成立为条件，而"债权成立"不仅要求债权的内容不违反法律法规的规定，而且要求债权的数额应当确定。这种确定既可以表现为债务人、次债务人对债权的认可，也可经人民法院判决或仲裁机构裁决加以确认。

## 相关规定

**1.《民法典》**

**第五百三十五条** 因债务人怠于行使其债权或者与该债权有关的从权利，影响债权人的到期债权实现的，债权人可以向人民法院请求以自己的名义代位行使债务人对相对人的权利，但是该权利专属于债务人自身的除外。

代位权的行使范围以债权人的到期债权为限。债权人行使代位权的必要费用，由债务人负担。

相对人对债务人的抗辩，可以向债权人主张。

**2.《最高人民法院关于适用〈中华人民共和国民法典〉合同编通则若干问题的解释》**

**第四十条** 代位权诉讼中，人民法院经审理认为债权人的主张不符合代位权行使条件的，应当驳回诉讼请求，但是不影响债权人根据新的事实再次起诉。

债务人的相对人仅以债权人提起代位权诉讼时债权人与债务人之间的债权债务关系未经生效法律文书确认为由，主张债权人提起的诉讼不符合代位权行使条件的，人民法院不予支持。

**3.《最高人民法院关于适用〈中华人民共和国民事诉讼法〉的解释》**

**第九十条** 当事人对自己提出的诉讼请求所依据的事实或者反驳对方诉讼请求所依据的事实，应当提供证据加以证明，但法律另有规定的除外。

在作出判决前，当事人未能提供证据或者证据不足以证明其事实主张的，由负有举证证明责任的当事人承担不利的后果。

**第九十一条** 人民法院应当依照下列原则确定举证证明责任的承担，但法律另有规定的除外：

（一）主张法律关系存在的当事人，应当对产生该法律关系的基本事实承担举证证明责任；

（二）主张法律关系变更、消灭或者权利受到妨害的当事人，应当对该法律关系变更、消灭或者权利受到妨害的基本事实承担举证证明责任。

## 扩展4 代位权之诉之后，是否可以继续向债务人主张债权？

**回　答：** 如果代位权执行未清偿全部债权，债权人可以继续向债务人主张债权。

**理　由：** 代位权之诉与本诉之间并不冲突，只要债务没有清偿完毕，最好都起诉，完整、全面地行使自己的权利。

**怎么办：** 债权人全面、完整地行使合同和法律赋予的权利，才是有效维护自己权利的方式。

## 相关规定

**《民法典》**

**第五百三十五条** 因债务人怠于行使其债权或者与该债权有关的从权利，影响债权人的到期债权实现的，债权人可以向人民法院请求以自己的名义代位行使债务人对相对人的权利，但是该权利专属于债务人自身的除外。

代位权的行使范围以债权人的到期债权为限。债权人行使代位权的必要费用，由债务人负担。

相对人对债务人的抗辩，可以向债权人主张。

## 55

## 对方不履行合同义务达到什么程度我方才能行使解除权?

**回　答：** 简单来说，不能实现合同目的，或者对实现合同目的产生实质影响，我们就可以要求解除合同。

**理　由：** 根据《民法典》的规定，除合同约定外，当事人可以行使解除权的法定情形包括：

对方严重违反合同：对方在履行合同过程中，存在违约行为，且该行为严重影响了合同目的的实现或者造成了较大的经济损失。"较大损失"这个概念是相对而言的，需要根据具体情况进行判断。对于一般的经济活动合同，较大损失的界定主要包括两个方面：（1）损失程度：合同违约行为对受损害方造成的实际经济损失的大小。如果涉及巨额财产、高额利润等因素，那么对方所遭受的损失就可能被认为是较大的。（2）影响范围：合同违约行为对受损害方业务的影响范围。例如，合同违约行为导致受损害方无法按期履行其他合同，或者影响了其在市场上的声誉，这些都可能被认为是较大损失的范畴。需要注意的是，较大损失的判断并非一个单纯的数值计算问题，还需要考虑合同的性质、合同所涉及的行业和地区、当事人的实际情况等因素。

对方不能或拒绝履行合同：对方明确表示无力履行合同义务，或者实际上已经无力履行合同义务。

最终的判断还是以是否可以实现合同目的为实质条件，法律的核心是促进交易，而不是打断交易，因此，合同的稳定性往往会和合同目的关联。

《合同编通则司法解释》第67条第4款还规定了可以以丧失定金为代价解除合同。

**怎么办：** 制定合同时，应注意合同目的的制定，同时注意合同解除和合同目的的关联，当影响合同目的达成的违约行为发生时，我们可以要求解除合同。

## 相关规定

**1.《民法典》**

**第五百六十二条** 当事人协商一致，可以解除合同。

当事人可以约定一方解除合同的事由。解除合同的事由发生时，解除权人可以解除合同。

**第五百六十三条** 有下列情形之一的，当事人可以解除合同：

（一）因不可抗力致使不能实现合同目的；

（二）在履行期限届满前，当事人一方明确表示或者以自己的行为表明不履行主要债务；

（三）当事人一方迟延履行主要债务，经催告后在合理期限内仍未履行；

（四）当事人一方迟延履行债务或者有其他违约行为致使不能实现合同目的；

（五）法律规定的其他情形。

以持续履行的债务为内容的不定期合同，当事人可以随时解除合同，但是应当在合理期限之前通知对方。

**2.《最高人民法院关于适用〈中华人民共和国民法典〉合同编通则若干问题的解释》**

**第六十七条** 当事人交付留置金、担保金、保证金、订约金、押金或者订金等，但是没有约定定金性质，一方主张适用民法典第五百八十七条规定的定金罚则的，人民法院不予支持。当事人约定了定金性质，但是未约定定金类型或者约定不明，一方主张为违约定金的，人民法院应予支持。

当事人约定以交付定金作为订立合同的担保，一方拒绝订立合同或者在磋商订立合同时违背诚信原则导致未能订立合同，对方主张适用民法典第五百八十七条规定的定金罚则的，人民法院应予支持。

当事人约定以交付定金作为合同成立或者生效条件，应当交付定金的一方未交付定金，但是合同主要义务已经履行完毕并为对方所接受的，人民法院应当认定合同在对方接受履行时已经成立或者生效。

当事人约定定金性质为解约定金，交付定金的一方主张以丧失定金为代价解除合同的，或者收受定金的一方主张以双倍返还定金为代价解除合同的，人民法院应予支持。

56

## 单方通知能够解除合同吗?

**回　答:** 符合合同约定或法定的单方解除条件，对方知悉我们解除合同的意思就会发生解除合同的法律效果。

**理　由:** 因为我国的合同立法中并未采用当然解除的立法模式，因此即使具备合同解除的条件，合同也不会自然解除。法律赋予单方依法解除合同的权利，也赋予了合同解除通知到达对方时产生解除的效力。因此如果欲发生合同解除的法律效果，需要实施解除合同的行为。

合同解除权是形成权，不须对方当事人的同意，因此只要合同解除通知到达对方即可。如果是附条件解除的合同，解除条件符合的情况下，合同自动解除。如果是因违约而单方解除，即便合同有明确约定，实践中单方通知解除合同也会发生合同解除法律效力。

根据《合同编通则司法解释》第53条的规定："享有解除权的，合同自通知到达对方时解除；不享有解除权的，不发生合同解除的效力。"

怎么办：无论是法定解除还是约定解除，当我们享有解除权时，行使合同解除权都应及时通知对方，使对方知悉我们解除合同的意思。

## 相关规定

**1.《民法典》**

**第五百六十五条** 当事人一方依法主张解除合同的，应当通知对方。合同自通知到达对方时解除；通知载明债务人在一定期限内不履行债务则合同自动解除，债务人在该期限内未履行债务的，合同自通知载明的期限届满时解除。对方对解除合同有异议的，任何一方当事人均可以请求人民法院或者仲裁机构确认解除行为的效力。

当事人一方未通知对方，直接以提起诉讼或者申请仲裁的方式依法主张解除合同，人民法院或者仲裁机构确认该主张的，合同自起诉状副本或者仲裁申请书副本送达对方时解除。

**2.《最高人民法院关于适用〈中华人民共和国民法典〉合同编通则若干问题的解释》**

**第五十二条** 当事人就解除合同协商一致时未对合同解除后的违约责任、结算和清理等问题作出处理，一方主张合同已经解除的，人民法院应予支持。但是，当事人另有约定的除外。

有下列情形之一的，除当事人一方另有意思表示外，人民法院可以认定合同解除：

（一）当事人一方主张行使法律规定或者合同约定的解除权，经审理认为不符合解除权行使条件但是对方同意解除；

（二）双方当事人均不符合解除权行使的条件但是均主张解除合同。

前两款情形下的违约责任、结算和清理等问题，人民法院应当依据民法典第五百六十六条、第五百六十七条和有关违约责任的规定处理。

**第五十三条** 当事人一方以通知方式解除合同，并以对方未在约定的异议期限或者其他合理期限内提出异议为由主张合同已经解除的，人民法院应当对其是否享有法律规定或者合同约定的解除权进行审查。经审查，享有解除权的，合同自通知到达对方时解除；不享有解除权的，不发生合同解除的效力。

**扩展1** **合同中约定满足某种条件时合同自动解除，当该条件成就时，能否认定此合同不经通知对方即已解除？**

**回　答：**这属于附条件解除合同，一般情况下不需要通知，实践中最好通知一下，避免产生纠纷。

**理　由：**如果合同中约定当满足某种条件时合同自动解除，那么当该条件成就时，合同即被认为自动解除。在实际操作中，通常要及时通知对方合同已经解除。

尽管合同中未明确规定通知的方式和期限，但依据《民法典》的基本原则，当事人在履行合同义务时应当遵循诚实信用、公平交易的原则。因此，即使合同中未规定通知要求，当事人也应当在发生自动解除时及时通知对方，以免引起误会和纠纷。

需要注意的是，如果当事人不及时通知对方而单方面视为合同已经解除，可能会引起对方的异议和反对，甚至可能导致违约或者产生善意履行赔偿风险。因此，在发生自动解除情形时，建议当事人应当确认解除的事实，并及时书面通知对方，以确保双方权益得到有效保障。

**怎么办：** 在解除条件成就后，知道这个解除条件成就的一方，应当主动通知对方条件成就情况和合同解除后果。请注意，通知内容应包括解除条件成就情况和合同解除的后果两部分，否则这个通知可能存在因果缺失。

**相关规定**

《民法典》

**第五百六十五条** 当事人一方依法主张解除合同的，应当通知对方。合同自通知到达对方时解除；通知载明债务人在一定期限内不履行债务则合同自动解除，债务人在该期限内未履行债务的，合同自通知载明的期限届满时解除。对方对解除合同有异议的，任何一方当事人均可以请求人民法院或者仲裁机构确认解除行为的效力。

当事人一方未通知对方，直接以提起诉讼或者申请仲裁的方式依法主张解除合同，人民法院或者仲裁机构确认该主张的，合同自起诉状副本或者仲裁申请书副本送达对方时解除。

## 扩展2 解除合同之后是否就没有关系了？

**回　答：** 仍有关系，合同当事人仍需相互承担合同解除后的返还、赔偿责任。

**理　由：** 合同解除并不等于合同履行的结束，无论是什么合同，双方或者多方都产生了各种履行痕迹，合同各方需要对履行痕迹进行恢复、修复原状或补偿。

**怎么办：** 建议在解除合同时，对合同产生的成本、损失进行结算，及时通知对方，并对相应追偿做好准备。

**相关规定**

1. 《民法典》

**第五百六十六条** 合同解除后，尚未履行的，终止履行；已经履行的，根据履行情况和合同性质，当事人可以请求恢复原状或者采取其他补救措施，并有权请求赔偿损失。

合同因违约解除的，解除权人可以请求违约方承担违约责任，但是当事人另有约定的除外。

主合同解除后，担保人对债务人应当承担的民事责任仍应当承担担保责任，但是担保合同另有约定的除外。

**第五百六十七条** 合同的权利义务关系终止，不影响合同中结算和清理条款的效力。

**2.《最高人民法院关于适用〈中华人民共和国民法典〉合同编通则若干问题的解释》**

**第五十二条** 当事人就解除合同协商一致时未对合同解除后的违约责任、结算和清理等问题作出处理，一方主张合同已经解除的，人民法院应予支持。但是，当事人另有约定的除外。

有下列情形之一的，除当事人一方另有意思表示外，人民法院可以认定合同解除：

（一）当事人一方主张行使法律规定或者合同约定的解除权，经审理认为不符合解除权行使条件但是对方同意解除；

（二）双方当事人均不符合解除权行使的条件但是均主张解除合同。

前两款情形下的违约责任、结算和清理等问题，人民法院应当依据民法典第五百六十六条、第五百六十七条和有关违约责任的规定处理。

**扩展3** **解除合同时，一方已经履行一部分合同义务的该怎么办？**

**回　答：发生以上情形，当事人可以请求恢复原状或者采取其他补救措施。其他补救措施，包括请求修理、更换、重作、减价、支付违约金、赔偿损失等。**

**理　由：** 合同解除的后果是合同权利义务被终结。因此，对于已经履行的部分，双方应完成利益修复，确保合同各方利益平衡，同时，违约方仍应承担违约责任。

**怎么办：** 即便是协议解除合同，双方也不能以合同解除为由免除自己所承担的其他合同义务，特别是补救和违约责任。建议在解除合同的同时，提出补救和赔偿请求。

## 相关规定

《民法典》

**第五百六十六条** 合同解除后，尚未履行的，终止履行；已经履行的，根据履行情况和合同性质，当事人可以请求恢复原状或者采取其他补救措施，并有权请求赔偿损失。

合同因违约解除的，解除权人可以请求违约方承担违约责任，但是当事人另有约定的除外。

主合同解除后，担保人对债务人应当承担的民事责任仍应当承担担保责任，但是担保合同另有约定的除外。

**第五百六十七条** 合同的权利义务关系终止，不影响合同中结算和清理条款的效力。

## 57

## 我方应该在多长时间内行使合同解除权，解除权是否有期限限制？

**回　答：** 如果没有约定或法律规定的期限，自知道解除事由起 1 年内行使。

**理　由：** 法律有明确规定。

**怎么办：** 建议发生解除事由之后，及时行使解除权。解除的事由也可能发生变化，影响我们的解除权。如果要解除合同，权利的行使越早越好。

## 相关规定

《民法典》

**第五百六十四条** 法律规定或者当事人约定解除权行使期限，期限届满当事人不行使的，该权利消灭。

法律没有规定或者当事人没有约定解除权行使期限，自解除权人知道或者应当知道解除事由之日起一年内不行使，或者经对方催告后在合理期限内不行使的，该权利消灭。

## 58

## 构成合同主要内容的条款能否被单独解除？

**回　答：** 如果该条款内容与合同的其他内容具有履行的可分性，那么该条款可以单独解除。

**理　由：** 如果合同的约定可分开履行，可以对未履行的部分进行解除。可单独履行的分批次合同违约处罚约定明确的、具有可执行性的，可以部分解除。

如果是分批履行，可以在履行前对未履行部分进行解除；如果是约定的不同权利义务，解除该条款不影响合同的其他条款履行，也可以单独解除。

**怎么办：** 任何条款单独解除如果影响了合同目的的实现，将导致合同全部解除。

## 相关规定

《民法典》

**第五百六十六条** 合同解除后，尚未履行的，终止履行；已经履行的，根据履行情况和合同性质，当事人可以请求恢复原状或者采取其他补救措施，并有权请求赔偿损失。

合同因违约解除的，解除权人可以请求违约方承担违约责任，但是当事人另有约定的除外。

主合同解除后，担保人对债务人应当承担的民事责任仍应当承担担保责任，但是担保合同另有约定的除外。

## 59

## 双方就合同发生纠纷，诉讼过程中一方行使合同解除权，这个解除行为能否产生合同解除的效果？

**回　答：** 不能。

**理　由：** 当事人在诉讼过程中行使合同解除权以对抗合同相对方与其之间的合同纠纷，有违诚信原则，且与人民法院行使的审判权冲突，故其在诉讼程序中实施的该行为不能产生解除合同的法律效力。

合同当事人因合同履行情况发生争议，诉至人民法院后，对于该合同的效力及履行情况，应当由人民法院依法作出认定。主张合同已解除的一方在诉讼期间发出解除合同通知的行为，并不能改变诉讼前已经确定的合同效力及履行状态。

**怎么办：** 在合同解除事由发生后，有解除权的人要尽快行使解除权；不愿意解除的，也应及时发出催告通知。如发生纠纷，我们可以在诉讼中提起反诉，要求解除。案件审理期间通知解除的，不发生法律效力。

### 相关规定

**《民法典》**

**第五百六十四条**　法律规定或者当事人约定解除权行使期限，期限届满当事人不行使的，该权利消灭。

法律没有规定或者当事人没有约定解除权行使期限，自解除权人知道或者应当知道解除事由之日起一年内不行使，或者经对方催告后在合理期限内不行使的，该权利消灭。

60

## 是否只有守约方有合同解除权？

**回　答：**不是。通常情况下只有守约方有单方解除权，特殊情况下违约方也可以享有合同解除权，合同解除并不影响违约方承担违约责任。

**理　由：**合同作为双方当事人意思表示一致，且愿意受此意思表示约束的一种承诺，应当得到遵守和履行。但是，如果已出现一方违约的合同继续履行下去，不仅守约方得不到利益，违约方也将遭受巨大损失，必然会出现"双输"的局面。在我国现行法律并没有关于违约方不得解除合同的明确规定的情形下，违约方主张解除合同的权利不应完全予以排斥。

**怎么办：**作为违约方，虽然法律没有授予解除权，但是也没有禁止主张解除合同的权利。如果继续履行比违约的损失更大，违约方也可以主动要求解除合同。

### 相关规定

**《民法典》**

**第五百六十二条**　当事人协商一致，可以解除合同。

当事人可以约定一方解除合同的事由。解除合同的事由发生时，解除权人可以解除合同。

**第五百六十三条**　有下列情形之一的，当事人可以解除合同：

（一）因不可抗力致使不能实现合同目的；

（二）在履行期限届满前，当事人一方明确表示或者以自己的行为表明不履行主要债务；

（三）当事人一方迟延履行主要债务，经催告后在合理期限内仍未履行；

（四）当事人一方迟延履行债务或者有其他违约行为致使不能实现合同目的；

（五）法律规定的其他情形。

以持续履行的债务为内容的不定期合同，当事人可以随时解除合同，但是应当在合理期限之前通知对方。

**第五百七十七条** 当事人一方不履行合同义务或者履行合同义务不符合约定的，应当承担继续履行、采取补救措施或者赔偿损失等违约责任。

**第五百七十八条** 当事人一方明确表示或者以自己的行为表明不履行合同义务的，对方可以在履行期限届满前请求其承担违约责任。

## 扩展1 合同履行完毕时，守约方能否依约解除合同？

**回　答：** 不可以。

**理　由：** 在合同成立之后、履行完毕之前，合同当事人行使合同解除权才会发生合同解除的效力。合同履行完毕时，产生的后果就是债权债务终止，而合同解除的后果也是该合同的权利义务终止。在合同履行完毕后，不可能通过合同解除终止一个已经终止的权利义务，因此履行完毕的合同不可以被解除。

**怎么办：** 履行完毕前，守约方在符合解除条件的有效期限内应主动行使解除权。

**相关规定**

**《民法典》**

**第五百五十七条** 有下列情形之一的，债权债务终止：

（一）债务已经履行；

（二）债务相互抵销；

（三）债务人依法将标的物提存；

（四）债权人免除债务；

（五）债权债务同归于一人；

（六）法律规定或者当事人约定终止的其他情形。

合同解除的，该合同的权利义务关系终止。

## 扩展2 违约方能否催告对方要求履行，从而产生合同解除权？

**回　答：**不能。

**理　由：**虽然前面讲到违约方可以请求解除合同，但是违约方并不能通过不成就的解除条件而成就解除权，催告行为是守约方的权利，违约方行使非法的催告权，不能形成合法的解除权。

**怎么办：**违约方如担心合同继续履行会扩大损失，应积极与对方沟通协议解除合同；如沟通不成，应积极走诉讼和仲裁程序，请求合同解除，防止损失进一步扩大。

### 相关规定

《民法典》

**第五百六十三条**　有下列情形之一的，当事人可以解除合同：

（一）因不可抗力致使不能实现合同目的；

（二）在履行期限届满前，当事人一方明确表示或者以自己的行为表明不履行主要债务；

（三）当事人一方迟延履行主要债务，经催告后在合理期限内仍未履行；

（四）当事人一方迟延履行债务或者有其他违约行为致使不能实现合同目的；

（五）法律规定的其他情形。

以持续履行的债务为内容的不定期合同，当事人可以随时解除合同，但是应当在合理期限之前通知对方。

## 扩展3 要求违约方继续履行，违约方能否以继续履行成本过高为由要求解除合同？

**回　答：** 可以。

**理　由：** 费用或成本升高不是违约方拒绝履行的理由，只有过高才是。违约方可以请求因继续履行费用过高而不予继续履行，但该拒绝履行和请求解除的权利仅限于非金钱债务。违约方违约责任仍应继续承担。

**怎么办：** 如果发生继续履行成本过高的情况，从公平和诚实信用角度来说，违约方也有减少损失的权利，该权利仅限于非金钱债务。

### 相关规定

**1.《民法典》**

**第五百八十条**　当事人一方不履行非金钱债务或者履行非金钱债务不符合约定的，对方可以请求履行，但是有下列情形之一的除外：

（一）法律上或者事实上不能履行；

（二）债务的标的不适于强制履行或者履行费用过高；

（三）债权人在合理期限内未请求履行。

有前款规定的除外情形之一，致使不能实现合同目的的，人民法院或者仲裁机构可以根据当事人的请求终止合同权利义务关系，但是不影响违约责任的承担。

**2.《最高人民法院关于适用〈中华人民共和国民法典〉合同编通则若干问题的解释》**

**第三十二条**　合同成立后，因政策调整或者市场供求关系异常变动等原因导致价格发生当事人在订立合同时无法预见的、不属于商业风险的涨跌，继续履行合同对于当事人一方明显不公平的，人民法院应当认定合同的基础条件发生了民法典第五百三十三条第一款规定的“重大变化”。但是，合同涉及市场属性活跃、长期以来价格波动较大的大宗商品以及股票、期货等风险投资型金融产品的除外。

合同的基础条件发生了民法典第五百三十三条第一款规定的重大变化，当事人请求变更合同的，人民法院不得解除合同；当事人一方请求变更合同，对方请求解除合同的，或者当事人一方请求解除合同，对方请求变更合同的，人民法院应当结合案件的实际情况，根据公平原则判决变更或者解除合同。

人民法院依据民法典第五百三十三条的规定判决变更或者解除合同的，应当综合考虑合同基础条件发生重大变化的时间、当事人重新协商的情况以及因合同变更或者解除给当事人造成的损失等因素，在判项中明确合同变更或者解除的时间。

当事人事先约定排除民法典第五百三十三条适用的，人民法院应当认定该约定无效。

## 扩展4 合同因违约而解除后，是主张违约金还是损害赔偿？

**回　答：** 既可以依照原合同约定的违约条款主张违约金，也可以依照解除协议约定的违约金，或者主张赔偿损失。

**理　由：** 合同解除虽然也是基于违约事实而产生的法律后果，但合同解除后合同中的条款无效，违约金条款作为结算和清理条款仍具有法律效力。因此，解除权人可以依照原合同约定的违约条款主张违约金，除解除协议约定适用违约金条款外，也可以要求赔偿损失。当然，如果双方协商解除合同的，根据双方协商解除合同的约定执行。

**怎么办：** 可以在合同中加以明确，以保证违约金约定在合同解除后同样适用。

**相关规定**

《民法典》

**第五百七十七条** 当事人一方不履行合同义务或者履行合同义务不符合约定的，应当承担继续履行、采取补救措施或者赔偿损失等违约责任。

**第五百八十四条** 当事人一方不履行合同义务或者履行合同义务不符合约定，造成对方损失的，损失赔偿额应当相当于因违约所造成的损失，包括合同履行后可以获得的利益；但是，不得超过违约一方订立合同时预见到或者应当预见到的因违约可能造成的损失。

**第五百八十五条** 当事人可以约定一方违约时应当根据违约情况向对方支付一定数额的违约金，也可以约定因违约产生的损失赔偿额的计算方法。

约定的违约金低于造成的损失的，人民法院或者仲裁机构可以根据当事人的请求予以增加；约定的违约金过分高于造成的损失的，人民法院或者仲裁机构可以根据当事人的请求予以适当减少。

当事人就迟延履行约定违约金的，违约方支付违约金后，还应当履行债务。

## 61

## 一方当事人未与对方协商一致，就单方面解除合同造成损失的怎么承担？

**回　答：** 这也是违约行为，可以按照合同约定承担违约责任。

**理　由：** 单方解除合同的法律后果不一定是合同解除，但一定会构成违约。

**怎么办：** 如果对方单方解除合同不符合约定，我们可以及时提出异议，并告知对方构成了违约，应赔偿损失并继续履行。

## 相关规定

**《民法典》**

**第四百六十五条** 依法成立的合同，受法律保护。

依法成立的合同，仅对当事人具有法律约束力，但是法律另有规定的除外。

**第五百零九条** 当事人应当按照约定全面履行自己的义务。

当事人应当遵循诚信原则，根据合同的性质、目的和交易习惯履行通知、协助、保密等义务。

当事人在履行合同过程中，应当避免浪费资源、污染环境和破坏生态。

**第五百八十四条** 当事人一方不履行合同义务或者履行合同义务不符合约定，造成对方损失的，损失赔偿额应当相当于因违约所造成的损失，包括合同履行后可以获得的利益；但是，不得超过违约一方订立合同时预见到或者应当预见到的因违约可能造成的损失。

**62**

## 承诺书是否可以作为违约证明，以此追究责任？

**回　答：**可以。

**理　由：**无论是履行承诺、保证承诺、违约承诺、过程承诺、质量承诺还是责任承诺，承诺书如果约定内容完整，则既可以作为合同履行内容的证明，也可以作为合同当事人对合同履行的责任约定。无论承诺书是基于合同履行的内容达成还是基于合同履行的事实达成，只要其具有合同的性质，就能证明双方履行的相关权利义务和履行事实。一方没有按照承诺书约定履行相关义务的，需要向守约方承担违约责任。

**怎么办：**承诺书应该满足本书所讲的“人”“物”“事”三要素，同时能够完整地证明承诺书的目的，这样承诺书就具有了合同的性质，能够证明履行事实，可以据此追究违约责任。

## 相关规定

《民法典》

**第四百六十四条** 合同是民事主体之间设立、变更、终止民事法律关系的协议。

婚姻、收养、监护等有关身份关系的协议，适用有关该身份关系的法律规定；没有规定的，可以根据其性质参照适用本编规定。

**第四百六十五条** 依法成立的合同，受法律保护。

依法成立的合同，仅对当事人具有法律约束力，但是法律另有规定的除外。

**第四百六十九条** 当事人订立合同，可以采用书面形式、口头形式或者其他形式。

书面形式是合同书、信件、电报、电传、传真等可以有形地表现所载内容的形式。

以电子数据交换、电子邮件等方式能够有形地表现所载内容，并可以随时调取查用的数据电文，视为书面形式。

**第四百七十一条** 当事人订立合同，可以采取要约、承诺方式或者其他方式。

**第五百零九条** 当事人应当按照约定全面履行自己的义务。

当事人应当遵循诚信原则，根据合同的性质、目的和交易习惯履行通知、协助、保密等义务。

当事人在履行合同过程中，应当避免浪费资源、污染环境和破坏生态。

63

## 合同无效能否以地方性法规、行政规章为由?

**回　答：**不能。

**理　由：**合同的法律规定主要是为了促进市场经济持续有序发展，不同地方不能以法规、规章的形式设立不同的交易规则、准入门槛，否则势必造成混乱。因此，法律、行政法规均应作狭义解释，即指全国人大及其常委会通过的法律以及国务院颁布的行政法规，不能将其范围扩大至地方性法规以及行政规章。

怎么办：我们应该遵守法律法规，但对于限制民事行为的地方性法规和行政规章，不能因此认为相关合同无效。民事法律行为应以法律的限制为底线，确定法律不限制即视为可进行此行为。

## 相关规定

**1.《民法典》**

**第一百五十三条**　违反法律、行政法规的强制性规定的民事法律行为无效。但是，该强制性规定不导致该民事法律行为无效的除外。

违背公序良俗的民事法律行为无效。

**2.《最高人民法院关于适用〈中华人民共和国民法典〉合同编通则若干问题的解释》**

**第十六条**　合同违反法律、行政法规的强制性规定，有下列情形之一，由行为人承担行政责任或者刑事责任能够实现强制性规定的立法目的的，人民法院可以依据民法典第一百五十三条第一款关于"该强制性规定不导致该民事法律行为无效的除外"的规定认定该合同不因违反强制性规定无效：

（一）强制性规定虽然旨在维护社会公共秩序，但是合同的实际履行对社会公共秩序造成的影响显著轻微，认定合同无效将导致案件处理结果有失公平公正；

（二）强制性规定旨在维护政府的税收、土地出让金等国家利益或者其他民事主体的合法利益而非合同当事人的民事权益，认定合同有效不会影响该规范目的的实现；

（三）强制性规定旨在要求当事人一方加强风险控制、内部管理等，对方无能力或者无义务审查合同是否违反强制性规定，认定合同无效将使其承担不利后果；

（四）当事人一方虽然在订立合同时违反强制性规定，但是在合同订立后其已经具备补正违反强制性规定的条件却违背诚信原则不予补正；

（五）法律、司法解释规定的其他情形。

法律、行政法规的强制性规定旨在规制合同订立后的履行行为，当事人以合同违反强制性规定为由请求认定合同无效的，人民法院不予支持。但是，合同履行必然导致违反强制性规定或者法律、司法解释另有规定的除外。

依据前两款认定合同有效，但是当事人的违法行为未经处理的，人民法院应当向有关行政管理部门提出司法建议。当事人的行为涉嫌犯罪的，应当将案件线索移送刑事侦查机关；属于刑事自诉案件的，应当告知当事人可以向有管辖权的人民法院另行提起诉讼。

**第十七条** 合同虽然不违反法律、行政法规的强制性规定，但是有下列情形之一，人民法院应当依据民法典第一百五十三条第二款的规定认定合同无效：

（一）合同影响政治安全、经济安全、军事安全等国家安全的；

（二）合同影响社会稳定、公平竞争秩序或者损害社会公共利益等违背社会公共秩序的；

（三）合同背离社会公德、家庭伦理或者有损人格尊严等违背善良风俗的。

人民法院在认定合同是否违背公序良俗时，应当以社会主义核心价值观为导向，综合考虑当事人的主观动机和交易目的、政府部门的监管强度、一定期限内当事人从事类似交易的频次、行为的社会后果等因素，并在裁判文书中充分说理。当事人确因生活需要进行交易，未给社会公共秩序造成重大影响，且不影响国家安全，也不违背善良风俗的，人民法院不应当认定合同无效。

**第十八条** 法律、行政法规的规定虽然有“应当”“必须”或者“不得"等表述，但是该规定旨在限制或者赋予民事权利，行为人违反该规定将构成无权处分、无权代理、越权代表等，或者导致合同相对人、第三人因此获得撤销权、解除权等民事权利的，人民法院应当依据法律、行政法规规定的关于违反该规定的民事法律后果认定合同效力。

**扩展** 国有企业的利益是不是国家利益？能否以损害国有企业利益为由要求合同无效？

**回　答：** 国有企业利益不是国家利益，不因此产生法定无效后果。

**理　由：** 合同法律关系中各类市场主体间法律地位平等，其合法利益受法律保护，国有企业只是民事主体的一部分，不可能超越其他市场主体，应予以平等保护。

国家利益是以我国全体公民的利益为前提的，是国家在整体上所具有的政治利益、经济利益和国防利益。这一利益应具有至上性、不可辩驳性，而国有企业的利益在合同法层面也仅代表其自身的利益和作为独立市场主体的利益，不应与国家利益混同。

国有企业是市场主体中的一种，不应特殊化，也不应特别化，只有国有企业成为平常的市场主体，我们的市场才有更好的活力。

**怎么办：** 我们在法律上应平常对待国有企业的市场地位，正确对待国有企业的身份，明白国有企业也是市场上的平等主体。

**相关规定**

**《民法典》**

**第一百三十二条** 民事主体不得滥用民事权利损害国家利益、社会公共利益或者他人合法权益。

**第一百五十三条** 违反法律、行政法规的强制性规定的民事法律行为无效。但是，该强制性规定不导致该民事法律行为无效的除外。

违背公序良俗的民事法律行为无效。

**第一百五十四条** 行为人与相对人恶意串通，损害他人合法权益的民事法律行为无效。

**第四百六十四条** 合同是民事主体之间设立、变更、终止民事法律关系的协议。

婚姻、收养、监护等有关身份关系的协议，适用有关该身份关系的法律规定；没有规定的，可以根据其性质参照适用本编规定。

## 64 醉酒后签署的合同是否有效?

**回　答：** 合同有效，醉酒不是理由。除非能证明行为人当时已经丧失意识，无法作出意思表示。

**理　由：** 醉酒不能成为行为人免除民事责任或否定真实意思表示的理由。合同当事人作为完全民事行为能力的成年人，理应在签署相关法律文件时尽到合理的注意义务，如果未能提供相应证据证明其系在重大误解的情形下或在受到欺诈的情形下签署合同，合同均应有效。

**怎么办：** 醉酒不是理由，当事人仍需对醉酒后签订的法律文件承担责任，因此签约时最好不喝酒。

### 相关规定

**《民法典》**

**第一百四十三条** 具备下列条件的民事法律行为有效：

（一）行为人具有相应的民事行为能力；

（二）意思表示真实；

（三）不违反法律、行政法规的强制性规定，不违背公序良俗。

扩展

## 双方因赌债订立的合同有效吗？

**回　答：** 无效。

**理　由：** 赌博明显属于违反法律规定的行为，对赌债的约定也是无效的。

**怎么办：** 基于赌博发生赌债所签订的合同违反法律规定，该合同自始无效。

**相关规定**

**《民法典》**

**第一百四十三条** 具备下列条件的民事法律行为有效：

（一）行为人具有相应的民事行为能力；

（二）意思表示真实；

（三）不违反法律、行政法规的强制性规定，不违背公序良俗。

**第一百五十三条** 违反法律、行政法规的强制性规定的民事法律行为无效。但是，该强制性规定不导致该民事法律行为无效的除外。

违背公序良俗的民事法律行为无效。

**65**

## 超越经营范围所订立的合同违反法律、行政法规的强制性规定时，是否有效？

**回　答：** 超越经营范围的合同一般有效，但是违反法律、行政法规的强制性规定时，该合同无效。

**理　由：** 公司超越经营范围订立的合同有效。公司的经营活动超出经营范围，但并未违反法律的强制性规定的，只要合同本身符合民法的基本原则，且合同已经履行或能够履行的，以保护交易安全和第三人的信赖利益为原则，认定合同有效。如果公司越权行为违反国家限制经营、特许经营，以及法律、行政法规禁止经营的，认定合同无效。

**怎么办：**经营范围是行政管理的概念，违反法律、行政法规的强制性规定是我们的民事行为底线。超越经营范围不构成民事法律行为的无效，但违反法律、行政法规的强制性规定签订的合同无效。

**相关规定**

**《民法典》**

**第一百五十三条** 违反法律、行政法规的强制性规定的民事法律行为无效。但是，该强制性规定不导致该民事法律行为无效的除外。

违背公序良俗的民事法律行为无效。

## 66

## 我方认为合同显失公平，需要达到什么标准才能请求撤销合同？

**回　答：**一般要求证明合同中存在给付与对待给付之间失衡或造成利益不平衡的情形。

**理　由：**显失公平的合同往往当事人双方的权利和义务极不对等，经济利益上也不平衡，因而违反了公平原则。

显失公平的合同是一种相对无效合同，并非绝对无效，其属于可撤销合同，由人民法院或者仲裁机构作出裁决，在作出裁决前，该合同还是有效的。裁决对合同内容予以变更的，按裁决变更后的内容履行；如果被撤销，那么自始没有法律约束力，合同自始无效。是否申请法院或仲裁机构变更或撤销取决于当事人的意志。

**怎么办：** 合同显失公平时，应请求人民法院或者仲裁机关予以变更或者撤销，具体申请变更还是撤销，当事人有选择权。

**相关规定**

《民法典》

**第一百五十一条** 一方利用对方处于危困状态、缺乏判断能力等情形，致使民事法律行为成立时显失公平的，受损害方有权请求人民法院或者仲裁机构予以撤销。

## 67

## 我方认为合同无效，但合同是整体无效还是部分条款无效，该如何区分？

**回　答：** 如果合同无效的部分是合同的目的或者合同的标的物，该部分不可分割，那么合同是整体无效；如果仅部分可分割的条款违反法律规定的，则该部分条款无效。

**理　由：** 无效合同，是指合同虽然已经成立，但因其在内容和形式上违反了法律、行政法规的强制性规定和社会公共利益而无法律效力。无效条款则只是其中一部分条款无效，合同可能是有效的。

区分的核心是判断哪些条款违反了法律的强制性规定。比如，双方在建筑工程施工合同中约定由原告所在地管辖，违反了专属管辖的法律规定，这样的条款无效，一般不影响合同的整体效力。如果合同条款都没有问题，但双方签订的合同是基于赌资、赌债的，那就违反了法律的强制性规定，整个合同是无效的。

**怎么办：** 合同无效的如果是核心条款，合同就会整体无效；如果是可分割条款无效，则是部分条款无效。

## 相关规定

《民法典》

**第一百四十三条** 具备下列条件的民事法律行为有效：

（一）行为人具有相应的民事行为能力；

（二）意思表示真实；

（三）不违反法律、行政法规的强制性规定，不违背公序良俗。

**第一百四十四条** 无民事行为能力人实施的民事法律行为无效。

**第一百四十六条** 行为人与相对人以虚假的意思表示实施的民事法律行为无效。

以虚假的意思表示隐藏的民事法律行为的效力，依照有关法律规定处理。

**第一百五十六条** 民事法律行为部分无效，不影响其他部分效力的，其他部分仍然有效。

**第四百九十七条** 有下列情形之一的，该格式条款无效：

（一）具有本法第一编第六章第三节和本法第五百零六条规定的无效情形；

（二）提供格式条款一方不合理地免除或者减轻其责任、加重对方责任、限制对方主要权利；

（三）提供格式条款一方排除对方主要权利。

**第五百零六条** 合同中的下列免责条款无效：

（一）造成对方人身损害的；

（二）因故意或者重大过失造成对方财产损失的。

**第五百零七条** 合同不生效、无效、被撤销或者终止的，不影响合同中有关解决争议方法的条款的效力。

**第五百六十七条** 合同的权利义务关系终止，不影响合同中结算和清理条款的效力。

# 68

## 合同无效是否就是"各回各家"，不用承担其他责任？

**回　答：** 根据实际情况，双方当事人需要承担不同的责任，有过错方还要承担赔偿责任。

**理　由：** 合同无效或者被撤销后，因该合同取得的财产，应当予以返还；不能返还或者没有必要返还的，应当折价补偿。有过错的一方应当赔偿对方因此所受到的损失，如果双方都有过错，应当各自承担相应的责任。

**怎么办：** 合同无效的第一效果就是恢复原状，过错方还应承担赔偿责任。

### 相关规定

**1.《民法典》**

**第一百五十五条**　无效的或者被撤销的民事法律行为自始没有法律约束力。

**第一百五十六条**　民事法律行为部分无效，不影响其他部分效力的，其他部分仍然有效。

**第一百五十七条**　民事法律行为无效、被撤销或者确定不发生效力后，行为人因该行为取得的财产，应当予以返还；不能返还或者没有必要返还的，应当折价补偿。有过错的一方应当赔偿对方由此所受到的损失；各方都有过错的，应当各自承担相应的责任。法律另有规定的，依照其规定。

**第七百六十条**　融资租赁合同无效，当事人就该情形下租赁物的归属有约定的，按照其约定；没有约定或者约定不明确的，租赁物应当返还出租人。但是，因承租人原因致使合同无效，出租人不请求返还或者返还后会显著降低租赁物效用的，租赁物的所有权归承租人，由承租人给予出租人合理补偿。

**2.《最高人民法院关于适用〈中华人民共和国民法典〉合同编通则若干问题的解释》**

**第二十四条** 合同不成立、无效、被撤销或者确定不发生效力，当事人请求返还财产，经审查财产能够返还的，人民法院应当根据案件具体情况，单独或者合并适用返还占有的标的物、更正登记簿册记载等方式；经审查财产不能返还或者没有必要返还的，人民法院应当以认定合同不成立、无效、被撤销或者确定不发生效力之日该财产的市场价值或者以其他合理方式计算的价值为基准判决折价补偿。

除前款规定的情形外，当事人还请求赔偿损失的，人民法院应当结合财产返还或者折价补偿的情况，综合考虑财产增值收益和贬值损失、交易成本的支出等事实，按照双方当事人的过错程度及原因力大小，根据诚信原则和公平原则，合理确定损失赔偿额。

合同不成立、无效、被撤销或者确定不发生效力，当事人的行为涉嫌违法且未经处理，可能导致一方或者双方通过违法行为获得不当利益的，人民法院应当向有关行政管理部门提出司法建议。当事人的行为涉嫌犯罪的，应当将案件线索移送刑事侦查机关；属于刑事自诉案件的，应当告知当事人可以向有管辖权的人民法院另行提起诉讼。

**第二十五条** 合同不成立、无效、被撤销或者确定不发生效力，有权请求返还价款或者报酬的当事人一方请求对方支付资金占用费的，人民法院应当在当事人请求的范围内按照中国人民银行授权全国银行间同业拆借中心公布的一年期贷款市场报价利率（LPR）计算。但是，占用资金的当事人对于合同不成立、无效、被撤销或者确定不发生效力没有过错的，应当以中国人民银行公布的同期同类存款基准利率计算。

双方互负返还义务，当事人主张同时履行的，人民法院应予支持；占有标的物的一方对标的物存在使用或者依法可以使用的情形，对方请求将其应支付的资金占用费与应收取的标的物使用费相互抵销的，人民法院应予支持，但是法律另有规定的除外。

69

## 违约是否必然导致违约金?

**回　答:** 不是。

**理　由:** 违约金是合同约定的，无约定无违约金。同时根据违约的原因，如不可抗力等原因造成的违约，当事人也可以此抗辩不支付违约金。

即便没有约定违约金，守约方也可以要求违约方承担违约责任，主张违约方赔偿违约行为造成的损失。损失赔偿责任是法定的，违约金是约定的。

**怎么办:** 违约行为不必然导致违约金，违约金是合同约定的一种赔偿方式，违约可能导致的是损失发生，违约金是弥补损失的方式。我们在制定合同时最好在合同中约定违约金或违约金的计算方式，这样在对方违约时，可以降低我们对违约金数额的举证责任。当然，即便是非违约方，也有向法庭证明违约金合理的责任。

### 相关规定

**1.《民法典》**

**第五百七十七条**　当事人一方不履行合同义务或者履行合同义务不符合约定的，应当承担继续履行、采取补救措施或者赔偿损失等违约责任。

**第五百八十五条**　当事人可以约定一方违约时应当根据违约情况向对方支付一定数额的违约金，也可以约定因违约产生的损失赔偿额的计算方法。

约定的违约金低于造成的损失的，人民法院或者仲裁机构可以根据当事人的请求予以增加；约定的违约金过分高于造成的损失的，人民法院或者仲裁机构可以根据当事人的请求予以适当减少。

当事人就迟延履行约定违约金的，违约方支付违约金后，还应当履行债务。

**2.《最高人民法院关于适用〈中华人民共和国民法典〉合同编通则若干问题的解释》**

**第六十四条** 当事人一方通过反诉或者抗辩的方式，请求调整违约金的，人民法院依法予以支持。

违约方主张约定的违约金过分高于违约造成的损失，请求予以适当减少的，应当承担举证责任。非违约方主张约定的违约金合理的，也应当提供相应的证据。

当事人仅以合同约定不得对违约金进行调整为由主张不予调整违约金的，人民法院不予支持。

## 70

## 违约条款的约定应该具体点好还是模糊点好？

**回　答：** 最好具体点，有计算的方式，并且能够全面覆盖损失。

**理　由：** 违约条款一般由两部分组成：违约责任和违约行为。违约责任方面我们约定得越具体越好，具体才能更方便履行和执行。违约行为方面，约定要尽量以行为结果为准，最好的方式是事件加结果，不要涉及履行细节，避免被履行细节干扰违约条件的成就。

**怎么办：** 违约条款实际基于合同目的，我们采用不同的合同履行过程和责任节点来确定合同违约的成就条件，同时根据预估的损失，约定具体违约金的数额。

### 相关规定

**《民法典》**

**第五百八十五条** 当事人可以约定一方违约时应当根据违约情况向对方

支付一定数额的违约金，也可以约定因违约产生的损失赔偿额的计算方法。

约定的违约金低于造成的损失的，人民法院或者仲裁机构可以根据当事人的请求予以增加；约定的违约金过分高于造成的损失的，人民法院或者仲裁机构可以根据当事人的请求予以适当减少。

当事人就迟延履行约定违约金的，违约方支付违约金后，还应当履行债务。

## 扩展1 违约金是否约定得越高越好？

**回　答：** 违约金建议约定得适当高，而不是越高越好。

**理　由：** 违约金的约定不是实际损失，因此违约金的约定可以适度高于可能的损失，但过高的违约金反而可能被法院酌情降低。

**怎么办：** 过往案件经验告诉我们，约定违约金在预估违约损失的120%左右比较合适，法院对此进行酌情降低的可能比较小。如果违约金约定得过高，法院酌情降低后，一般在实际损失的110%以内。

### 相关规定

**1.《民法典》**

**第五百八十五条**　当事人可以约定一方违约时应当根据违约情况向对方支付一定数额的违约金，也可以约定因违约产生的损失赔偿额的计算方法。

约定的违约金低于造成的损失的，人民法院或者仲裁机构可以根据当事人的请求予以增加；约定的违约金过分高于造成的损失的，人民法院或者仲裁机构可以根据当事人的请求予以适当减少。

当事人就迟延履行约定违约金的，违约方支付违约金后，还应当履行债务。

**2.《最高人民法院关于适用〈中华人民共和国民法典〉合同编通则若干问题的解释》**

**第六十四条**　当事人一方通过反诉或者抗辩的方式，请求调整违约金的，人民法院依法予以支持。

违约方主张约定的违约金过分高于违约造成的损失，请求予以适当减少的，应当承担举证责任。非违约方主张约定的违约金合理的，也应当提供相应的证据。

当事人仅以合同约定不得对违约金进行调整为由主张不予调整违约金的，人民法院不予支持。

## 扩展2 逾期付款的违约金是否有标准？

**回　答：** 有约定的按照约定，没有约定的，按照同期贷款利率执行。

**理　由：** 逾期付款违约金以约定为原则，约定违约金是当事人预先自行规划合同履行障碍后果的机制，约定的内容通常包括违约金责任成立的条件、违约金责任的形式与内容以及违约金责任与其他法定责任的关系。《最高人民法院关于审理买卖合同纠纷案件适用法律问题的解释》第18条第4款规定："买卖合同没有约定逾期付款违约金或者该违约金的计算方法，出卖人以买受人违约为由主张赔偿逾期付款损失，违约行为发生在2019年8月19日之前的，人民法院可以中国人民银行同期同类人民币贷款基准利率为基础，参照逾期罚息利率标准计算；违约行为发生在2019年8月20日之后的，人民法院可以违约行为发生时中国人民银行授权全国银行间同业拆借中心公布的一年期贷款市场报价利率（LPR）标准为基础，加计30%～50%计算逾期付款损失。"

因逾期付款的违约金支付并不影响继续履行债务，因此该违约金的标准一般根据同期贷款利率和民间借贷的利率进行控制。根据《最高人民法院关于审理买卖合同纠纷案件适用法律问题的解释》第18条和《合同编通则司法解释》第25条的规定，我们可以发现，法院对于逾期付款违约金或资金的占用费，一般以1年期贷款利率为基础进行计算。

**怎么办：** 在合同中最好明确约定逾期付款的违约金或利息计算方式，一般约定为同期贷款利率的1.3~4倍最为合适。

## 扩展3 谁有权主张违约金过高？

**回　答：** 合同当事人均有权主张违约金过高。

**理　由：** 法律并未限制对违约金调整的请求权，日常中主张违约金过低的都是主张违约金方，主张违约金过高的都是违约方。在违约方请求减少过高的违约金时，应当按照"谁主张，谁举证"的原则，由违约方承担证明违约金过高的举证责任。

违约造成的损失是认定的基础原则。尽管违约金是当事人意思自治的产物，但法律规定及司法实践中一般以"补偿为主，惩罚为辅"，主要体现的是违约金的赔偿性。

**怎么办：** 守约方主张违约金时应结合合同履行情况、当事人过错程度等综合因素，在合理范围内主张违约金更有利于获得法院支持。

### 相关规定

**1.《民法典》**

**第五百八十四条**　当事人一方不履行合同义务或者履行合同义务不符合约定，造成对方损失的，损失赔偿额应当相当于因违约所造成的损失，包括合同履行后可以获得的利益；但是，不得超过违约一方订立合同时预见到或者应当预见到的因违约可能造成的损失。

**第五百八十五条**　当事人可以约定一方违约时应当根据违约情况向对方支付一定数额的违约金，也可以约定因违约产生的损失赔偿额的计算方法。

约定的违约金低于造成的损失的，人民法院或者仲裁机构可以根据当事人的请求予以增加；约定的违约金过分高于造成的损失的，人民法院或者仲裁机构可以根据当事人的请求予以适当减少。

当事人就迟延履行约定违约金的，违约方支付违约金后，还应当履行债务。

**2.《最高人民法院关于适用〈中华人民共和国民法典〉合同编通则若干问题的解释》**

**第六十四条** 当事人一方通过反诉或者抗辩的方式，请求调整违约金的，人民法院依法予以支持。

违约方主张约定的违约金过分高于违约造成的损失，请求予以适当减少的，应当承担举证责任。非违约方主张约定的违约金合理的，也应当提供相应的证据。

当事人仅以合同约定不得对违约金进行调整为由主张不予调整违约金的，人民法院不予支持。

**第六十五条** 当事人主张约定的违约金过分高于违约造成的损失，请求予以适当减少的，人民法院应当以民法典第五百八十四条规定的损失为基础，兼顾合同主体、交易类型、合同的履行情况、当事人的过错程度、履约背景等因素，遵循公平原则和诚信原则进行衡量，并作出裁判。

约定的违约金超过造成损失的百分之三十的，人民法院一般可以认定为过分高于造成的损失。

恶意违约的当事人一方请求减少违约金的，人民法院一般不予支持。

## 扩展4 违约金与损害赔偿是否可以同时主张?

**回　答：** 不能同时主张。只有违约金不足以弥补损失时，才可以要求根据实际损失增加违约金赔偿数额。

**理　由：** 违约金和损害赔偿具有相同的补偿性，如果同时主张，则可能损害对方当事人的利益，让守约方获得双份的补偿不符合法律的公平原则。为保护守约方的利益，法律赋予守约方约定的违约金低于造成的损失的，请求予以增加的权利。同时守约方可以选择违约金或者损害赔偿，足以保护守约方因此遭遇的损失。

**怎么办：** 违约金作为双方合意的结果，是基于违约造成的损失而产生的，因此不能同时主张违约金和损失赔偿。建议在合同中严格约定违约金的具体适用和违约金的计算方式。如果不容易预测具体的违约金金额，还可以约定违约金的计算方式。

## 71

## 虽然对方违约了，但我方能不能不解除合同，要求继续履行？

**回　答：** 可以。

**理　由：** 违约造成的后果和责任其中之一就是关于继续履行的问题，因此我方可以选择要求对方继续履行。同时，解除合同即便达到了解除条件，只要合同解除不是附条件自动解除，守约方也可以选择不解除合同。解除权是一个选择权，守约方可以选择使用，也可以放弃。

当然，合同的继续履行也有限制，即符合《民法典》第580条规定的非金钱债务时，请求继续履行可能无法得到支持。

**怎么办：** 只要不符合《民法典》第580条规定的相关情形，我方都可以选择要求违约方继续履行合同。

### 相关规定

《民法典》

**第五百七十七条**　当事人一方不履行合同义务或者履行合同义务不符合约定的，应当承担继续履行、采取补救措施或者赔偿损失等违约责任。

**第五百八十条** 当事人一方不履行非金钱债务或者履行非金钱债务不符合约定的，对方可以请求履行，但是有下列情形之一的除外：

（一）法律上或者事实上不能履行；

（二）债务的标的不适于强制履行或者履行费用过高；

（三）债权人在合理期限内未请求履行。

有前款规定的除外情形之一，致使不能实现合同目的的，人民法院或者仲裁机构可以根据当事人的请求终止合同权利义务关系，但是不影响违约责任的承担。

## 扩展 迟延履行下，继续履行和违约责任能否并用？

**回　答：** 可以。

**理　由：** 法律明确规定了违约方在承担迟延履行违约金的情况下，仍然有继续履行的义务。

**怎么办：** 签订合同时，如果合同继续履行对我们的利益最大，那就在合同中设定迟延履行的违约金，保证在迟延履行情况下的损失补偿和继续履行的责任。

### 相关规定

**《民法典》**

**第五百八十五条** 当事人可以约定一方违约时应当根据违约情况向对方支付一定数额的违约金，也可以约定因违约产生的损失赔偿额的计算方法。

约定的违约金低于造成的损失的，人民法院或者仲裁机构可以根据当事人的请求予以增加；约定的违约金过分高于造成的损失的，人民法院或者仲裁机构可以根据当事人的请求予以适当减少。

当事人就迟延履行约定违约金的，违约方支付违约金后，还应当履行债务。

72

## 合同中未约定律师费的情况下，是否有权要求违约方承担律师费？

**回　答：** 可以主张，但不是所有法院都会支持。

**理　由：** 律师费是为实现司法救济权利而支出的实际费用，实践中应该支持律师费的合理支出。但《最高人民法院、司法部关于开展律师调解试点工作的意见》第15条规定："发挥诉讼费用杠杆作用。当事人达成和解协议申请撤诉的，人民法院免收诉讼费。诉讼中经调解当事人达成调解协议的，人民法院可以减半收取诉讼费用。一方当事人无正当理由不参与调解，或者有明显恶意导致调解不成的，人民法院可以根据具体情况对无过错方依法提出的赔偿合理的律师费用等正当要求予以支持。"可以看出，从政策角度分析，律师费不是必然支出，国家机构认为律师费并非必须支出，也不必然需要请律师，这就是目前要求违约方承担律师费的诉求很多时候得不到支持的原因。

根据《合同编通则司法解释》第45条的规定，合同纠纷产生后，作为必要费用，违约方应承担合理的律师代理费、差旅费等费用。

**怎么办：** 最好的方式是将律师费约定到合同中，以约定的方式保证自己的权益。

### 相关规定

**1.《民法典》**

**第五百六十一条**　债务人在履行主债务外还应当支付利息和实现债权的有关费用，其给付不足以清偿全部债务的，除当事人另有约定外，应当按照下列顺序履行：

（一）实现债权的有关费用；

（二）利息；

（三）主债务。

**第五百七十七条** 当事人一方不履行合同义务或者履行合同义务不符合约定的，应当承担继续履行、采取补救措施或者赔偿损失等违约责任。

**第六百九十一条** 保证的范围包括主债权及其利息、违约金、损害赔偿金和实现债权的费用。当事人另有约定的，按照其约定。

**2.《最高人民法院关于进一步推进案件繁简分流优化司法资源配置的若干意见》**

**第二十二条** 引导当事人诚信理性诉讼。加大对虚假诉讼、恶意诉讼等非诚信诉讼行为的打击力度，充分发挥诉讼费用、律师费用调节当事人诉讼行为的杠杆作用，促使当事人选择适当方式解决纠纷。当事人存在滥用诉讼权利、拖延承担诉讼义务等明显不当行为，造成诉讼对方或第三人直接损失的，人民法院可以根据具体情况对无过错方依法提出的赔偿合理的律师费用等正当要求予以支持。

**3.《最高人民法院关于适用〈中华人民共和国民法典〉合同编通则若干问题的解释》**

**第四十五条** 在债权人撤销权诉讼中，被撤销行为的标的可分，当事人主张在受影响的债权范围内撤销债务人的行为的，人民法院应予支持；被撤销行为的标的不可分，债权人主张将债务人的行为全部撤销的，人民法院应予支持。

债权人行使撤销权所支付的合理的律师代理费、差旅费等费用，可以认定为民法典第五百四十条规定的“必要费用”。

73

## 不可抗力导致违约时，能否免除当事人的违约责任？

**回　答：**不一定，如果不可抗力发生时违约行为已经发生，仍需承担违约责任，金钱之债也不能适用不可抗力。

**理　由：**如果因不可抗力使违约发生，则可以作为违约方抗辩的理由。因不可抗力不能履行合同的，应当及时通知对方，以减轻可能给对方造成的损失，并应当在合理期限内提供证明。

**怎么办：**不可抗力是抗辩的理由，前提是不可抗力是违约发生的原因。作为守约方，我们关注的是违约的发生，并针对违约情形及时作出相关的通知和止损行为，之后的证明是违约方的责任。

**相关规定**

**《民法典》**

**第五百九十条**　当事人一方因不可抗力不能履行合同的，根据不可抗力的影响，部分或者全部免除责任，但是法律另有规定的除外。因不可抗力不能履行合同的，应当及时通知对方，以减轻可能给对方造成的损失，并应当在合理期限内提供证明。

当事人迟延履行后发生不可抗力的，不免除其违约责任。

**74**

## 违约造成损失中的可得利益的损失如何界定?

**回　答：**一般为签订合同时可以预见的合同履行后可以获得的利润。

**理　由：**可得利益，是指合同在履行以后可以实现和取得的利益，是当事人在订立合同时能够合理预见到的、将来必须通过合同的如期履行才能实现的利益。

根据交易的性质、合同的目的等因素，可得利益损失主要分为生产利润损失、经营利润损失和转售利润损失等类型。

实践中，司法审判还与举证责任联系起来，作为受害人，其应对遭受的可得利益的损失承担举证责任。如果受害人缺乏应有的证据，法院也难以认定其可得利益损失的，一般不予支持。

《合同编通则司法解释》第60条至第63条规定对预期利益进行了明确，对不同情况下的合同预期利益进行了分析，但作为合同签订方，我们最好还是在合同中明确，不完全寄希望于第三方。

**怎么办：** 如果可以，最好在合同中明确约定我们对合同的预期收益，保证未来发生违约后，我们的合同目的仍可达成。

## 相关规定

**1. 《民法典》**

**第五百八十四条** 当事人一方不履行合同义务或者履行合同义务不符合约定，造成对方损失的，损失赔偿额应当相当于因违约所造成的损失，包括合同履行后可以获得的利益；但是，不得超过违约一方订立合同时预见到或者应当预见到的因违约可能造成的损失。

**2. 《最高人民法院关于适用〈中华人民共和国民法典〉合同编通则若干问题的解释》**

**第六十条** 人民法院依据民法典第五百八十四条的规定确定合同履行后可以获得的利益时，可以在扣除非违约方为订立、履行合同支出的费用等合理成本后，按照非违约方能够获得的生产利润、经营利润或者转售利润等计算。

非违约方依法行使合同解除权并实施了替代交易，主张按照替代交易价格与合同价格的差额确定合同履行后可以获得的利益的，人民法院依法予以支持；替代交易价格明显偏离替代交易发生时当地的市场价格，违约方主张按照市场价格与合同价格的差额确定合同履行后可以获得的利益的，人民法院应予支持。

非违约方依法行使合同解除权但是未实施替代交易，主张按照违约行为发生后合理期间内合同履行地的市场价格与合同价格的差额确定合同履行后可以获得的利益的，人民法院应予支持。

**第六十一条** 在以持续履行的债务为内容的定期合同中，一方不履行支付价款、租金等金钱债务，对方请求解除合同，人民法院经审理认为合同应当依法解除的，可以根据当事人的主张，参考合同主体、交易类型、市场价格变化、剩余履行期限等因素确定非违约方寻找替代交易的合理期限，并按照该期限对应的价款、租金等扣除非违约方应当支付的相应履约成本确定合同履行后可以获得的利益。

非违约方主张按照合同解除后剩余履行期限相应的价款、租金等扣除履约成本确定合同履行后可以获得的利益的，人民法院不予支持。但是，剩余履行期限少于寻找替代交易的合理期限的除外。

**第六十二条** 非违约方在合同履行后可以获得的利益难以根据本解释第六十条、第六十一条的规定予以确定的，人民法院可以综合考虑违约方因违约获得的利益、违约方的过错程度、其他违约情节等因素，遵循公平原则和诚信原则确定。

**第六十三条** 在认定民法典第五百八十四条规定的“违约一方订立合同时预见到或者应当预见到的因违约可能造成的损失”时，人民法院应当根据当事人订立合同的目的，综合考虑合同主体、合同内容、交易类型、交易习惯、磋商过程等因素，按照与违约方处于相同或者类似情况的民事主体在订立合同时预见到或者应当预见到的损失予以确定。

除合同履行后可以获得的利益外，非违约方主张还有其向第三人承担违约责任应当支出的额外费用等其他因违约所造成的损失，并请求违约方赔偿，经审理认为该损失系违约一方订立合同时预见到或者应当预见到的，人民法院应予支持。

在确定违约损失赔偿额时，违约方主张扣除非违约方未采取适当措施导致的扩大损失、非违约方也有过错造成的相应损失、非违约方因违约获得的额外利益或者减少的必要支出的，人民法院依法予以支持。

## 扩展1 合同洽谈好久，最后没有签订，我方可以请求对方赔偿预期收益吗？

**回　答：** 这种情况下，我们认为这是一种缔约过失责任，可以请求赔偿，司法实践缔约过失责任支持往往在合同的信赖利益范围内，预期收益支持较少。

**理　由：** 在订立合同过程中存在3种利益：期待利益、履行利益、诚信利益。所谓期待利益，是指当事人订立合同期望得到的利益。期待利益是当事人通过订立合同想要达到的目标，在合同谈判过程中该种期待是变化的，当合同成立后才被确定下来。所谓履行利益，是指合同成立以后，在合同已经得到全面履行的情况下，当事人从中获得的利益。合同约定的是当事人的期待利益，只有当合同被全面履行后，期待利益才能变成履行利益。在合同还没有签订的情况下，合同也不可能履行，因此要求对方赔偿履行后的履行利益往往不能得到支持。所谓诚信利益，一般是指无过错合同一方当事人因合同无效、不成立等遭受的实际损失。

根据《合同编通则司法解释》第7条、第8条的规定，我们可以发现，人民法院对预约合同的损失赔偿确认为低于本约合同，根据语义，该赔偿高于缔约过失责任。因此，我们可以选择在本约合同签订前增加一个预约合同作为阶段，更加全面地保护我们的权益。

**怎么办：** 如果合同没有订立，这种情况下就很难得到预期收益和履行利益的赔偿，司法实践中支持的往往是信赖利益的费用支出。

### 相关规定

**1.《民法典》**

**第五百条**　当事人在订立合同过程中有下列情形之一，造成对方损失的，应当承担赔偿责任：

（一）假借订立合同，恶意进行磋商；

（二）故意隐瞒与订立合同有关的重要事实或者提供虚假情况；

（三）有其他违背诚信原则的行为。

**2.《最高人民法院关于适用〈中华人民共和国民法典〉合同编通则若干问题的解释》**

**第七条** 预约合同生效后，当事人一方拒绝订立本约合同或者在磋商订立本约合同时违背诚信原则导致未能订立本约合同的，人民法院应当认定该当事人不履行预约合同约定的义务。

人民法院认定当事人一方在磋商订立本约合同时是否违背诚信原则，应当综合考虑该当事人在磋商时提出的条件是否明显背离预约合同约定的内容以及是否已尽合理努力进行协商等因素。

**第八条** 预约合同生效后，当事人一方不履行订立本约合同的义务，对方请求其赔偿因此造成的损失的，人民法院依法予以支持。

前款规定的损失赔偿，当事人有约定的，按照约定；没有约定的，人民法院应当综合考虑预约合同在内容上的完备程度以及订立本约合同的条件的成就程度等因素酌定。

## 扩展2 合同解除的，是否可以主张预期利益？

**回　答：** 可以主张，但很难在返还、违约金、损失赔偿的情况下获得预期利益的赔偿。

**理　由：** 从理论上看，违约赔偿包括预期利益，但是笔者和团队所经历的案件基本都未获得预期利益支持，往往是在违约金、损害赔偿部分进行支持和补偿。

同时，我们对这个问题答案有不同意见，有律师认为，合同解除后，因合同不再履行，如果合同中并未约定解除需要赔偿预期利益，则不应得到支持。理由是：合同的预期利益是履行利益，在合同解除，自始不存在的情况下，解除产生的后果是返还，不能产生履行利益，只能和缔约过失一样主张信赖利益损失。

也有律师认为，如合同因违约而解除，违约金和损害赔偿中本身就可以主张预期利益，这需要我们向法庭提交证据证明该损失的发生。

**怎么办：** 合同中尽量明确约定预期利益和预期利益赔偿情况、赔偿范围，才能减少纠纷。如果双方都是商事主体，司法实践中支持预期利益的可能性更大。

## 相关规定

**1.《民法典》**

**第五百零七条** 合同不生效、无效、被撤销或者终止的，不影响合同中有关解决争议方法的条款的效力。

**第五百零九条** 当事人应当按照约定全面履行自己的义务。

当事人应当遵循诚信原则，根据合同的性质、目的和交易习惯履行通知、协助、保密等义务。

当事人在履行合同过程中，应当避免浪费资源、污染环境和破坏生态。

**第五百六十二条** 当事人协商一致，可以解除合同。

当事人可以约定一方解除合同的事由。解除合同的事由发生时，解除权人可以解除合同。

**第五百六十三条** 有下列情形之一的，当事人可以解除合同：

（一）因不可抗力致使不能实现合同目的；

（二）在履行期限届满前，当事人一方明确表示或者以自己的行为表明不履行主要债务；

（三）当事人一方迟延履行主要债务，经催告后在合理期限内仍未履行；

（四）当事人一方迟延履行债务或者有其他违约行为致使不能实现合同目的；

（五）法律规定的其他情形。

以持续履行的债务为内容的不定期合同，当事人可以随时解除合同，但是应当在合理期限之前通知对方。

**第五百六十六条** 合同解除后，尚未履行的，终止履行；已经履行的，根据履行情况和合同性质，当事人可以请求恢复原状或者采取其他补救措施，并有权请求赔偿损失。

合同因违约解除的，解除权人可以请求违约方承担违约责任，但是当事人另有约定的除外。

主合同解除后，担保人对债务人应当承担的民事责任仍应当承担担保责任，但是担保合同另有约定的除外。

**第五百六十七条** 合同的权利义务关系终止，不影响合同中结算和清理条款的效力。

**2.《最高人民法院关于适用〈中华人民共和国民法典〉合同编通则若干问题的解释》**

**第六十三条** 在认定民法典第五百八十四条规定的“违约一方订立合同时预见到或者应当预见到的因违约可能造成的损失”时，人民法院应当根据当事人订立合同的目的，综合考虑合同主体、合同内容、交易类型、交易习惯、磋商过程等因素，按照与违约方处于相同或者类似情况的民事主体在订立合同时预见到或者应当预见到的损失予以确定。

除合同履行后可以获得的利益外，非违约方主张还有其向第三人承担违约责任应当支出的额外费用等其他因违约所造成的损失，并请求违约方赔偿，经审理认为该损失系违约一方订立合同时预见到或者应当预见到的，人民法院应予支持。

在确定违约损失赔偿额时，违约方主张扣除非违约方未采取适当措施导致的扩大损失、非违约方也有过错造成的相应损失、非违约方因违约获得的额外利益或者减少的必要支出的，人民法院依法予以支持。

第六章

# 借款合同

## 第一节 “人”“物”“事”“行”解构下的借款合同

金融借款合同是金融机构制定的格式合同，本章我们主要聊的是民间借贷合同。

我们先尝试把借款合同解构为“人”“物”“事”“行”四部分。

“人”：借款合同一般为两方当事人，出借款项一方为“出借人”，借款一方为“借款人”。有时出借人会要求借款人提供第三方来作担保，那么此时的第三方被称为“担保人”。

关于借款合同中的“人”，最核心的问题就是出借人是否信任这个人，这个人是否有能力签署借款合同，能否还得起钱。

“物”：在借款合同中，“物”就是“借款”，简单来说就是钱。在借款合同中，我们需要注意的是，如果钱的来源出现了不符合法律规定的情形，如出借人通过套取金融机构资金进行转贷、非法吸收公众存款等，会导致民间借贷合同无效。我们还需要注意，民间借贷中利息是有法律上限的，超过上限无法得到法律的支持。

“事”：民间借贷合同的“事”，是指在合同中双方为履行借款和还款过程中所需要履行的权利和义务。

出借人享有向借款人请求返还出借款项的权利和履行出借款项的义务；借款

人享有获得出借款项的权利和按约还款的义务；担保人享有承担担保责任后，向借款人追偿的权利和借款人无法偿还借款时，承担还款的义务。基于以上权利义务，借款合同中的条款，一般包含借款种类、币种、用途、数额、利率、期限和还款方式等。

“行”：在借款合同中，我们对于“行”应当注意，首先，确定合同的有效性；其次，确认合同出借履行情况；再次，确认是否存在约定的违约责任；复次，确定是否有还款逾期、利息支付逾期的罚息计算等；最后，签订时还要注意双方对于发生争议后的管辖条款约定和确认对方真实的联系方式和地址。

作为出借人，借出每一笔钱时都需要考虑以下3个问题：

（1）对方还得起钱吗？

（2）我有成本吗？是否约定清楚了成本承担方式？

（3）如果不能偿还，我是否承担得起这笔钱的损失？

## 第二节 借款合同的现实问题

75

### 借款合同签订后，出借人没有将借款交给借款人，借款人能否向出借人主张违约责任？

回　答：可以向出借人主张违约责任。出借人没有按时将钱交给借款人的，属于合同违约的情形，出借人要承担违约责任。

理　由：借款合同成立，出借人未将借款交予借款人的，属于不履行合同义务。当事人一方不履行合同义务或者履行合同义务不符合约定的，应当承担继续履行、采取补救措施或者赔偿损失等违约责任。可以依据借款合同让出借人交付借款，如果出借人拒绝交付借款，可以依据借款合同向人民法院提起诉讼，要求出借人采取补救措施或赔偿损失。

**怎么办：**不仅不还款会构成违约，不借款也会构成违约。出借人如果想避免这样的事情，可以在合同中约定借款合同自出借款项支付之日生效。

**相关规定**

**《民法典》**

**第六百七十一条** 贷款人未按照约定的日期、数额提供借款，造成借款人损失的，应当赔偿损失。

借款人未按照约定的日期、数额收取借款的，应当按照约定的日期、数额支付利息。

**76**

## 对方没有按照约定的借款用途使用借款，当事人能要求对方提前还钱吗？

**回　答：**可以要求对方提前还钱。

**理　由：**在借款合同成立的前提下，借款人未按合同约定的借款用途使用属于违约行为，该行为并不导致借款合同无效，可以导致解除合同、支付违约金等其他不利后果。如因本问题解除合同或提前还款，并且合同中没有约定借款期限，可以随时要求借款人还款，但要留给对方足够的准备时间。

**怎么办：**如果合同中约定了借款用途，借款人违反借款用途约定的。作为出借人，可以停止继续发放借款并解除合同，提前要求借款人履行还款义务。

**相关规定**

**《民法典》**

**第六百七十二条** 贷款人按照约定可以检查、监督借款的使用情况。借款人应当按照约定向贷款人定期提供有关财务会计报表或者其他资料。

**第六百七十三条** 借款人未按照约定的借款用途使用借款的，贷款人可以停止发放借款、提前收回借款或者解除合同。

## 扩展 借款合同还不到还款期限，出借人也可以催促还款吗？

**回　答：** 可以，但需要符合法律规定或合同约定的情形。

**理　由：** 如果合同正常履行，出借人不能提前催促还款。提前催促还款行为应符合下列几种情形：(1) 在借款期限届满之前，发生不可抗力致使不能实现合同目的；(2) 在借款期限届满之前，借款人以自己的行为表明不履行主要债务；(3) 借款人迟延履行主要债务，经催告后在合理期限内仍未履行；(4) 借款人有其他违约行为致使不能实现合同目的；(5) 借款合同约定出借人可以要求借款人提前还款的情形。

**怎么办：** 如发生可以提前催促还款的情形，出借人既可以通过通知的方式催促借款人还款，也可以通过诉讼的方式催促借款人还款。

### 相关规定

**《民法典》**

**第五百二十七条** 应当先履行债务的当事人，有确切证据证明对方有下列情形之一的，可以中止履行：

（一）经营状况严重恶化；

（二）转移财产、抽逃资金，以逃避债务；

（三）丧失商业信誉；

（四）有丧失或者可能丧失履行债务能力的其他情形。

当事人没有确切证据中止履行的，应当承担违约责任。

**第五百六十三条** 有下列情形之一的，当事人可以解除合同：

（一）因不可抗力致使不能实现合同目的；

（二）在履行期限届满前，当事人一方明确表示或者以自己的行为表明不履行主要债务；

（三）当事人一方迟延履行主要债务，经催告后在合理期限内仍未履行；

（四）当事人一方迟延履行债务或者有其他违约行为致使不能实现合同目的；

（五）法律规定的其他情形。

以持续履行的债务为内容的不定期合同，当事人可以随时解除合同，但是应当在合理期限之前通知对方。

77

## 非法借贷的责任如何承担?

**回　答：** 非法的借贷会导致借款合同无效，此时合同的当事人各自按照合同无效的法律后果承担责任。

**理　由：** 各方不得因借款合同无效而获益，同时无过错方不应当承担损失。民事法律行为无效、被撤销或者确定不发生效力后，行为人因该行为取得的财产，应当予以返还；不能返还或者没有必要返还的，应当折价补偿。有过错的一方应当赔偿对方由此所受到的损失；各方都有过错的，应当各自承担相应的责任。因此，借款合同无效的，借款人应当返还本金，但利息和违约金无法向对方主张。

**怎么办：** 应在法律法规允许的范围内进行合法的民间借贷行为，非法借贷行为将会导致合同无效。合同无效的后果以各方不得获益为准，过错方还应对无过错方进行赔偿。

## 相关规定

**1.《民法典》**

**第一百五十三条** 违反法律、行政法规的强制性规定的民事法律行为无效。但是，该强制性规定不导致该民事法律行为无效的除外。

违背公序良俗的民事法律行为无效。

**第一百五十四条** 行为人与相对人恶意串通，损害他人合法权益的民事法律行为无效。

**第一百五十五条** 无效的或者被撤销的民事法律行为自始没有法律约束力。

**第一百五十七条** 民事法律行为无效、被撤销或者确定不发生效力后，行为人因该行为取得的财产，应当予以返还；不能返还或者没有必要返还的，应当折价补偿。有过错的一方应当赔偿对方由此所受到的损失；各方都有过错的，应当各自承担相应的责任。法律另有规定的，依照其规定。

**2.《最高人民法院关于审理民间借贷案件适用法律若干问题的规定》**

**第十三条** 具有下列情形之一的，人民法院应当认定民间借贷合同无效：

（一）套取金融机构贷款转贷的；

（二）以向其他营利法人借贷、向本单位职工集资，或者以向公众非法吸收存款等方式取得的资金转贷的；

（三）未依法取得放贷资格的出借人，以营利为目的向社会不特定对象提供借款的；

（四）出借人事先知道或者应当知道借款人借款用于违法犯罪活动仍然提供借款的；

（五）违反法律、行政法规强制性规定的；

（六）违背公序良俗的。

78

## 企业间借贷合同是否有效?

回　答：企业间的借贷合同一般认定为有效。

理　由：在私法领域，意思自治优先，即当事人双方的约定在不违反法律、行政法规强制性规定的前提下，有约定的从其约定。在企业间订立的借贷合同，如果是企业间的真实意思表示，双方没有恶意串通损害他人利益，没有出现违反法律、行政法规的规定，那么该合同就是有效的。

如果企业间要订立借贷合同，就应在“人”“物”“事”等方面多注意。(1)“人”方面应当注意：签订合同的人员是否能够代表企业。一般来说，公司的法人有权代表企业与其他主体订立合同；取得公司授权手续后可以代表公司订立合同等。需要注意的是，如果出现了假的授权手续（详见问题 17 扩展），也会对合同效力产生影响。(2)“物”方面应当注意：如果出借人的借款来源是《最高人民法院关于审理民间借贷案件适用法律若干问题的规定》第 13 条中规定的情形，那么会导致借款合同无效（详见本问题后相关规定）。(3)“事”方面应当注意：对借款金额、借款时间、借款用途、还款时间、借款利息、逾期利息进行明确约定。如果涉及有担保人、抵押物的情形，可以就担保条款单独出具补充协议进行明确约定。还需要注意借款人的还款责任约定是否明确，是否约定了借款利息，双方真实的联系地址和联系方式。

怎么办：依据现行法律，企业间借贷一般是有效的，企业仍需注意不能将借贷作为企业的生财之道，借款合同更应该注意对风险的控制。如果需要进行企业间的借贷活动，应让公司的法务或委托专业人士对此次借贷活动中可能出现的风险进行全方位的预防。

## 相关规定

**1.《民法典》**

**第一百四十三条** 具备下列条件的民事法律行为有效：

（一）行为人具有相应的民事行为能力；

（二）意思表示真实；

（三）不违反法律、行政法规的强制性规定，不违背公序良俗。

**第一百四十六条** 行为人与相对人以虚假的意思表示实施的民事法律行为无效。

以虚假的意思表示隐藏的民事法律行为的效力，依照有关法律规定处理。

**第一百五十三条** 违反法律、行政法规的强制性规定的民事法律行为无效。但是，该强制性规定不导致该民事法律行为无效的除外。

违背公序良俗的民事法律行为无效。

**2.《最高人民法院关于审理民间借贷案件适用法律若干问题的规定》**

**第十三条** 具有下列情形之一的，人民法院应当认定民间借贷合同无效：

（一）套取金融机构贷款转贷的；

（二）以向其他营利法人借贷、向本单位职工集资，或者以向公众非法吸收存款等方式取得的资金转贷的；

（三）未依法取得放贷资格的出借人，以营利为目的向社会不特定对象提供借款的；

（四）出借人事先知道或者应当知道借款人借款用于违法犯罪活动仍然提供借款的；

（五）违反法律、行政法规强制性规定的；

（六）违背公序良俗的。

## 79

## 合同中既有房屋买卖约定又有借贷约定应如何认定?

**回　答：** 房屋买卖关系无效，借贷关系成立。

**理　由：** 当事人双方真实的合同目的是借贷，以房屋买卖的形式订立合同，房屋买卖合同本质上是为借贷行为提供的担保，双方是借贷关系而非买卖关系。这种交易的约定实际上就是法律禁止的流质条款，是利用房屋买卖行为掩盖民间借贷行为的真实意思表示。

根据法律规定，当事人以订立买卖合同作为民间借贷合同的担保，借款到期后借款人不能还款，出借人请求履行买卖合同的，人民法院应当按照民间借贷法律关系审理。

(1) 民间借贷中当事人之间借款关系的形成，并非必须具备书面合同。只要双方就借贷问题形成合意且出借方已经实际将款项交付给借款方，即可认定借贷的债权债务关系成立。(2) 借款合同与商品房合同于同一天签订，并同时签订商品房回购协议或回购条款，此时当事人之间极有可能为民间借贷关系而非商品房买卖关系。(3) 当事人签订房屋买卖合同的目的系为借款合同提供担保，构成虚假意思表示，因当事人之间无房屋买卖的意思表示，该房屋买卖合同无效，而借款担保作为买卖合同的隐藏行为，在不违反法律、行政法规的强制性规定的情况下，可以认定担保行为有效。

《合同编通则司法解释》第 15 条规定，“人民法院认定当事人之间的权利义务关系，不应当拘泥于合同使用的名称，而应当根据合同约定的内容。当事人主张的权利义务关系与根据合同内容认定的权利义务关系不一致的，人民法院应当结合缔约背景、交易目的、交易结构、履行行为以及当事人是否存在虚构交易标的等事实认定当事人之间的实际民事法律关系”。因此，合同名称不重要，重要的是我们想在合同中表达的意思。

**怎么办：**试图通过房屋买卖或者其他交易保证借贷合同的安全，往往会被认定相关交易行为无效，借贷关系成立。若想保证自己的权利，还是签订担保合同更加合适。

## 相关规定

**1.《民法典》**

**第一百四十三条** 具备下列条件的民事法律行为有效：

（一）行为人具有相应的民事行为能力；

（二）意思表示真实；

（三）不违反法律、行政法规的强制性规定，不违背公序良俗。

**第一百四十六条** 行为人与相对人以虚假的意思表示实施的民事法律行为无效。

以虚假的意思表示隐藏的民事法律行为的效力，依照有关法律规定处理。

**2.《最高人民法院关于审理民间借贷案件适用法律若干问题的规定》**

**第二十三条** 当事人以订立买卖合同作为民间借贷合同的担保，借款到期后借款人不能还款，出借人请求履行买卖合同的，人民法院应当按照民间借贷法律关系审理。当事人根据法庭审理情况变更诉讼请求的，人民法院应当准许。

按照民间借贷法律关系审理作出的判决生效后，借款人不履行生效判决确定的金钱债务，出借人可以申请拍卖买卖合同标的物，以偿还债务。就拍卖所得的价款与应偿还借款本息之间的差额，借款人或者出借人有权主张返还或者补偿。

**3.《最高人民法院关于适用〈中华人民共和国民法典〉合同编通则若干问题的解释》**

**第十五条** 人民法院认定当事人之间的权利义务关系，不应当拘泥于合同使用的名称，而应当根据合同约定的内容。当事人主张的权利义务关系与根据合同内容认定的权利义务关系不一致的，人民法院应当结合缔约背景、交易目的、交易结构、履行行为以及当事人是否存在虚构交易标的等事实认定当事人之间的实际民事法律关系。

## 80

## 企业内部人员拖欠企业借款的如何处理?

**回　答：** 企业内部人员拖欠企业借款的应分不同情形处理，涉及公事则是企业内部事务，涉及私事则是借贷关系。

**理　由：** 民间借贷纠纷系公民之间、公民与法人之间以及公民与其他组织之间的借贷纠纷。

如果确系企业内部人员为本企业工作需要而向企业借款并拖欠不还的，属于企业内部管理的问题，该纠纷不属于人民法院受理的民间借贷范围；如果企业内部人员因其自身利益而向企业借款并拖欠不还的，则属于平等主体之间的债权债务关系，法院应当受理。

如果企业人员确实将所借款项用于个人而非工作需要，这时其与企业之间就形成了借贷关系，应当受法律的调整。

**怎么办：** 出借款项是员工个人使用，作为企业方，事先要完善手续，事后要催促该员工尽快还款，经催告后仍拒不还款的，可以及时向人民法院提起诉讼；如果案涉借款是用于工作需要，则无法认定借贷关系，应由企业内部进行调整管理。

### 相关规定

**1.《民法典》**

**第四百六十四条**　合同是民事主体之间设立、变更、终止民事法律关系的协议。

婚姻、收养、监护等有关身份关系的协议，适用有关该身份关系的法律规定；没有规定的，可以根据其性质参照适用本编规定。

**第六百六十七条** 借款合同是借款人向贷款人借款，到期返还借款并支付利息的合同。

**2.《最高人民法院关于审理民间借贷案件适用法律若干问题的规定》**

**第一条** 本规定所称的民间借贷，是指自然人、法人和非法人组织之间进行资金融通的行为。

经金融监管部门批准设立的从事贷款业务的金融机构及其分支机构，因发放贷款等相关金融业务引发的纠纷，不适用本规定。

**第二条** 出借人向人民法院提起民间借贷诉讼时，应当提供借据、收据、欠条等债权凭证以及其他能够证明借贷法律关系存在的证据。

当事人持有的借据、收据、欠条等债权凭证没有载明债权人，持有债权凭证的当事人提起民间借贷诉讼的，人民法院应予受理。被告对原告的债权人资格提出有事实依据的抗辩，人民法院经审查认为原告不具有债权人资格的，裁定驳回起诉。

**第十条** 法人之间、非法人组织之间以及它们相互之间为生产、经营需要订立的民间借贷合同，除存在民法典第一百四十六条、第一百五十三条、第一百五十四条以及本规定第十三条规定的情形外，当事人主张民间借贷合同有效的，人民法院应予支持。

## 81

## 手机上的短信能否成为已归还借款的证据?

**回　答：**可以。还款短信中包含已还借款内容，再结合其他证据，可以作为已归还借款的证据。出借人的收款短信可以作为直接证据。

**理　由：**手机短信属于电子数据，适用于《民事诉讼法》中关于证据规则的规定。

实践中，我们需要注意以下几点：“人”方面，确认来往手机号是借款双方的真实手机号，确保对方能够接收到短信；“事”方面，对于短信内容要保证完整性、真实性，如果有多条短信的，还要保证关联性、连贯性，短信要围绕借、还款事宜进行表述，如“已还的金额”“未还的金额”“已还的利息”等；“物”方面，手机作为电子数据的载体，应当留存好原件。

**怎么办：** 还款短信是辅助证据，应结合其他还款证明使用，而收款短信可以作为直接证据使用。

手机短信和微信聊天越来越多地作为当事人之间证明双方所争议的事实是否存在、双方约定的权利是否实现、双方各自的义务是否履行的证据，我们应该对双方往来的信息引起足够的重视，同时应注意信息的准确性和内容的完整性，说清楚、无错漏、无歧义，这是手机短信或微信聊天内容能作为证据的核心。

## 相关规定

**1.《最高人民法院关于审理民间借贷案件适用法律若干问题的规定》**

**第二条** 出借人向人民法院提起民间借贷诉讼时，应当提供借据、收据、欠条等债权凭证以及其他能够证明借贷法律关系存在的证据。

当事人持有的借据、收据、欠条等债权凭证没有载明债权人，持有债权凭证的当事人提起民间借贷诉讼的，人民法院应予受理。被告对原告的债权人资格提出有事实依据的抗辩，人民法院经审查认为原告不具有债权人资格的，裁定驳回起诉。

**第十五条** 原告仅依据借据、收据、欠条等债权凭证提起民间借贷诉讼，被告抗辩已经偿还借款的，被告应当对其主张提供证据证明。被告提供相应证据证明其主张后，原告仍应就借贷关系的存续承担举证责任。

被告抗辩借贷行为尚未实际发生并能作出合理说明的，人民法院应当结合借贷金额、款项交付、当事人的经济能力、当地或者当事人之间的交易方式、交易习惯、当事人财产变动情况以及证人证言等事实和因素，综合判断查证借贷事实是否发生。

**2.《民事诉讼法》**

**第六十六条** 证据包括：

（一）当事人的陈述；

（二）书证；

（三）物证；

（四）视听资料；

（五）电子数据；

（六）证人证言；

（七）鉴定意见；

（八）勘验笔录。

证据必须查证属实，才能作为认定事实的根据。

**第六十七条** 当事人对自己提出的主张，有责任提供证据。

当事人及其诉讼代理人因客观原因不能自行收集的证据，或者人民法院认为审理案件需要的证据，人民法院应当调查收集。

人民法院应当按照法定程序，全面地、客观地审查核实证据。

**3.《最高人民法院关于适用〈中华人民共和国民事诉讼法〉的解释》**

**第九十条** 当事人对自己提出的诉讼请求所依据的事实或者反驳对方诉讼请求所依据的事实，应当提供证据加以证明，但法律另有规定的除外。

在作出判决前，当事人未能提供证据或者证据不足以证明其事实主张的，由负有举证证明责任的当事人承担不利的后果。

**第九十一条** 人民法院应当依照下列原则确定举证证明责任的承担，但法律另有规定的除外：

（一）主张法律关系存在的当事人，应当对产生该法律关系的基本事实承担举证证明责任；

（二）主张法律关系变更、消灭或者权利受到妨害的当事人，应当对该法律关系变更、消灭或者权利受到妨害的基本事实承担举证证明责任。

**第一百零五条** 人民法院应当按照法定程序，全面、客观地审核证据，依照法律规定，运用逻辑推理和日常生活经验法则，对证据有无证明力和证明力大小进行判断，并公开判断的理由和结果。

**第一百零八条** 对负有举证证明责任的当事人提供的证据，人民法院经审查并结合相关事实，确信待证事实的存在具有高度可能性的，应当认定该事实存在。

对一方当事人为反驳负有举证证明责任的当事人所主张事实而提供的证据，人民法院经审查并结合相关事实，认为待证事实真伪不明的，应当认定该事实不存在。

法律对于待证事实所应达到的证明标准另有规定的，从其规定。

**第一百一十六条** 视听资料包括录音资料和影像资料。

电子数据是指通过电子邮件、电子数据交换、网上聊天记录、博客、微博客、手机短信、电子签名、域名等形成或者存储在电子介质中的信息。

存储在电子介质中的录音资料和影像资料，适用电子数据的规定。

**4.《最高人民法院关于民事诉讼证据的若干规定》**

**第十四条** 电子数据包括下列信息、电子文件：

（一）网页、博客、微博客等网络平台发布的信息；

（二）手机短信、电子邮件、即时通信、通讯群组等网络应用服务的通信信息；

（三）用户注册信息、身份认证信息、电子交易记录、通信记录、登录日志等信息；

（四）文档、图片、音频、视频、数字证书、计算机程序等电子文件；

（五）其他以数字化形式存储、处理、传输的能够证明案件事实的信息。

**第九十三条** 人民法院对于电子数据的真实性，应当结合下列因素综合判断：

（一）电子数据的生成、存储、传输所依赖的计算机系统的硬件、软件环境是否完整、可靠；

（二）电子数据的生成、存储、传输所依赖的计算机系统的硬件、软件环境是否处于正常运行状态，或者不处于正常运行状态时对电子数据的生成、存储、传输是否有影响；

（三）电子数据的生成、存储、传输所依赖的计算机系统的硬件、软件环境是否具备有效的防止出错的监测、核查手段；

（四）电子数据是否被完整地保存、传输、提取，保存、传输、提取的方法是否可靠；

（五）电子数据是否在正常的往来活动中形成和存储；

（六）保存、传输、提取电子数据的主体是否适当；

（七）影响电子数据完整性和可靠性的其他因素。

人民法院认为有必要的，可以通过鉴定或者勘验等方法，审查判断电子数据的真实性。

**第九十四条** 电子数据存在下列情形的，人民法院可以确认其真实性，但有足以反驳的相反证据的除外：

（一）由当事人提交或者保管的于己不利的电子数据；

（二）由记录和保存电子数据的中立第三方平台提供或者确认的；

（三）在正常业务活动中形成的；

（四）以档案管理方式保管的；

（五）以当事人约定的方式保存、传输、提取的。

电子数据的内容经公证机关公证的，人民法院应当确认其真实性，但有相反证据足以推翻的除外。

## 82

## 在他人的借条上签字但未注明保证人，还需要承担保证责任吗？

**回　答：**不承担保证责任。

**理　由：**担保责任的承担需要明确相关的担保事项，并需要明确担保人的责任，需要担保人对以上担保事项作出明确的意思表示。单纯地在他人借条上签字，未注明保证人且没有表明保证责任，并不能代表签字人具有承担担保责任的意思表示，因此不能因此推定该签字人为保证人。根据法律规定，他人在借据、收据、欠条等债权凭证或者借款合同上签字或者盖章，但未表明其保证人身份或者表明承担保证责任，或者通过其他事实不能推定其为保证人，出借人请求其承担保证责任的，人民法院不予支持。

**怎么办：**合同是由各方的共同意思表示构成的，合同中没有标明身份的人在合同上签名不能证明其合同地位的，视为没有对该合同作出意思表示，不对该合同承担责任。但还是不要在借条上乱签字，因为签署就有可能说不清，哪怕最后不承担责任，解决一场争议也需要投入时间和精力，可能还会花费律师费。因此，无论是签署合同还是其他法律文件时，应当根据实际情况明确约定各方的权利、义务和内容，以确保合同具备明确性、完整性和合法性，签字的“人”各有权责，从而维护合同的稳定性。

## 相关规定

**1.《民法典》**

**第四百六十五条**　依法成立的合同，受法律保护。

依法成立的合同，仅对当事人具有法律约束力，但是法律另有规定的除外。

**2.《最高人民法院关于审理民间借贷案件适用法律若干问题的规定》**

**第二十条**　他人在借据、收据、欠条等债权凭证或者借款合同上签名或者盖章，但是未表明其保证人身份或者承担保证责任，或者通过其他事实不能推定其为保证人，出借人请求其承担保证责任的，人民法院不予支持。

## 83

## 在借新还旧的情况下，旧贷的担保人是否仍应承担担保责任？

**回　答：**旧贷担保人不再承担担保责任。

**理　由：**借新还旧，又称以贷还贷，是指债权人与债务人在旧的贷款尚未清偿的情况下，再次签订贷款合同，是以新贷出的款项清偿部分或者全部旧的贷款的行为。借新还旧的性质属于债务更新，即通过设立新债的方式消灭旧债，虽然新贷债务人并未实际收到债权人发放的贷款，从而区别于普通的借款合同，但法律上对此并无禁止性规定，应属当事人意思自治范畴，且对于债务人而言，通过借新贷的方式偿还了旧贷，其仅需要对新贷承担还款责任。然而对于债权人而言，其债权并未因此而受损，故从法律上仍应当认可新贷合同（借新还旧行为）的效力。担保合同是主合同的从合同，在借新还旧的情况下，当事人通过设立新贷的方式消灭旧贷，基于担保的从属性，旧贷上的担保也随之消灭，故债权人请求旧贷的担保人承担担保责任的，人民法院不予支持。

**怎么办：**新贷偿还旧贷之后，想让旧贷担保人承担责任，只能选择在获得担保人同意的情况下更换债权协议或延期。如果不能达成一致，并且担保人确有偿还能力，就不能借新还旧，债权人应选择在旧贷未消灭前依据旧贷向担保人主张偿还。

### 相关规定

**1.《民法典》**

**第六百九十五条**　债权人和债务人未经保证人书面同意，协商变更主债权债务合同内容，减轻债务的，保证人仍对变更后的债务承担保证责任；加重债务的，保证人对加重的部分不承担保证责任。

债权人和债务人变更主债权债务合同的履行期限，未经保证人书面同意的，保证期间不受影响。

**2.《最高人民法院关于适用〈中华人民共和国民法典〉有关担保制度的解释》**

**第十六条** 主合同当事人协议以新贷偿还旧贷，债权人请求旧贷的担保人承担担保责任的，人民法院不予支持；债权人请求新贷的担保人承担担保责任的，按照下列情形处理：

（一）新贷与旧贷的担保人相同的，人民法院应予支持；

（二）新贷与旧贷的担保人不同，或者旧贷无担保新贷有担保的，人民法院不予支持，但是债权人有证据证明新贷的担保人提供担保时对以新贷偿还旧贷的事实知道或者应当知道的除外。

主合同当事人协议以新贷偿还旧贷，旧贷的物的担保人在登记尚未注销的情形下同意继续为新贷提供担保，在订立新的贷款合同前又以该担保财产为其他债权人设立担保物权，其他债权人主张其担保物权顺位优先于新贷债权人的，人民法院不予支持。

**3.《全国法院民商事审判工作会议纪要》**

57. 贷款到期后，借款人与贷款人订立新的借款合同，将新贷用于归还旧贷，旧贷因清偿而消灭，为旧贷设立的担保物权也随之消灭。贷款人以旧贷上的担保物权尚未进行涂销登记为由，主张对新贷行使担保物权的，人民法院不予支持，但当事人约定继续为新贷提供担保的除外。

## 84

## 没有借条，对方耍赖怎么办？

**回　答：**可以向法院请求确认借贷关系成立，可以提交转账记录证明存在借款事实，还可以通过提交录音证据，QQ、微信关于借款的聊天记录等来证明双方借贷关系的存在。

**理　由：** 民间借贷成立的基础是发生借款行为，没有出借行为，仅有合同借款不成立，但在仅有银行转账，支付宝、微信等形式的出借记录的情况下，借贷关系成立，可以通过起诉要求对方还钱。

**怎么办：** 在没有书面借条且与对方协商无果的情况下，只能通过诉讼的方式请求法院确认借贷关系成立。如不存在转账记录和借条，就需要提交录音证据，QQ、微信聊天记录，申请与案件无利害关系的人出庭作证等方式来证明借贷关系的存在。

## 相关规定

**《最高人民法院关于审理民间借贷案件适用法律若干问题的规定》**

**第九条**　自然人之间的借款合同具有下列情形之一的，可以视为合同成立：

（一）以现金支付的，自借款人收到借款时；

（二）以银行转账、网上电子汇款等形式支付的，自资金到达借款人账户时；

（三）以票据交付的，自借款人依法取得票据权利时；

（四）出借人将特定资金账户支配权授权给借款人的，自借款人取得对该账户实际支配权时；

（五）出借人以与借款人约定的其他方式提供借款并实际履行完成时。

85

## 借条应该怎么写?

**回　答：** 借条中最起码要完成“人”“物”“事”的逻辑。“人”——借款人是谁，身份信息、联系方式、地址；“物”——借款多少、收款账户；“事”——借款时间、借款利息、还款时间等。

**理　由：** 双方在借贷关系中未写借条的，会承担较大的证明风险。法院在审理民间借贷案件时，要求原告提供书面借条，无书面借条的，应提供必要的事实根据，没有证据的请求，将承担败诉的风险。有借条最好的一点就是证明双方达成了借款的意思一致，接下来需要看借款的实际出借行为和后续的还款行为。

**怎么办：** 借条不难，形成一句话就够用：“甲某向乙某出借人民币×××元，乙某已收到以上借款。签名：乙某。”借条也很难，银行的借款合同多达十几页。借条内容难易，核心还要看我们想达到什么目的。

基础借条示例如下：

**借　条**

______于____年__月__日向______借款，借款用于______，共计人民币______元（大写：____元），借款利息______。收款账户：______。现已收到以上借款。

上述款项本人承诺最迟于____年__月__日前无条件偿还给____并支付到指定银行账户：____________。

借款人签名：________

身份证号码：________

联 系 电 话：________

____年__月__日

**86**

## 民间借贷中的高利贷是怎么认定的？

**回　答：** 超过合同成立时一年期贷款市场报价利率 4 倍的一般认定为高利贷，

法院不予支持。

**理　由：**《最高人民法院关于审理民间借贷案件适用法律若干问题的规定》第25条规定，出借人请求借款人按照合同约定利率支付利息的，人民法院应予支持，但是双方约定的利率超过合同成立时一年期贷款市场报价利率4倍的除外。

**怎么办：**民间借贷是民事主体之间的自由意思表示，一般情况下不需要法律对此进行调整，高利贷的相关规定是为了维护社会基本的公平和经营运行的稳定，当事人可以依据该规定拒绝支付超过法定上限的利率。

## 相关规定

**1.《民法典》**

**第六百八十条**　禁止高利放贷，借款的利率不得违反国家有关规定。

借款合同对支付利息没有约定的，视为没有利息。

借款合同对支付利息约定不明确，当事人不能达成补充协议的，按照当地或者当事人的交易方式、交易习惯、市场利率等因素确定利息；自然人之间借款的，视为没有利息。

**2.《最高人民法院关于审理民间借贷案件适用法律若干问题的规定》**

**第二十四条**　借贷双方没有约定利息，出借人主张支付利息的，人民法院不予支持。

自然人之间借贷对利息约定不明，出借人主张支付利息的，人民法院不予支持。除自然人之间借贷的外，借贷双方对借贷利息约定不明，出借人主张利息的，人民法院应当结合民间借贷合同的内容，并根据当地或者当事人的交易方式、交易习惯、市场报价利率等因素确定利息。

**第二十五条**　出借人请求借款人按照合同约定利率支付利息的，人民法院应予支持，但是双方约定的利率超过合同成立时一年期贷款市场报价利率四倍的除外。

前款所称“一年期贷款市场报价利率”，是指中国人民银行授权全国银行间同业拆借中心自2019年8月20日起每月发布的一年期贷款市场报价利率。

**第二十七条** 借贷双方对前期借款本息结算后将利息计入后期借款本金并重新出具债权凭证，如果前期利率没有超过合同成立时一年期贷款市场报价利率四倍，重新出具的债权凭证载明的金额可认定为后期借款本金。超过部分的利息，不应认定为后期借款本金。

按前款计算，借款人在借款期间届满后应当支付的本息之和，超过以最初借款本金与以最初借款本金为基数、以合同成立时一年期贷款市场报价利率四倍计算的整个借款期间的利息之和的，人民法院不予支持。

**第二十八条** 借贷双方对逾期利率有约定的，从其约定，但是以不超过合同成立时一年期贷款市场报价利率四倍为限。

未约定逾期利率或者约定不明的，人民法院可以区分不同情况处理：

（一）既未约定借期内利率，也未约定逾期利率，出借人主张借款人自逾期还款之日起参照当时一年期贷款市场报价利率标准计算的利息承担逾期还款违约责任的，人民法院应予支持；

（二）约定了借期内利率但是未约定逾期利率，出借人主张借款人自逾期还款之日起按照借期内利率支付资金占用期间利息的，人民法院应予支持。

**第二十九条** 出借人与借款人既约定了逾期利率，又约定了违约金或者其他费用，出借人可以选择主张逾期利息、违约金或者其他费用，也可以一并主张，但是总计超过合同成立时一年期贷款市场报价利率四倍的部分，人民法院不予支持。

87

## 民间借贷中的“砍头息”双方都同意，是否合法？

**回　答：**不合法。

**理　由：**“砍头息”违反法律规定，如在私下履行完毕，法律并不强制评价。但在诉讼中，“砍头息”所扣除的利息不能认定为本金，仅能认定实际出借的金额为本金。借款的利息不得预先在本金中扣除，利息预先在本金中扣除的，应当按照实际借款数额返还借款并计算利息。如果出借人预先从借款人的借款本金中扣除了利息，此种情形下，借款人实际只收到了扣除利息后的本金金额，相当于变更了原借款合同的金额（变更后的金额为扣除利息后的本金金额）。双方就该“变更后的合同”履行承担责任。

**怎么办：**“砍头息”不属于民事上的意思自治范围，不能得到法律的保护。合同的意思自治范围应在法律强制范围外，对于法律强制性规定的内容，双方的意思自治不能产生法律效力。因此，如果借款合同的内容部分或全部违反法律、行政法规的强制性规定，可能会导致合同部分或全部无效。

### 相关规定

**1.《民法典》**

**第一百五十三条**　违反法律、行政法规的强制性规定的民事法律行为无效。但是，该强制性规定不导致该民事法律行为无效的除外。

违背公序良俗的民事法律行为无效。

**第一百五十六条**　民事法律行为部分无效，不影响其他部分效力的，其他部分仍然有效。

**第六百七十条** 借款的利息不得预先在本金中扣除。利息预先在本金中扣除的，应当按照实际借款数额返还借款并计算利息。

**2.《最高人民法院关于审理民间借贷案件适用法律若干问题的规定》**

**第二十六条** 借据、收据、欠条等债权凭证载明的借款金额，一般认定为本金。预先在本金中扣除利息的，人民法院应当将实际出借的金额认定为本金。

## 88

## 个人借贷未约定利息，出借人可以主张利息吗？

**回 答：** 不可以主张利息，但可以主张逾期利息。

**理 由：** 自然人之间借贷对利息约定不明，出借人主张支付利息的，人民法院不予支持。除自然人之间借贷的外，借贷双方对借贷利息约定不明，出借人主张利息的，人民法院应当结合民间借贷合同的内容，并根据当地或者当事人的交易方式、交易习惯、市场利率等因素确定利息。需要注意的是，借贷双方约定利息既包括在借条或借款合同中书面约定，也包括口头约定。但是口头约定非常容易在日后产生争议，比如当事人双方对利息各执一词，容易被认定为是利息约定不明的情形，对于利息约定不明的，也可能被法院认定为无利息。

**怎么办：** 如果借款约定有利息，就要在双方借贷合同中对利息进行明确。如果在借贷合同中对利息约定不明，可能被视为没有利息。

### 相关规定

**1.《民法典》**

**第六百八十条** 禁止高利放贷，借款的利率不得违反国家有关规定。

借款合同对支付利息没有约定的，视为没有利息。

借款合同对支付利息约定不明确，当事人不能达成补充协议的，按照当地或者当事人的交易方式、交易习惯、市场利率等因素确定利息；自然人之间借款的，视为没有利息。

**2.《最高人民法院关于审理民间借贷案件适用法律若干问题的规定》**

**第二十四条** 借贷双方没有约定利息，出借人主张支付利息的，人民法院不予支持。

自然人之间借贷对利息约定不明，出借人主张支付利息的，人民法院不予支持。除自然人之间借贷的外，借贷双方对借贷利息约定不明，出借人主张利息的，人民法院应当结合民间借贷合同的内容，并根据当地或者当事人的交易方式、交易习惯、市场报价利率等因素确定利息。

**第二十五条** 出借人请求借款人按照合同约定利率支付利息的，人民法院应予支持，但是双方约定的利率超过合同成立时一年期贷款市场报价利率四倍的除外。

前款所称"一年期贷款市场报价利率"，是指中国人民银行授权全国银行间同业拆借中心自2019年8月20日起每月发布的一年期贷款市场报价利率。

**第二十七条** 借贷双方对前期借款本息结算后将利息计入后期借款本金并重新出具债权凭证，如果前期利率没有超过合同成立时一年期贷款市场报价利率四倍，重新出具的债权凭证载明的金额可认定为后期借款本金。超过部分的利息，不应认定为后期借款本金。

按前款计算，借款人在借款期间届满后应当支付的本息之和，超过以最初借款本金与以最初借款本金为基数、以合同成立时一年期贷款市场报价利率四倍计算的整个借款期间的利息之和的，人民法院不予支持。

**第二十八条** 借贷双方对逾期利率有约定的，从其约定，但是以不超过合同成立时一年期贷款市场报价利率四倍为限。

未约定逾期利率或者约定不明的，人民法院可以区分不同情况处理：

（一）既未约定借期内利率，也未约定逾期利率，出借人主张借款人自逾期还款之日起参照当时一年期贷款市场报价利率标准计算的利息承担逾期还款违约责任的，人民法院应予支持；

（二）约定了借期内利率但是未约定逾期利率，出借人主张借款人自逾期还款之日起按照借期内利率支付资金占用期间利息的，人民法院应予支持。

**第二十九条** 出借人与借款人既约定了逾期利率，又约定了违约金或者其他费用，出借人可以选择主张逾期利息、违约金或者其他费用，也可以一并主张，但是总计超过合同成立时一年期贷款市场报价利率四倍的部分，人民法院不予支持。

## 89

## 借款人和出借人修改借款合同，担保人的担保责任是否仍然有效？

**回　答：** 变更后合同加重债务的，加重部分对担保人无效；变更后减轻债务的，担保人对变更后合同承担责任。

**理　由：** 债权人和债务人未经担保人书面同意，协商变更主债权债务合同内容的，变更后的合同对债权人和债务人有效，担保人只承担变更后合同减轻部分的责任，不承担加重部分的责任。

变更的主债权债务范围应当是实质性的变更，数量、价款、币种、利率等内容的变更造成担保人责任加重的，加重部分无效。如果是减轻保证债务的，担保人对变更后的合同仍承担担保责任。

**怎么办：** 借款合同的变更，应当与担保人进行必要的沟通，最好能够让担保人出具书面同意继续承担担保责任的文件，这样保证变更后的合同对担保人发生效力。如果担保人不愿对变更后的合同承担担保责任，主合同的双方当事人，也可以协商通过更换、增加担保人的方式，来保证借款合同的履行。

## 相关规定

《民法典》

**第六百九十五条** 债权人和债务人未经保证人书面同意，协商变更主债权债务合同内容，减轻债务的，保证人仍对变更后的债务承担保证责任；加重债务的，保证人对加重的部分不承担保证责任。

债权人和债务人变更主债权债务合同的履行期限，未经保证人书面同意的，保证期间不受影响。

第七章

# 买卖合同

## 第一节 “人”“物”“事”“行”解构下的买卖合同

买卖法律行为是日常最多的合同行为，只不过日常生活中大部分买卖行为没有签署书面合同，如超市、书店、网上购物等。

买卖合同可以很简单，例如，只是两句话，“我要一瓶纯净水”，“2 元”；接下来两个行为，“付款” 和 “取水”，合同就达成并履行完毕了。买卖合同也可以很复杂，需要对标的物的材料、质量、交付、维护等问题进行详细约定，甚至添加附件加以说明。

从“人”“物”“事”“行”的角度来看，任何买卖合同都是一样的。

“人”：买卖合同核心有两个人，买方与卖方。买卖合同我们需要关注的是买卖双方的身份是否正确，是否有交易的能力。就好比在一个烟酒店要求买一辆汽车，这个合同的卖方没有交易能力，合同的效力自然存在问题。

“物”：买卖合同的核心还有物，合同中标的物一定要清晰、明确。一旦脱离了具体的物，买卖合同就是虚无的，也不成立。

“事”：买卖合同中最重要的两件事，“交货” 和 “交款”，两者对应，买卖合同中的“事” 就是围绕这两个行为展开的。

“行”：买卖合同中产生纠纷的原因最为简单，不是“交货” 出现问题，就是“交款”出现问题；同时最为复杂，不同的买卖过程中可能会出现各种不同的履行瑕疵和履行问题，不同的履行行为需要进行单独分析。

随着时代的发展变化，买卖合同的类型也在更新，逐渐变得更加复杂多样。复杂的买卖合同对合同一方的要求不只有提供标的物，可能还会伴随安装、服务、保管等多种义务。因此，从形式上看，如今的买卖合同往往与其他合同融合，双方产生更加复杂的法律关系。应对这种混合的合同，我们的方法是，无论多么复杂的合同，我们都可以用“人”“物”“事”“行”进行拆解，然后对拆解后的事实分别作出评价。

## 第二节 买卖合同的现实问题

### 90

### “煮熟的鸭子飞了”，当事人想买的东西卖给别人了怎么办？

**回　答：** 要看买的是什么东西。如果是特定物，出卖人承担违约责任。如果是种类物，出卖人继续承担交付责任。

**理　由：** 民事审判实践中“一物二卖”的情形，通常体现为出卖人就同一特定标的物先后与不同的受买人订立两个买卖合同。“一物二卖”的处理要考虑对物品所有权人权利的保护和如何最大限度地发挥物的价值。本问题的核心在于“物”，“物”是特定的、唯一的，还是批量的、同质的。“物”的性质和状态决定买受人是否能够实现合同目的，继而决定买受人是否能够请求出卖人承担继续履行的责任。

如果出卖人已经将标的物所有权转移给第三人，例如，不动产已经过户登记，动产已经交付，那么出卖人就丧失对物的所有权，第三人继受取得该标的物。因权利人发生变动，买受人就无法从原权利人处取得标的物，只能与新的权利人订立买卖合同。所有权的接收人因享有物权，自然就可以对抗其他买受人享有标的物。

如果出卖人仅与第三人签订该标的物的买卖合同还未转移标的物的所有权，那么买受人仍然可以与出卖人签订买卖合同，并要求出卖人配合完成标的物的所有权转移。

**怎么办：**对于标的物的买受人来说，无论是与出卖人先订立买卖合同，还是后订立买卖合同，均不能保证标的物最终归自己所有。因此，买受人在与出卖人订立买卖合同以后，应当尽快催促标的物的出卖人进行相关所有权转移手续，只有完成这一步，原标的物的出卖人无论再与多少人签订该标的物的买卖合同，均不影响所有权接收人的物权。

## 91

## 免费试用真的是“占便宜”吗？能否只用不掏钱？

**回　答：**免费试用并非不花钱，有的时候反而会花“冤枉钱”。

**理　由：**试用实际上是附条件的买卖合同。

“人”：商家是试用产品提供方，一般在“人”的方面不会出现瑕疵，除非商家专门实施骗取消费者定金的行为。

“物”：试用合同中对“物”的核心要求在于“物”是否具有我们想要的品质，试用物与合同约定的“物”是否具有一致性。

“事”：试用合同上的“事”不仅包含买卖，还包含对使用、退还、试用期限等条款进行约定。有的试用会对客户进行限制，例如，要求提供达到什么条件的使用体验，或者要求在某些平台发指定的内容等。因此，如果你想获得免费的试用体验，就一定要注意这些条件，如果做不到，就可能会产生相应费用。

“行”：在免费的试用合同中，往往也会约定退还的邮费、违约的损失等，甚至有的合同还要消费者提前支付定金。因此，在使用免费试用产品前，一定要明白，我们在以什么样的成本和风险试用产品。

消费者如果想要“免费获取”试用物应当注意以下几点：

（1）试用出卖人有没有约定标的物在试用期的使用费；

（2）试用期限届满前，如不需要该物品，应当依据约定及时告知相对方不购买试用物，并及时退回；

（3）试用期内，要保管好试用物不受毁损、灭失，并且不对试用物实施出卖、出租、设立担保等行为。

试用物出卖人应当注意：

（1）防止试用方“免费获取”，应当提前与试用方约定标的物在试用期的使用费；

（2）与试用方明确约定试用期限。

**怎么办：** 商家往往不会完全无代价地提供试用品给消费者，因此对于没有必要试用的产品，笔者不建议进行试用。在试用合同上约定清楚，合同所附条件越少越好。

## 相关规定

《民法典》

**第六百三十八条** 试用买卖的买受人在试用期内可以购买标的物，也可以拒绝购买。试用期限届满，买受人对是否购买标的物未作表示的，视为购买。

试用买卖的买受人在试用期内已经支付部分价款或者对标的物实施出卖、出租、设立担保物权等行为的，视为同意购买。

**第六百三十九条** 试用买卖的当事人对标的物使用费没有约定或者约定不明确的，出卖人无权请求买受人支付。

**第六百四十条** 标的物在试用期内毁损、灭失的风险由出卖人承担。

## 92

## 发货发多了怎么办?

**回　答：**需要先区分所发的“物”是否已经实际受到买受人控制，再确定应对措施。

**理　由：**货物在途的情况下，出卖人既可以要求承运人将多发的货物运回，也可以要求买受人将多发的标的物原样发回。

如果该货物已经到达买受人手中，根据《民法典》的相关规定，买受人享有选择权，既可以选择接收也可以选择拒绝。

**怎么办：**出卖人发现发货发多了应当及时通知货物承运人和买受人及时还回多发的货物，相应的运费由出卖人承担。如果买受人已经接收多发的标的物，出卖人可以要求买受人按照相同的价格支付货物价款。

买受人在发现出卖人多发标的物的情况下具有选择权，可以与出卖人协商处理。买受人一定要及时与出卖人沟通，避免产生视为合同变更，同意以上履行的误解。

### 相关规定

**1.《民法典》**

**第六百二十九条**　出卖人多交标的物的，买受人可以接收或者拒绝接收多交的部分。买受人接收多交部分的，按照约定的价格支付价款；买受人拒绝接收多交部分的，应当及时通知出卖人。

**2.《最高人民法院关于审理买卖合同纠纷案件适用法律问题的解释》**

**第三条**　根据民法典第六百二十九条的规定，买受人拒绝接收多交部分标的物的，可以代为保管多交部分标的物。买受人主张出卖人负担代为保管期间的合理费用的，人民法院应予支持。

买受人主张出卖人承担代为保管期间非因买受人故意或者重大过失造成的损失的，人民法院应予支持。

93

## 购车合同签订后，买主何时取得所有权？

**回　答：** 出卖人将车实际交付买受人，买受人取得标的物的所有权。

**理　由：** 机动车所有权的转移标准是交付，对机动车物权的登记为对抗要件，而非生效要件。只要机动车从出卖人手里交付给买受人，且双方之间的机动车买卖合同合法有效，机动车所有权就发生了转移。是否进行过户登记，不构成对机动车所有权的影响，仅是对第三人的对抗条件。

**怎么办：** 对于购买机动车的买受人而言，标的物是车辆，因此最关键的是尽快将车辆拿到手，取得车辆的所有权。同时取得相关交付资料与凭证，如机动车的买卖合同、交付凭证、购车发票（收付款依据）、保险手续以及其他确定车辆所有权的依据。在这里特别提醒，机动车登记可作为机动车所有权的证据加以印证，但是不能作为确认所有权的主要依据，更不是唯一依据。

### 相关规定

**《民法典》**

**第二百二十四条**　动产物权的设立和转让，自交付时发生效力，但是法律另有规定的除外。

**第二百二十五条**　船舶、航空器和机动车等的物权的设立、变更、转让和消灭，未经登记，不得对抗善意第三人。

## 94

## 买卖合同被认定无效，卖方应返还货款，买方能向对方主张利息吗?

回　答：一般不可以。买受人在订立合同时无任何过错，并且从未占有标的物时，可以主张已支付货款的资金占用费；如卖方有过错，买方则可以要求对方补偿资金占用期间的利息或损失。

理　由：合同无效产生的后果就是双方需要将合同所取得的利益各自返还，各方均不能因合同无效而获利。

因此买卖合同无效后，要根据诚实信用原则的要求及双方的履行程度衡量财产返还或者折价补偿范围，在合同当事人之间合理分配，不能使不诚信或订立合同时有过错的当事人因合同无效而获益。若仅返还财产或者折价补偿不足以弥补损失，一方还可以向有过错的另一方请求损害赔偿。在确定损害赔偿范围时，既要根据当事人的过错程度合理确定责任，又要考虑在确定财产返还范围时已经考虑过的财产增值或者贬值因素，避免双重获利或者双重受损的现象发生。

在买卖合同无效并且合同双方均无过错的情况下，买受人应当返还标的物，同时出卖人应当返还价款，双方互负对待给付义务，应当同时返还。返还过程一般依据对等原则，根据履行程度的不同，双方进行抵销。一方对标的物有使用情形的，一般应当支付使用费，该费用可与占有价款一方应当支付的资金占用费相互抵销，故在一方返还原物时，另一方仅须支付本金，而无须支付利息。

怎么办：买卖合同被确认无效时，应当要求相对方返还已经支付的财产或者交付的货款，若当事人一方存在过错，可以向有过错的一方请求损害赔偿。

## 相关规定

**1.《民法典》**

**第一百五十七条** 民事法律行为无效、被撤销或者确定不发生效力后，行为人因该行为取得的财产，应当予以返还；不能返还或者没有必要返还的，应当折价补偿。有过错的一方应当赔偿对方由此所受到的损失；各方都有过错的，应当各自承担相应的责任。法律另有规定的，依照其规定。

**2.《最高人民法院关于适用〈中华人民共和国民法典〉合同编通则若干问题的解释》**

**第二十四条** 合同不成立、无效、被撤销或者确定不发生效力，当事人请求返还财产，经审查财产能够返还的，人民法院应当根据案件具体情况，单独或者合并适用返还占有的标的物、更正登记簿册记载等方式；经审查财产不能返还或者没有必要返还的，人民法院应当以认定合同不成立、无效、被撤销或者确定不发生效力之日该财产的市场价值或者以其他合理方式计算的价值为基准判决折价补偿。

除前款规定的情形外，当事人还请求赔偿损失的，人民法院应当结合财产返还或者折价补偿的情况，综合考虑财产增值收益和贬值损失、交易成本的支出等事实，按照双方当事人的过错程度及原因力大小，根据诚信原则和公平原则，合理确定损失赔偿额。

合同不成立、无效、被撤销或者确定不发生效力，当事人的行为涉嫌违法且未经处理，可能导致一方或者双方通过违法行为获得不当利益的，人民法院应当向有关行政管理部门提出司法建议。当事人的行为涉嫌犯罪的，应当将案件线索移送刑事侦查机关；属于刑事自诉案件的，应当告知当事人可以向有管辖权的人民法院另行提起诉讼。

**第二十五条** 合同不成立、无效、被撤销或者确定不发生效力，有权请求返还价款或者报酬的当事人一方请求对方支付资金占用费的，人民法院应当在当事人请求的范围内按照中国人民银行授权全国银行间同业拆借中心公布的一年期贷款市场报价利率（LPR）计算。但是，占用资金的当事人对于合同不成立、无效、被撤销或者确定不发生效力没有过错的，应当以中国人民银行公布的同期同类存款基准利率计算。

双方互负返还义务，当事人主张同时履行的，人民法院应予支持；占有标的物的一方对标的物存在使用或者依法可以使用的情形，对方请求将其应支付的资金占用费与应收取的标的物使用费相互抵销的，人民法院应予支持，但是法律另有规定的除外。

## 95

## 分期付款买卖合同的当事人是否可以解除买卖合同？

**回　答：** 在合同履行过程中，满足约定解除权或法定解除权的情形时，双方可以协商解除买卖合同，也可以通过诉讼或仲裁的方式申请解除买卖合同。

**理　由：** 分期付款买卖中，出卖人的合同目的在于获得价款，如果买受人无法支付的到期价款达到一定比例，出卖人存在合同目的无法实现的风险，即可以请求解除合同。

但是实际情况更加复杂，一方分期付款买卖货物时，往往分别签订买卖合同和按揭合同或分期合同。多数情况下买卖合同和按揭合同的“人”是不同的，也就是借款人和出卖人不是同一“人”。对于买受人来说，分期付款买卖实际是两份合同的组合体，那么合同所对应的“人”“物”“事”在不同的合同中需要约定和注意的事项完全不一致。特别是买受人按揭购买房屋时，买受人一方面会与开发商签订买卖合同，另一方面会与银行等金融机构签订借款合同，两份合同分别生效。

如果分期付款买卖合同是一份合同，只不过付款方式是分期支付，双方在履行期间可以协商解除合同，互相返还因该合同取得的财产；

如协商不成，可通过诉讼或仲裁的方式解除分期付款合同。

如果分期付款合同和买卖合同是分离的，我们可能就需要分别主张权利。比如，在一起房屋买卖合同和房屋按揭付款合同分别约定仲裁和诉讼管辖的案例中，两份合同不能直接一并解决，只能分开诉讼或仲裁。我们建议，如果两者具有强关联性，如有抵押、担保和买卖合同互相关联，合同中还是约定一并诉讼或仲裁，不仅可以缩短解决问题的周期，也能降低诉讼成本。

**怎么办：**涉及分期付款买卖合同的，如果合同分别有效，如买卖合同和信用卡消费分期合同，买卖合同可以单独解除。分期付款买卖合同是同一份合同内容，合同任何一方主张解除合同，都是解除全部合同内容。

## 相关规定

**1.《民法典》**

**第六百三十四条** 分期付款的买受人未支付到期价款的数额达到全部价款的五分之一，经催告后在合理期限内仍未支付到期价款的，出卖人可以请求买受人支付全部价款或者解除合同。

出卖人解除合同的，可以向买受人请求支付该标的物的使用费。

**2.《最高人民法院关于审理买卖合同纠纷案件适用法律问题的解释》**

**第二十七条** 民法典第六百三十四条第一款规定的“分期付款”，系指买受人将应付的总价款在一定期限内至少分三次向出卖人支付。

……

**第二十八条** 分期付款买卖合同约定出卖人在解除合同时可以扣留已受领价金，出卖人扣留的金额超过标的物使用费以及标的物受损赔偿额，买受人请求返还超过部分的，人民法院应予支持。

当事人对标的物的使用费没有约定的，人民法院可以参照当地同类标的物的租金标准确定。

## 96

## 买卖合同中，供应商分多批次交付不同货物的，其中一批次不符合约定，订货方是否可以要求解除后续的订货合同？

**回　答：** 分批交易的买卖合同中，仅一批货物不符合约定的情况下，买受人不可以解除后续的订货合同，但是可以解除这一批不符合约定的买卖合同。

**理　由：** 如果其中一批货物履约不能达到合同目的或根本违约不影响之后的合同履约，那么可对该批违约合同进行解除，整个买卖合同仍然有效。例如，各批次标的物为种类物时，货物的关联程度较低，具有独立性，不同批次的标的物是可分的，故不会认为某一批种类物不符合约定而整体影响买受人的合同目的实现。如果想要同时解除之后的买卖合同，需要证明不合格的标的物在使用性能或性质上与其他各批标的物相互依存，致使合同目的无法实现。

**怎么办：** 当出卖人交付的某一批货物不符合约定导致买受人不能实现合同目的时，买卖合同的买受人可以请求就该批货物解除合同，赔偿损失。如果买受人想要整体解除或解除后续的买卖合同，可以与出卖人协商。

### 相关规定

《民法典》

**第六百三十三条**　出卖人分批交付标的物的，出卖人对其中一批标的物不交付或者交付不符合约定，致使该批标的物不能实现合同目的的，买受人可以就该批标的物解除。

出卖人不交付其中一批标的物或者交付不符合约定，致使之后其他各批标的物的交付不能实现合同目的的，买受人可以就该批以及之后其他各批标的物解除。

买受人如果就其中一批标的物解除，该批标的物与其他各批标的物相互依存的，可以就已经交付和未交付的各批标的物解除。

第八章

# 房屋买卖合同

## 第一节 “人”“物”“事”“行”解构下的房屋买卖合同

房屋买卖涉及的标的物——房屋，是中国家庭中的核心资产，因此，本章专门讲解房屋买卖合同问题。

目前，商品房的购房流程是买受人挑选好在建房屋（或二手房）之后先付订金，再签订房屋认购书等预约合同，支付定金，最后再签订正式的合同，甚至其间还会签订多份补充协议以明确双方的权利义务。在房屋买卖合同中，合同双方的关注点不完全一致，我们尝试从“人”“物”“事”“行”四个方面重构房屋买卖合同，帮助当事人了解签订房屋买卖合同时应当注意的要点。

“人”：房屋买卖合同一般是两方：买方和卖方，有的时候还会出现中介方。

作为房屋买受人，应该关注出卖人是否具有签署合同的权限，是否具备签订、履行合同的资格、资质。说到底房屋出卖人需要具有房屋的所有权，否则将构成无权处分，最终可能会导致合同无效。

作为房屋的出卖人，往往不关注买受人是谁，只要买受人不是“小孩”且未遇到“无权代理”的情形，都不影响合同的有效性。

“物”：就是房屋买卖合同中交易的那个房屋。对于这个物，房屋买受人关注的是房屋产权相关内容是否明确、是否能够进行不动产登记、房屋的质量以及合同约定交付的范围等，而房屋出卖人关注的是房子能卖多少钱。

“事”：核心有两点：交房、交钱。房屋出卖人关注的是如何收钱、什么时间收钱，如一次性付款、分期付款、按揭贷款等。房屋的买受人关注的是交付，如交付时间、交付方式、验收方式、税费承担等问题。

“行”：本类合同履行过程中出现纠纷的情况非常多，我们需要关注合同中的交易细节。例如，违约的种类；违约金的计算方式；定金的责任承担方式（特别是定金责任启动的节点）；可得利益损失的范围和计算方式；合同生效、失效条件等。

在房屋买卖合同中，无论如何细致约定合同条款，都可能会出现超出合同约定范畴的违约。因此在履行合同的过程中，我们要时刻记得保留证据，特别是对方变更、承诺和拒绝履行的证据，以免将来双方产生纠纷，因无法提供相应证据而承担败诉的风险。

## 第二节 房屋买卖合同中的现实问题

97

### 交了首付没签合同能退房吗？

**回　答：** 可以。交了首付没签合同虽然可以退房，但并不意味着不需要承担责任，根据实际情况开发商有可能要求购房者承担责任。

**理　由：** 这个问题归于“行”的部分，在正常的房屋买卖环节中不是必然发生的，是合同其中一方想要解除本合同的一种行为。

商品房买卖的出卖人应当具有卖方资格资质，一般来说需要具备“五证”，即“建设用地规划许可证”“建设工程规划许可证”“建筑工程施工许可证”“国有土地使用证”“商品房预售许可证”。当房屋的出卖人缺乏相应资格资质，签订合同的“人”就存在瑕疵，买受人也可以请求解除合同。

在房屋并未登记交付前，物权没有转移，双方仍是债权债务关系，买受人可以解除合同。若不符合合同约定或法律规定的解除条件，买受人作为违约方需要承担合同或法律责任。现实中，房屋买受人交了首付没签合同的情形较为少见，并且签订正式合同之前，买受人往往在预先交付房屋定金的同时签订房屋认购书、房屋认购协议等预约性质的合同。因此即便买受人没有签订正式的房屋买卖合同，仍然受到预购合同的约束。

买受人退房意欲发生解除预购合同的效果，那么相应地就要承担预约合同的违约责任，如果只是交纳了定金，那么定金部分可能将作为单方解除房屋买卖关系的代价。

还有一些情形，房屋的买受人可以解除合同并要求出卖人承担责任：

（1）预约合同符合无效、可撤销的情形，买受人不仅可以退房，还可以要求对方承担相应的缔约过失责任或违约责任。

（2）合同约定“物”出现以下情形的，买受人可以请求退房。

①套型误差导致退房：按套（单元）计价的预售房屋，套型与设计图纸不一致时，或者相关尺寸超出约定的误差范围，合同中对此未约定处理方式的。

②面积误差导致退房：房屋实际交付面积比原合同规定误差比绝对值超过3%（不含3%）的。

③质量不合格导致退房：房屋主体结构质量不合格并依照有关规定经委托工程质量检测机构核验确实的。

④变更规划、设计导致退房：开发商未经有关部门批准，擅自改变房屋结构及合同中约定的配套环境的；开发商经批准改变房屋结构未经买家认可的。

（3）出卖人提供的合同修改了预约合同的内容，双方未对合同内容达成共同意思表示。

**怎么办：** 如果因为开发商而未签订合同，那么买受人不仅可以要求退房，还可以向对方主张违约责任。如果是买受人个人原因拒绝签署合同而要求退房，那么退房也是一种违约，需要承担责任。

## 相关规定

**1.《民法典》**

**第一百五十七条** 民事法律行为无效、被撤销或者确定不发生效力后，行为人因该行为取得的财产，应当予以返还；不能返还或者没有必要返还的，应当折价补偿。有过错的一方应当赔偿对方由此所受到的损失；各方都有过错的，应当各自承担相应的责任。法律另有规定的，依照其规定。

**第四百九十五条** 当事人约定在将来一定期限内订立合同的认购书、订购书、预订书等，构成预约合同。

当事人一方不履行预约合同约定的订立合同义务的，对方可以请求其承担预约合同的违约责任。

**第五百七十七条** 当事人一方不履行合同义务或者履行合同义务不符合约定的，应当承担继续履行、采取补救措施或者赔偿损失等违约责任。

**第五百八十条** 当事人一方不履行非金钱债务或者履行非金钱债务不符合约定的，对方可以请求履行，但是有下列情形之一的除外：

（一）法律上或者事实上不能履行；

（二）债务的标的不适于强制履行或者履行费用过高；

（三）债权人在合理期限内未请求履行。

有前款规定的除外情形之一，致使不能实现合同目的的，人民法院或者仲裁机构可以根据当事人的请求终止合同权利义务关系，但是不影响违约责任的承担。

**第五百八十七条** 债务人履行债务的，定金应当抵作价款或者收回。给付定金的一方不履行债务或者履行债务不符合约定，致使不能实现合同目的的，无权请求返还定金；收受定金的一方不履行债务或者履行债务不符合约定，致使不能实现合同目的的，应当双倍返还定金。

**第五百八十八条** 当事人既约定违约金，又约定定金的，一方违约时，对方可以选择适用违约金或者定金条款。

定金不足以弥补一方违约造成的损失的，对方可以请求赔偿超过定金数额的损失。

**2.《最高人民法院关于适用〈中华人民共和国民法典〉合同编通则若干问题的解释》**

**第六条** 当事人以认购书、订购书、预订书等形式约定在将来一定期限内订立合同，或者为担保在将来一定期限内订立合同交付了定金，能够确定将来所要订立合同的主体、标的等内容的，人民法院应当认定预约合同成立。

当事人通过签订意向书或者备忘录等方式，仅表达交易的意向，未约定在将来一定期限内订立合同，或者虽然有约定但是难以确定将来所要订立合同的主体、标的等内容，一方主张预约合同成立的，人民法院不予支持。

当事人订立的认购书、订购书、预订书等已就合同标的、数量、价款或者报酬等主要内容达成合意，符合本解释第三条第一款规定的合同成立条件，未明确约定在将来一定期限内另行订立合同，或者虽然有约定但是当事人一方已实施履行行为且对方接受的，人民法院应当认定本约合同成立。

**3.《城市房地产管理法》**

**第四十五条** 商品房预售，应当符合下列条件：

（一）已交付全部土地使用权出让金，取得土地使用权证书；

（二）持有建设工程规划许可证；

（三）按提供预售的商品房计算，投入开发建设的资金达到工程建设总投资的百分之二十五以上，并已经确定施工进度和竣工交付日期；

（四）向县级以上人民政府房产管理部门办理预售登记，取得商品房预售许可证明。

商品房预售人应当按照国家有关规定将预售合同报县级以上人民政府房产管理部门和土地管理部门登记备案。

商品房预售所得款项，必须用于有关的工程建设。

**4.《最高人民法院关于审理商品房买卖合同纠纷案件适用法律若干问题的解释》**

**第二条** 出卖人未取得商品房预售许可证明，与买受人订立的商品房预售合同，应当认定无效，但是在起诉前取得商品房预售许可证明的，可以认定有效。

**第四条** 出卖人通过认购、订购、预订等方式向买受人收受定金作为订立商品房买卖合同担保的，如果因当事人一方原因未能订立商品房买卖合同，应当按照法律关于定金的规定处理；因不可归责于当事人双方的事由，导致商品房买卖合同未能订立的，出卖人应当将定金返还买受人。

**5.《商品房销售管理办法》**

**第十九条** 按套（单元）计价的现售房屋，当事人对现售房屋实地勘察后可以在合同中直接约定总价款。

按套（单元）计价的预售房屋，房地产开发企业应当在合同中附所售房屋的平面图。平面图应当标明详细尺寸，并约定误差范围。房屋交付时，套型与设计图纸一致，相关尺寸也在约定的误差范围内，维持总价款不变；套型与设计图纸不一致或者相关尺寸超出约定的误差范围，合同中未约定处理方式的，买受人可以退房或者与房地产开发企业重新约定总价款。买受人退房的，由房地产开发企业承担违约责任。

**第二十条** 按套内建筑面积或者建筑面积计价的，当事人应当在合同中载明合同约定面积与产权登记面积发生误差的处理方式。

合同未作约定的，按以下原则处理：

（一）面积误差比绝对值在3%以内（含3%）的，据实结算房价款；

（二）面积误差比绝对值超出3%时，买受人有权退房。买受人退房的，房地产开发企业应当在买受人提出退房之日起30日内将买受人已付房价款退还给买受人，同时支付已付房价款利息。买受人不退房的，产权登记面积大于合同约定面积时，面积误差比在3%以内（含3%）部分的房价款由买受人补足；超出3%部分的房价款由房地产开发企业承担，产权归买受人。产权登记面积小于合同约定面积时，面积误差比绝对值在3%以内（含3%）部分的房价款由房地产开发企业返还买受人；绝对值超出3%部分的房价款由房地产开发企业双倍返还买受人。

$$\text{面积误差比}=\frac{\text{产权登记面积}-\text{合同约定面积}}{\text{合同约定面积}}\times 100\%$$

因本办法第二十四条规定的规划设计变更造成面积差异，当事人不解除合同的，应当签署补充协议。

**第二十二条** 不符合商品房销售条件的，房地产开发企业不得销售商品房，不得向买受人收取任何预订款性质费用。

符合商品房销售条件的，房地产开发企业在订立商品房买卖合同之前向买受人收取预订款性质费用的，订立商品房买卖合同时，所收费用应当抵作房价款；当事人未能订立商品房买卖合同的，房地产开发企业应当向买受人返还所收费用；当事人之间另有约定的，从其约定。

**第二十四条** 房地产开发企业应当按照批准的规划、设计建设商品房。商品房销售后，房地产开发企业不得擅自变更规划、设计。

经规划部门批准的规划变更、设计单位同意的设计变更导致商品房的结构型式、户型、空间尺寸、朝向变化，以及出现合同当事人约定的其他影响商品房质量或者使用功能情形的，房地产开发企业应当在变更确立之日起10日内，书面通知买受人。

买受人有权在通知到达之日起15日内做出是否退房的书面答复。买受人在通知到达之日起15日内未作书面答复的，视同接受规划、设计变更以及由此引起的房价款的变更。房地产开发企业未在规定时限内通知买受人的，买受人有权退房；买受人退房的，由房地产开发企业承担违约责任。

## 扩展 房产的一房多卖情况下，谁有获得房屋的优先权？

**回　答：** 两份房屋买卖合同均为有效合同的情形下，均未办理过户登记，实际占有房屋的买受人有权要求优先取得房屋所有权，均没有占有时，根据实际情况判断。

**理　由：** 物权的权能包括占有权、使用权、收益权及处分权，占有属于物权的核心权能之一。因为，只有占有物，才能使用物，从物上取得收益，以及对物作出处分。占有权较之还属于期待权的买卖合同的债权而言，应当优先受到法律保护，已经基于买卖合同合法占有房屋的买受人应当优先获得保护。

作为房屋的买受人，与出卖人签订房屋买卖合同以后，可以要求出卖人履行过户登记义务，同时要求出卖人交付房屋。如果其中一个买受人已经取得房屋钥匙、搬进房屋居住，就已经享有了对房屋的占有权，该占有权应当受到法律保护。另一买受人虽然支付了订金或购房款，但是只享有对物的债权。

**怎么办：** 一房多卖的情况下，各方都未办理房屋过户登记时，占有房屋的一方的物权可以优先受到保护。

### 相关规定

《民法典》

**第二百零九条**　不动产物权的设立、变更、转让和消灭，经依法登记，发生效力；未经登记，不发生效力，但是法律另有规定的除外。

依法属于国家所有的自然资源，所有权可以不登记。

**第二百一十四条**　不动产物权的设立、变更、转让和消灭，依照法律规定应当登记的，自记载于不动产登记簿时发生效力。

**第二百一十五条** 当事人之间订立有关设立、变更、转让和消灭不动产物权的合同，除法律另有规定或者当事人另有约定外，自合同成立时生效；未办理物权登记的，不影响合同效力。

**第二百一十七条** 不动产权属证书是权利人享有该不动产物权的证明。不动产权属证书记载的事项，应当与不动产登记簿一致；记载不一致的，除有证据证明不动产登记簿确有错误外，以不动产登记簿为准。

**第二百二十四条** 动产物权的设立和转让，自交付时发生效力，但是法律另有规定的除外。

**第二百四十条** 所有权人对自己的不动产或者动产，依法享有占有、使用、收益和处分的权利。

## 98

## 无房产证的房屋能买卖吗?

**回　答：**在该房产不是非法建筑的情况下，可以交易，也可以使用。

**理　由：**本问题属于合同中的“物”，合同中的“物”要求具有合法性和可交易性。房屋作为标的物没有房产证具有一定的瑕疵，会对买卖双方产生一定的影响。只要出卖人享有无房产证的房屋的所有权或者使用权就可以交易，除非买受人证明出卖人隐藏无房产证事实或存在其他合同无效事实，否则合同都是有效的。

无房产证的房屋不属于非法建筑，具有使用权或所有权就是可以进行交易的，可以签订房屋买卖合同，生效的合同对双方都有约束力，但是双方无法受到登记物权的保护。

无房产证房屋的买受人应当注意的事项较多，应当调查清楚房屋的真正权利人，以免将来对房屋权属产生争议。双方在签订合同时应当约定"若房屋将来可以取得房产证，在一定期限内，房屋的卖方应当配合买方办理过户登记手续"，并设置相应的违约条款。还应该根据实际情况获取相关购房资料，防止卖方取得房产证后出现"一房二卖"、不予办理登记过户的情形，以充分保证自己的权利。

**怎么办：** 只要合同交易的"物"不是非法物就不会影响合同效力，房屋没证的原因如果不是非法，房屋买卖合同即有效。房屋的买受人还应考虑交易目的，是用于居住、出租还是转卖，再决定是否要购买无房产证的房屋。

## 扩展1 小产权房屋买卖合同是否有效？

**回　答：** 合同有效，其他参考问题98。

**理　由：** 小产权房的说法是从民间流传出来，实际是指在农村集体土地上建设的房屋，未办理相关证件，未缴纳土地出让金等费用，其产权证不是由国家房管部门颁发，而是由乡政府或村颁发，亦称"乡产权房"。"小产权房"拿不到正式的房产证，因此并不构成真正法律意义上的产权，即小产权房只有使用权，没有国家确认的国有土地上的不动产所有权。因此，小产权房基于使用权的合同交易意思表示有效，基于所有权的交易意思表示无效。

## 扩展2 房屋因附有违法建筑而无法过户的是否影响买卖合同效力？

**回　答：** 根据不同情况，如果房屋出卖人隐瞒违法建筑事实构成欺诈的，合同可能无效或可撤销。如果违法建筑不影响买卖合同的目的实现，买卖合同依然合法有效，但涉及违法建筑部分的条款和交易内容无效。其他参考问题98。

## 扩展3 买卖查封的房产合同是否有效?

**回　答：**合同有效，但是否能实际履行需要根据不同的条件确定。

**理　由：**查封房产并不影响买卖合同的效力，但是买受人能否取得房屋的所有权要看其是从哪个渠道买的房。如果买受人是从有权处分房屋的拍卖平台买的房，不仅合同有效，房屋也能够完成过户。如果买受人明知查封仍与被查封人私下交易签订合同，合同可能会无效，买受人仅对该被查封人享有合同的债权，无论是否完成交付，都不能对该房屋享有物权。

法院对房屋查封的效果是限制房主的处分权利，包括出售、赠与、抵押和出租。因此，在房屋被查封后，双方进行的私下交易不会产生物权变动的结果。

**怎么办：**被抵押或查封的房屋买卖合同有效，但是否能够获得房屋产权，需要获得抵押权人和查封单位的同意。因此购买二手房时应要求房主提供最新的房屋信息查询单，确认该房屋的状态。购买预售房源时，我们应该也查询一下，这些房子是否存在被抵押和查封的情况，避免产生交付和办证问题。

### 相关规定

**1.《民法典》**

**第二百一十五条**　当事人之间订立有关设立、变更、转让和消灭不动产物权的合同，除法律另有规定或者当事人另有约定外，自合同成立时生效；未办理物权登记的，不影响合同效力。

**第五百九十七条**　因出卖人未取得处分权致使标的物所有权不能转移

的，买受人可以解除合同并请求出卖人承担违约责任。

法律、行政法规禁止或者限制转让的标的物，依照其规定。

**2.《城市房地产管理法》**

**第三十八条** 下列房地产，不得转让：

（一）以出让方式取得土地使用权的，不符合本法第三十九条规定的条件的；

（二）司法机关和行政机关依法裁定、决定查封或者以其他形式限制房地产权利的；

（三）依法收回土地使用权的；

（四）共有房地产，未经其他共有人书面同意的；

（五）权属有争议的；

（六）未依法登记领取权属证书的；

（七）法律、行政法规规定禁止转让的其他情形。

**3.《最高人民法院关于审理商品房买卖合同纠纷案件适用法律若干问题的解释》**

**第十四条** 由于出卖人的原因，买受人在下列期限届满未能取得不动产权属证书的，除当事人有特殊约定外，出卖人应当承担违约责任：

（一）商品房买卖合同约定的办理不动产登记的期限；

（二）商品房买卖合同的标的物为尚未建成房屋的，自房屋交付使用之日起90日；

（三）商品房买卖合同的标的物为已竣工房屋的，自合同订立之日起90日。

合同没有约定违约金或者损失数额难以确定的，可以按照已付购房款总额，参照中国人民银行规定的金融机构计收逾期贷款利息的标准计算。

99

## 买受人可以以限购政策为由解除房屋买卖合同吗？

**回　答：** 可以。

**理　由：** 限购、禁购的规定属于国家房产调控下的禁止性规范，具有强制性。买受人因不具有合法购房主体资格而无法实际继续履行房屋买卖合同，导致合同目的已经无法实现，如宏观调控政策构成“不可归责于当事人双方的事由”，买受人解除合同的请求一般都会获得法院的支持，出卖人应当将收受的购房款或者定金返还给买受人。但如果一方明知受限购政策影响并且隐瞒相关情况继续与相对方签订房屋买卖合同，合同虽然成立并生效，但属于可撤销的情形。此时合同的相对方不仅有权请求撤销合同，还可以向隐瞒真实情况的一方请求赔偿相关损失。

**怎么办：** 因限购政策不能购买房屋时，买受人应当先与出卖人协商解除房屋买卖合同，如协商不成，买受人可以向人民法院或仲裁机构请求解除合同。

### 相关规定

**1.《民法典》**

**第五百三十三条**　合同成立后，合同的基础条件发生了当事人在订立合同时无法预见的、不属于商业风险的重大变化，继续履行合同对于当事人一方明显不公平的，受不利影响的当事人可以与对方重新协商；在合理期限内协商不成的，当事人可以请求人民法院或者仲裁机构变更或者解除合同。

人民法院或者仲裁机构应当结合案件的实际情况，根据公平原则变更或者解除合同。

**2.《最高人民法院关于适用〈中华人民共和国民法典〉合同编通则若干问题的解释》**

**第十三条** 合同存在无效或者可撤销的情形，当事人以该合同已在有关行政管理部门办理备案、已经批准机关批准或者已依据该合同办理财产权利的变更登记、移转登记等为由主张合同有效的，人民法院不予支持。

## 100

## 买受人可以解除受限贷政策影响的房屋买卖合同吗？

**回　答：**不一定，具体要看合同中是否有明确约定。

**理　由：**限贷政策不同于限购政策，如果贷款不是双方约定的核心履行内容，不会必然导致买受人的合同目的无法实现，因此限贷政策不一定影响房屋买卖合同的效力。

如果双方在合同中明确约定，买受人以房贷政策变化不能办理按揭贷款导致无履约能力为由，可以请求解除合同，买受人符合约定解除权的情形时可以主张解除合同。如果合同中约定买受人不得以贷款不成为由解除合同，那么买受人不能以限贷政策为由解除合同。

如果双方当事人约定，未能在新政实施前办理完过户手续，合同自动解除，互不追究违约责任，应按照合同约定来处理双方的纠纷。

如果房屋买卖合同中对买受人发生受限贷政策影响情形没有约定，那么就根据买受人的现实状况判断，买受人无法取得贷款是否影响合同目的的实现。只有当买受人因无法取得贷款不能继续履行合同时，才有可能解除合同。

**怎么办：**买受人应当将未来可能发生变化的房贷政策情形提前约定在合同中，设置相应解除合同的条款，以免将来出现既不能取得贷款又无法解除合同或支付大额违约金的情况。

## 相关规定

**1. 《民法典》**

**第五百六十三条** 有下列情形之一的，当事人可以解除合同：

（一）因不可抗力致使不能实现合同目的；

（二）在履行期限届满前，当事人一方明确表示或者以自己的行为表明不履行主要债务；

（三）当事人一方迟延履行主要债务，经催告后在合理期限内仍未履行；

（四）当事人一方迟延履行债务或者有其他违约行为致使不能实现合同目的；

（五）法律规定的其他情形。

以持续履行的债务为内容的不定期合同，当事人可以随时解除合同，但是应当在合理期限之前通知对方。

**2. 《最高人民法院关于审理商品房买卖合同纠纷案件适用法律若干问题的解释》**

**第十九条** 商品房买卖合同约定，买受人以担保贷款方式付款、因当事人一方原因未能订立商品房担保贷款合同并导致商品房买卖合同不能继续履行的，对方当事人可以请求解除合同和赔偿损失。因不可归责于当事人双方的事由未能订立商品房担保贷款合同并导致商品房买卖合同不能继续履行的，当事人可以请求解除合同，出卖人应当将收受的购房款本金及其利息或者定金返还买受人。

**101**

## 开发商逾期交房，业主能否依据银行按揭贷款利息要求对方承担违约责任？

**回　答：**不行。

**理　由：**首先开发商迟延交房违反了其应按期交付房屋的义务，应对业主承担相应的违约责任。违约责任的范围由《民法典》第584条规定。由此可见，我国《民法典》确定的合同一般的违约责任范围是以填补损失范围为原则。

但是，本问题说的是银行按揭贷款利息，这部分利息不受逾期交房的影响，不属于违约产生的损失。逾期交房的实际损失是房屋的使用费用，因此逾期交房的损失如果合同无具体约定，可按照同区位的同面积房屋租赁价格予以赔偿。

**怎么办：**开发商逾期交房，业主不能要求开发商承担按揭利息，但可以要求他们承担违约金和损失。

现在的商品房买卖合同中虽然一般都会明确约定逾期交房的违约责任条款，但由于合同文本由出卖人提供，因此出卖人往往将违约金约定为低于买受人的实际损失，我们团队中的律师甚至还看到过"逾期违约金每日万分之零点一"的约定。这样的违约金不足以弥补购房者的损失，购房者就可以根据格式条款的相关规定，以违约金不足以弥补损失为由，要求开发商按照同区域房屋租金价格增加违约金。

## 相关规定

**1.《民法典》**

**第五百八十四条** 当事人一方不履行合同义务或者履行合同义务不符合约定，造成对方损失的，损失赔偿额应当相当于因违约所造成的损失，包括合同履行后可以获得的利益；但是，不得超过违约一方订立合同时预见到或者应当预见到的因违约可能造成的损失。

**第五百八十五条** 当事人可以约定一方违约时应当根据违约情况向对方支付一定数额的违约金，也可以约定因违约产生的损失赔偿额的计算方法。

约定的违约金低于造成的损失的，人民法院或者仲裁机构可以根据当事人的请求予以增加；约定的违约金过分高于造成的损失的，人民法院或者仲裁机构可以根据当事人的请求予以适当减少。

当事人就迟延履行约定违约金的，违约方支付违约金后，还应当履行债务。

**2.《最高人民法院关于审理商品房买卖合同纠纷案件适用法律若干问题的解释》**

**第十三条** 商品房买卖合同没有约定违约金数额或者损失赔偿额计算方法，违约金数额或者损失赔偿额可以参照以下标准确定：

逾期付款的，按照未付购房款总额，参照中国人民银行规定的金融机构计收逾期贷款利息的标准计算。

逾期交付使用房屋的，按照逾期交付使用房屋期间有关主管部门公布或者有资格的房地产评估机构评定的同地段同类房屋租金标准确定。

## 102

## 出卖人签约后不愿意卖了，买受人是否可以主张房屋差价作为损失赔偿呢？

**回　答：**可以。

**理　由：**房屋买卖合同有效的情形下，出卖人拒绝履行合同，构成违约，应该承担相应的违约责任。

在房屋的出卖人违约，或者实际不可能履行约定的情况下（如“一房二卖”并且完成登记过户），出卖人违约行为导致买受人需要另行购买相类似的房屋的，买受人需要另行支付的购房成本就同其之前签约的购房成本之间存在明显差价，该部分价差可以作为买受人遭受的损失，向违约方主张赔偿。

**怎么办：**在房屋出卖人拒绝履行交房义务时，房屋的买受人要求出卖人承担损失赔偿，损失赔偿可以包括因此产生的房屋差价。

**相关规定**

**《民法典》**

**第五百七十八条** 当事人一方明确表示或者以自己的行为表明不履行合同义务的，对方可以在履行期限届满前请求其承担违约责任。

**第五百八十四条** 当事人一方不履行合同义务或者履行合同义务不符合约定，造成对方损失的，损失赔偿额应当相当于因违约所造成的损失，包括合同履行后可以获得的利益；但是，不得超过违约一方订立合同时预见到或者应当预见到的因违约可能造成的损失。

**第五百九十一条** 当事人一方违约后，对方应当采取适当措施防止损失的扩大；没有采取适当措施致使损失扩大的，不得就扩大的损失请求赔偿。

当事人因防止损失扩大而支出的合理费用，由违约方负担。

**扩展** **如果买卖房屋的双方约定的违约金小于房屋差价，还能否请求违约方承担房屋差价的违约责任?**

**回　答：**可以。

**理　由：**《民法典》有明确规定，双方约定的违约金低于实际损失的，人民法院或者仲裁机构可以根据当事人的请求予以增加。如果实际产生的损失高于违约金，可以要求增加违约金。

**怎么办：**买受人可以主张包括房屋差价在内的违约损失，具体的违约金数额，由人民法院或者仲裁机构根据案件情况加以调整。

**相关规定**

**1.《民法典》**

**第五百八十五条** 当事人可以约定一方违约时应当根据违约情况向对方支付一定数额的违约金，也可以约定因违约产生的损失赔偿额的计算方法。

约定的违约金低于造成的损失的，人民法院或者仲裁机构可以根据当事人的请求予以增加；约定的违约金过分高于造成的损失的，人民法院或者仲裁机构可以根据当事人的请求予以适当减少。

当事人就迟延履行约定违约金的，违约方支付违约金后，还应当履行债务。

**2.《最高人民法院关于适用〈中华人民共和国民法典〉合同编通则若干问题的解释》**

**第六十条** 人民法院依据民法典第五百八十四条的规定确定合同履行后可以获得的利益时，可以在扣除非违约方为订立、履行合同支出的费用等合理成本后，按照非违约方能够获得的生产利润、经营利润或者转售利润等计算。

非违约方依法行使合同解除权并实施了替代交易，主张按照替代交易价格与合同价格的差额确定合同履行后可以获得的利益的，人民法院依法予以支持；替代交易价格明显偏离替代交易发生时当地的市场价格，违约方主张按照市场价格与合同价格的差额确定合同履行后可以获得的利益的，人民法院应予支持。

非违约方依法行使合同解除权但是未实施替代交易，主张按照违约行为发生后合理期间内合同履行地的市场价格与合同价格的差额确定合同履行后可以获得的利益的，人民法院应予支持。

## 103

## 买受人已经支付了全部购房款，房地产开发企业进入破产程序后，能否请求继续履行房屋过户义务？

**回　答：** 不一定，要看房屋的实际情况。只有买受人享有房屋的物权或享有对特定不动产的特殊债权时，房地产开发企业进入破产程序后，买受人才能请求对方继续履行房屋过户义务。

**理　由：** 房地产开发企业进入破产程序后，房屋如果已经竣工，并且买受人已完全支付对价，那么该房屋属于特定物，不属于企业的破产财产，买受人可以请求房地产开发企业继续履行房屋过户义务。

房屋如果未竣工，那么该房屋是否属于企业的破产财产，存在不同的意见。我们认为，尚未竣工验收的房屋只要经买受人选定后也属于特定物，如买受人已完全支付对价，则该房屋不属于企业破产财产。因为买受人就所购商品房对出卖人享有的债权，有别于普通无担保债权，是一种针对特定不动产所享有的具有非金钱债务属性的特殊债权，在受偿顺序上优先于有担保债权，建设工程价款优先受偿权亦不得对抗该债权，而且该房屋的过户不应属于债务人对个别债权人的债务清偿。

**怎么办：** 如果房屋有物权登记的可能，一般法院都会支持该房屋为特定物，可以过户。

从订房协议到预售合同再到正式的房屋买卖合同，房屋在过户之前会分别处于不同的状态，从买受人对房屋享有债权一点点过渡到买受人对标的物的物权，再加上房屋可能存在的抵押、查封等情况，都会影响房屋的物权状态，因此需要根据实际情况逐一识别。

## 相关规定

**1.《民法典》**

**第二百零九条** 不动产物权的设立、变更、转让和消灭，经依法登记，发生效力；未经登记，不发生效力，但是法律另有规定的除外。

依法属于国家所有的自然资源，所有权可以不登记。

**第八百零七条** 发包人未按照约定支付价款的，承包人可以催告发包人在合理期限内支付价款。发包人逾期不支付的，除根据建设工程的性质不宜折价、拍卖外，承包人可以与发包人协议将该工程折价，也可以请求人民法院将该工程依法拍卖。建设工程的价款就该工程折价或者拍卖的价款优先受偿。

**2.《最高人民法院关于审理企业破产案件若干问题的规定》**

**第七十一条** 下列财产不属于破产财产：

（一）债务人基于仓储、保管、加工承揽、委托交易、代销、借用、寄存、租赁等法律关系占有、使用的他人财产；

（二）抵押物、留置物、出质物，但权利人放弃优先受偿权的或者优先偿付被担保债权剩余的部分除外；

（三）担保物灭失后产生的保险金、补偿金、赔偿金等代位物；

（四）依照法律规定存在优先权的财产，但权利人放弃优先受偿权或者优先偿付特定债权剩余的部分除外；

（五）特定物买卖中，尚未转移占有但相对人已完全支付对价的特定物；

（六）尚未办理产权证或者产权过户手续但已向买方交付的财产；

（七）债务人在所有权保留买卖中尚未取得所有权的财产；

（八）所有权专属于国家且不得转让的财产；

（九）破产企业工会所有的财产。

**3.《企业破产法》**

**第十六条** 人民法院受理破产申请后，债务人对个别债权人的债务清偿无效。

## 104

## 买受人能否以商品房买卖合同格式条款不公平为由拒绝签署合同？

**回　答：** 可以。

**理　由：** 这个问题属于“事”的部分，一般消费者遇到这种情况时已经和开发商签订了类似《房屋认购协议》的预约合同，但还没有签订正式的房屋买卖合同。

预约合同签订后，合同双方应当在公平、诚信的原则下磋商以订立本约。如开发商提供的正式房屋买卖合同中权利义务内容对买受人不公平或者合同中含有显失公平的格式条款，买受人可以拒绝签署，不属于买受人对预约合同的反悔。需要注意的是，如买受人认为的不公平格式条款在预约合同中有所体现，则该抗辩不成立。

同时根据《合同编通则司法解释》第7条的规定，购房者和开发商订立预约合同后，购房者仅以格式条款不公平为由拒绝签订本约合同的，如果被认定为违背诚信原则，会被法院认为不履行预约合同约定的义务。

**怎么办：** 如发现显失公平的格式条款，买受人可以向开发商提出异议，并要求开发商修改或删除有失公平的条款。如果开发商拒绝修改条款或者修改的条款仍对买受人不公平，买受人可以主张解除之前签订的预约合同并要求开发商退还相应的购房款或订金、定金。

## 相关规定

**1.《民法典》**

**第四百九十五条** 当事人约定在将来一定期限内订立合同的认购书、订购书、预订书等，构成预约合同。

当事人一方不履行预约合同约定的订立合同义务的，对方可以请求其承担预约合同的违约责任。

**第四百九十六条** 格式条款是当事人为了重复使用而预先拟定，并在订立合同时未与对方协商的条款。

采用格式条款订立合同的，提供格式条款的一方应当遵循公平原则确定当事人之间的权利和义务，并采取合理的方式提示对方注意免除或者减轻其责任等与对方有重大利害关系的条款，按照对方的要求，对该条款予以说明。提供格式条款的一方未履行提示或者说明义务，致使对方没有注意或者理解与其有重大利害关系的条款的，对方可以主张该条款不成为合同的内容。

**第四百九十七条** 有下列情形之一的，该格式条款无效：

（一）具有本法第一编第六章第三节和本法第五百零六条规定的无效情形；

（二）提供格式条款一方不合理地免除或者减轻其责任、加重对方责任、限制对方主要权利；

（三）提供格式条款一方排除对方主要权利。

**2.《最高人民法院关于适用〈中华人民共和国民法典〉合同编通则若干问题的解释》**

**第七条** 预约合同生效后，当事人一方拒绝订立本约合同或者在磋商订立本约合同时违背诚信原则导致未能订立本约合同的，人民法院应当认定该当事人不履行预约合同约定的义务。

人民法院认定当事人一方在磋商订立本约合同时是否违背诚信原则，应当综合考虑该当事人在磋商时提出的条件是否明显背离预约合同约定的内容以及是否已尽合理努力进行协商等因素。

**第九条** 合同条款符合民法典第四百九十六条第一款规定的情形，当事人仅以合同系依据合同示范文本制作或者双方已经明确约定合同条款不属于格式条款为由主张该条款不是格式条款的，人民法院不予支持。

从事经营活动的当事人一方仅以未实际重复使用为由主张其预先拟定且未与对方协商的合同条款不是格式条款的，人民法院不予支持。但是，有证据证明该条款不是为了重复使用而预先拟定的除外。

**第十条** 提供格式条款的一方在合同订立时采用通常足以引起对方注意的文字、符号、字体等明显标识，提示对方注意免除或者减轻其责任、排除或者限制对方权利等与对方有重大利害关系的异常条款的，人民法院可以认定其已经履行民法典第四百九十六条第二款规定的提示义务。

提供格式条款的一方按照对方的要求，就与对方有重大利害关系的异常条款的概念、内容及其法律后果以书面或者口头形式向对方作出通常能够理解的解释说明的，人民法院可以认定其已经履行民法典第四百九十六条第二款规定的说明义务。

提供格式条款的一方对其已经尽到提示义务或者说明义务承担举证责任。对于通过互联网等信息网络订立的电子合同，提供格式条款的一方仅以采取了设置勾选、弹窗等方式为由主张其已经履行提示义务或者说明义务的，人民法院不予支持，但是其举证符合前两款规定的除外。

105

## 小区会所或者小区的公共配套设施是否归业主所有?

**回　答：**公共设施应归业主共有。小区会所目前很多不归业主共有，而是进行了单独的产权登记。

**理　由：**公共配套设施作为小区的共有部分，应归属全体业主共有，其作为小区的共有设施，属于小区的不可分割部分，属于小区的功能性设施，没有权益归属争议。

小区的会所是近几年产生的新事物，过去只有物业用房，小区会所如果是在物业用房以外的房产，开发商往往会保留其产权。小区的会所有为小区业主服务的性质，因此如果小区在销售时，开发商明确承诺业主服务的功能包含小区会所，那么物业服务中也包含小区会所服务。即便从法律上小区会所属于专有性质，产权归属开发商，但是未经业主同意，开发商也不得改变用途，否则就会构成违约。

**怎么办：**对于小区会所，如果开发商将其作为小区的配套服务，无论该会所是专有还是共有，是否将会所的建设费用和建筑面积分摊，小区业主均对会所享有使用权，同时小区会所的所有权人想要对会所用途变更应先经业主同意。

**相关规定**

**《民法典》**

**第二百七十三条** 业主对建筑物专有部分以外的共有部分，享有权利，承担义务；不得以放弃权利为由不履行义务。

业主转让建筑物内的住宅、经营性用房，其对共有部分享有的共有和共同管理的权利一并转让。

**第二百七十四条** 建筑区划内的道路，属于业主共有，但是属于城镇公共道路的除外。建筑区划内的绿地，属于业主共有，但是属于城镇公共绿地或者明示属于个人的除外。建筑区划内的其他公共场所、公用设施和物业服务用房，属于业主共有。

**扩展** **小区的公共部分和共有部分用于广告或者其他经营性收益产生的费用是否应该归全体业主共有?**

**回　答：**小区内共有建筑或设施的广告或其他经营性收益都归全体业主共同所有。

**理　由：**小区共有的建筑物及附属设施，均是全体业主所共有，因此利用以上共有建筑或附属设施产生的广告或其他收益也应归属全体业主共有。

**怎么办：**业主有权要求物业公司公示公共区域的收益，物业公司有义务将公共收益部分纳入全体业主的共有账户，用于补充维修资金。

**相关规定**

**《民法典》**

**第二百八十二条** 建设单位、物业服务企业或者其他管理人等利用业主的共有部分产生的收入，在扣除合理成本之后，属于业主共有。

第九章

# 房屋租赁合同

## 第一节 “人”“物”“事”“行”解构下的房屋租赁合同

相对房屋买卖，房屋租赁具有灵活、节省成本、容易搬家的特点，承租人可以更加方便地匹配自己的需求，房屋租赁合同是生活中常用的合同。

房屋租赁合同在“人”“物”“事”“行”四个方面与房屋买卖合同相比有不同的要求。

“人”：房屋租赁合同中的出租人无须像房屋买卖合同中的当事人一样要求房屋的所有权，只需要拥有使用权和对外租赁的权利即可。

“物”：与房屋买卖大体类似，需要明确房屋的位置、租赁物状态、包含内容等。另外租赁合同中还需要注明租赁物的具体情况，如房屋面积、装修情况、家具家电、使用范围（特别是合租）等。

“事”：承租人关注的是租赁物的交付时间、租赁周期、维修、物业费用以及租赁方式（如单租、分租、合租）等，出租人则关注付款方式和时间等问题。

“行”：合同履行过程中发生优先购买、续租、租赁物致人损害、转租等问题时，应该在发生任何问题后及时通知相对方，并保留证据。

## 第二节 房屋租赁合同中的现实问题

106

### 租赁合同可以不约定租期吗?

**回　答：**可以。

**理　由：**不约定租期即未约定合同的履行期限，这属于“事”的部分。法律没有明文禁止租赁合同不约定租期，租赁期限在合同双方意思自治的范围内，因此合同没有约定履行期限不影响合同的成立和生效。

**怎么办：**合同双方未约定租期的，应当被认定为不定期租赁合同。在没有约定租期的情况下，可以随时解除合同，但应当在合理期限之前通知对方。

**相关规定**

《民法典》

**第五百六十三条**　有下列情形之一的，当事人可以解除合同：

（一）因不可抗力致使不能实现合同目的；

（二）在履行期限届满前，当事人一方明确表示或者以自己的行为表明不履行主要债务；

（三）当事人一方迟延履行主要债务，经催告后在合理期限内仍未履行；

（四）当事人一方迟延履行债务或者有其他违约行为致使不能实现合同目的；

（五）法律规定的其他情形。

以持续履行的债务为内容的不定期合同，当事人可以随时解除合同，但是应当在合理期限之前通知对方。

**第七百零七条** 租赁期限六个月以上的，应当采用书面形式。当事人未采用书面形式，无法确定租赁期限的，视为不定期租赁。

## 扩展1 租赁合同能对居住人数和居住人身份进行约定吗?

**回　答：**可以。

**理　由：**租赁合同对居住人数和居住人身份的约定同样属于“事”中履行方式的部分，仍然在当事人意思自治的范围内。关于居住人数和居住人身份的条款是由出租人提出来对承租人权利义务的限制，不能违反法律法规效力性强制性规定，因此应当注意现在各地方人民政府相应出台过的对居住人数限制的地方政府规章。

**怎么办：**出租人不仅可以对居住人数和居住人身份进行约定，还可以设置相应的违约。比如，可以设置“承租人如违反居住人数和居住人身份的约定，可以解除合同，并要求承租人支付3个月的租金作为违约金”等类似条款。

## 扩展2 房屋租赁合同最长期限是多少年?

**回　答：**20年。

**理　由：**法律对房屋租赁合同的期限有明确规定，租赁期限不得超过20年，否则超出部分无效，但不表示合同无效，房屋租赁合同在20年内仍有效。

**怎么办：**合同双方应签订不超过20年租赁期限的合同，租赁期限届满后，双方可签订续租合同，同理，续租合同也不得超过20年期限。

## 相关规定

《民法典》

**第七百零五条** 租赁期限不得超过二十年。超过二十年的，超过部分无效。

租赁期限届满，当事人可以续订租赁合同；但是，约定的租赁期限自续订之日起不得超过二十年。

107

## 二房东不给房租，大房东能赶人吗？

**回　答：**首先明确一下称呼：大房东是出租人（房屋所有权人），二房东是承租人，实际住户是次承租人。

承租人的转租行为合法有效（转租违法相关内容参见问题107扩展1）且转租期限未超出租赁期限的情形下，承租人不给房租，出租人可以请求解除租赁合同，合同解除后出租人才能请求次承租人“腾房走人”。

**理　由：**承租人不按时交纳房租构成违约，出租人就可以请求解除租赁合同。因为承租人与次承租人之间的租赁合同是建立在房屋所有权人与承租人租赁合同的基础之上，如果房屋出租人与承租人解除了租赁合同，那么次承租人就失去了占有房屋的权利基础，自合同解除后承租人对租赁物的占有就从有权占有转变为无权占有，房屋出租人依据其对房屋的所有权可以收回租赁物，转租合同在客观上成为不能履行的合同。

本问题实际上是两种不同的法律关系产生的冲突——对于相同的物，不同的当事人签订有前后顺序的两份合同，前置合同的违约是否影响后置合同的履行问题。

作为后置合同的当事人，我们应该清楚该合同履行过程中可能会发生多方风险。应对这种风险，需要我们设置“风险阀”，比如转租房房租的一次性交付周期不应过长、付款周期最好与转租方和出租人的房租支付同步等。

**怎么办：**承租人拖欠租金，出租人可先和次承租人沟通，由次承租人代承租人支付租金，具体可参见问题107扩展4。次承租人不同意代付租金的，出租人可向人民法院请求解除合同。合同解除以后，可通知次承租人搬离房屋，并且出租人可以要求次承租人支付自合同解除之日起至实际搬离之日的房屋占有使用费。

## 相关规定

**1.《民法典》**

**第七百二十二条** 承租人无正当理由未支付或者迟延支付租金的，出租人可以请求承租人在合理期限内支付；承租人逾期不支付的，出租人可以解除合同。

**2.《最高人民法院关于审理城镇房屋租赁合同纠纷案件具体应用法律若干问题的解释》**

**第十三条** 房屋租赁合同无效、履行期限届满或者解除，出租人请求负有腾房义务的次承租人支付逾期腾房占有使用费的，人民法院应予支持。

## 扩展1 出租人将房屋租赁出去，对方擅自把房屋再次租给他人，出租人不同意，该怎么办？

**回　答：**出租人可以要求解除合同，并要求承租人支付违约金。

**理　由：**除合同有约定外，租赁物的转租应经出租人同意。承租人未经出租人同意转租的，出租人可以解除出租人与承租人签订的租赁合同。注意：如果租赁合同中没有明确约定承租人是否可以转租的，出租人应该在知道承租人转租后6个月内提出异议，否则视为出租人同意转租，进而就无权请求解除合同。

**怎么办：** 出租人发现转租之后，应当在6个月内提出异议，并可向承租人主张解除合同和支付违约金。

**相关规定**

《民法典》

**第七百一十六条** 承租人经出租人同意，可以将租赁物转租给第三人。承租人转租的，承租人与出租人之间的租赁合同继续有效；第三人造成租赁物损失的，承租人应当赔偿损失。

承租人未经出租人同意转租的，出租人可以解除合同。

**第七百一十八条** 出租人知道或者应当知道承租人转租，但是在六个月内未提出异议的，视为出租人同意转租。

## 扩展2 承租人对外转租期限超过与出租人约定的租赁期限怎么办？

**回　答：** 转租合同中超出租赁期限的部分无效，到期后，出租人可以要求交还租赁物。

**理　由：** 基于法律的明确规定和诚信原则，这仍是两份不同的合同之间各自承担责任的问题。基于合同的相对性，承租人将租赁物对外转租期限超过自己的租赁期限，超出期限部分对出租人无任何约束力，出租人到期可以收回房屋。如果次承租人是善意第三人，对于原租赁期限不知情或者承租人欺诈的，可以要求承租人承担违约责任。

**怎么办：** 房屋出租人只需履行和承租人签订的房屋租赁合同义务，履行期限届满后，如出租人不想续租，可以收回房屋，不受到承租人和次承租人之间转租合同约定的影响。

## 相关规定

**《民法典》**

**第七百一十七条** 承租人经出租人同意将租赁物转租给第三人，转租期限超过承租人剩余租赁期限的，超过部分的约定对出租人不具有法律约束力，但是出租人与承租人另有约定的除外。

## 扩展3 因承租人擅自转租，出租人行使解除权后，能否向承租人主张擅自转租期间收取的租金差价作为违约金？

**回 答：** 可以。

**理 由：** 虽然法律不允许承租人擅自转租，承租人擅自转租的行为系非法处分，但承租人与次承租人签订的合同仍然合法有效（前提是次承租人不知道承租人没有转租权，系善意，否则笔者认为是效力待定），所以承租人收取租金的行为有合同依据。同时承租人擅自转租的行为违反合同义务，构成违约，出租人可以主张其承担违约责任，违约金也可以采用其他计算方式，承租人转租所获得收益也可以作为计算违约金的标准。

**怎么办：** 出租人请求解除合同，同时可以要求将承租人擅自转租收取的租金差价作为违约金或损害赔偿金。

## 扩展4 转租合同关系中，承租人拖欠租金的，次承租人可以代承租人支付其欠付的租金和违约金吗？

**回 答：** 可以，这是法律规定给次承租人以维持租赁合同关系稳定的权利。

**理 由：** 承租人拖欠出租人租金的，出租人有权请求解除合同。这时，如果次承租人提出代承租人支付拖欠的租金和违约金，可以对抗出租人的合同解除权，次承租人支付完毕承租人拖欠的租金后，出租人就不能行使解除权。次承租人代为支付的租金和违约金超出其应向承租人支付租金的部分，可以向承租人进行追偿。

作为次承租人，为了防止合同解除造成自己损失，如果想继续维持租赁关系，可以向出租人表示代承租人付款。金额应当按照以出租人与承租人之间约定的租金为基准，实际欠付期限的时间计算租金，同时不得附加额外条件。出租人可以拒绝次承租人分期付款、承诺、欠款等意思的支付方式，也就是说，次承租人代付的履行方式应为及时结清，否则无法达到阻却出租人行使合同解除权的效果。

**怎么办：**本问题涉及第三人代为履行的问题。第三人代为履行的合同，是指经当事人约定，由第三人代替债务人履行义务，第三人没有因为履行债务而成为当事人的合同。次承租人作为第三人代为履行，无权修改原租赁合同中的约定，应无条件遵循原租赁合同的约定。当然，如出租人同意对履行方式做出改变，双方可以协商达成新的协议，这个时候可能就变成债务承担或者债权债务概括转移。

**相关规定**

**《民法典》**

**第七百一十九条** 承租人拖欠租金的，次承租人可以代承租人支付其欠付的租金和违约金，但是转租合同对出租人不具有法律约束力的除外。

次承租人代为支付的租金和违约金，可以充抵次承租人应当向承租人支付的租金；超出其应付的租金数额的，可以向承租人追偿。

108

## 在建房屋能否作为租赁标的物？

**回　答：**可以。

**理　由：**俗话说“法无禁止皆可为”，法律没有明文禁止在建房屋作为租赁物，也就是说，在这方面法律尊重当事人合同中的意思自治。双方将在建房屋约定为合同标的物不违反法律法规效力性强制性规定，应当认定此类合同有效。

**怎么办：** 租赁在建房屋时，最大的风险就是房屋的使用权及房屋的安全保障义务，因此需要提高警惕，在合同中需要进行必要的风险规避。

## 扩展1 没证的房屋能否租赁？

**回　答：** 可以。

**理　由：** 租赁不同于买卖，房屋租赁行为不涉及转移房屋的所有权，更无须登记备案，并且法律也没有明文禁止没有房产证的房屋作为租赁物，因此没有房产证的房屋不影响房屋的租赁。

**怎么办：** 本问题与在建房屋一样，面临的是所有权、使用权无法对抗第三人的问题，因此需要对房屋的使用权、安全保障义务在合同中加以明确。

## 扩展2 出租人故意隐瞒订约前出租房屋已经被抵押的事实，承租人该怎么办？

**回　答：** 承租人可以撤销租赁合同并要求出租人承担违约责任。

如房屋已经被抵押拍卖，承租人可以请求解除合同，并要求出租人承担违约责任。

**理　由：** 如房屋还未被抵押拍卖，承租人证明其因受到欺诈而订立租赁合同，如合同不违反法律强制性规定，受欺诈方可以自知道或应当知道撤销之日起1年内行使撤销权。

如房屋已经被抵押拍卖，则出租人与承租人的租赁合同将无法继续履行，承租人的合同目的无法实现。因此无论承租人是否受到欺诈，均可以请求解除合同。

对于承租人来说，在订立合同之前，应当实地考察一下房屋的实际状况，决定是否要租。紧接着承租人可以前往房屋管理相关部门或不动产登记中心查询房产信息，查看房屋是否存在被抵押、查封的信息。同时承租人可以要求出租人拿出对房屋享有所有权或使用权的相关证明文件，并在合同中约定房屋不能有权利瑕疵的事项，否则应当承担相应违约责任。对于违约金计算标准的类似条款，也应当进行明确约定。

**怎么办：**本问题符合合同一方隐瞒、欺诈的规定，因此承租人可以要求出租人承担违约责任，并要求解除或撤销合同。

**相关规定**

《民法典》

**第一百四十八条** 一方以欺诈手段，使对方在违背真实意思的情况下实施的民事法律行为，受欺诈方有权请求人民法院或者仲裁机构予以撤销。

**109**

## 租赁期间承租房屋易主，租赁合同是否继续履行?

**回　答：**租赁期间房屋所有权变动，不影响租赁合同关系，应继续履行租赁合同。

**理　由：**法律上明确规定了“买卖不破租赁”原则，意思是出租人和承租人的租赁合同关系在先，租赁期间内房屋的产权关系发生变动在后的情况下，租赁物的物权变动不影响原租赁合同关系，即承租人有权继续使用该房屋。

所有权变动属于物权变动，租赁关系是债权债务关系，但也是物权中的使用权，正常情况下，对物权的保护应当优先于债权。法律如此规定的目的在于保护承租人对租赁物现实的占有、使用和收益的状态，以及承租人对租赁物的控制和利用关系，避免因物权变动而扩大租赁的交易风险，达到促进交易、维护交易稳定的目的。

**怎么办：** 对于房屋的承租人，在租赁期间内房屋所有权变动不影响租赁合同关系，应继续履行租赁合同。

作为房屋的受让人即新的物权人，在取得房屋所有权后，应继续履行租赁合同。拒绝履行租赁合同的行为构成违约，应对房屋承租人承担违约责任。

## 相关规定

**《民法典》**

**第七百二十五条** 租赁物在承租人按照租赁合同占有期限内发生所有权变动的，不影响租赁合同的效力。

## 扩展1 租赁期间房屋易主，租金该怎么办？

**回　答：** 承租人接到出租人变更的通知后，租金应向新房主继续交纳。

**理　由：** 现实中区分两种情形。第一种情形，承租人未预付全部租金，则房屋所有权变动后，承租人应当向新的房屋所有权人即房屋受让人按照原租赁合同关系确定金额支付租金；第二种情形，若承租人已经预付全部租赁期租金，则无须向房屋受让人支付剩余租金。对于第一种情形可以直接适用《民法典》第240条的规定，所有权人对自己的不动产依法享有收益的权利，因房屋所有权人的变更直接影响到承租人履行合同义务的对象主体变动，属于合同中“人”的变动。对于第二种情形，承租人之所以能够以预付租金为由对抗受让人的租金请求权，是因为承租人已经向原房屋所有权人预付租金了。也就是说，合同义务已经履行完毕，因此承租人没有向房屋受让人支付租金的义务。

**怎么办：**对于承租人来说，这个问题并不难处理，已经交足租金了就无须再交。如果还没有交完租金，承租人只需向新“人”交之后的租金即可。

对于房屋受让人而言，在签订房屋前就应全面了解“标的物”的所有情况再作决定。若转让人未如实告知，受让人不知标的房屋已预收租金或真实的租金水平，致使受让人以不合理的价格购买了标的房屋，受让人不仅可以要求转让人支付剩余期限预付租金，还可以以标的物存在瑕疵为由要求转让人赔偿损失。

## 相关规定

**《民法典》**

**第二百四十条** 所有权人对自己的不动产或者动产，依法享有占有、使用、收益和处分的权利。

## 扩展2 哪些情形承租人不得主张优先购买权？

**回　答：**承租人不得主张优先购买权的情况有：（1）房屋按份共有人行使优先购买权；（2）出租人将房屋卖给近亲属（包括配偶、父母、子女、兄弟姐妹、祖父母、外祖父母、孙子女、外孙子女）。

**理　由：**对于第一种情形来说，房屋按份共有人优先于承租人是因为共有人本身对房屋享有一部分所有权，因此优先性强于承租人。对于第二种情形来说，出租人将房屋卖给近亲属，不仅有经济利益，还有感情因素掺杂其中，所以规定在此种情况下承租人不得主张优先购买权。

作为承租人，只要不出现以上两种情形，都可以主张对房屋的优先购买权。要注意出租人履行告知义务后，承租人应当在 15 天内明确表示购买，否则视为放弃优先购买权。

**怎么办：** 作为出租人，对外出售房屋前应当向承租人履行通知义务，若不履行通知义务就出卖房屋，侵犯了承租人的优先购买权，可能会面临被承租人要求赔偿的情形。

**相关规定**

《民法典》

**第七百二十六条** 出租人出卖租赁房屋的，应当在出卖之前的合理期限内通知承租人，承租人享有以同等条件优先购买的权利；但是，房屋按份共有人行使优先购买权或者出租人将房屋出卖给近亲属的除外。

出租人履行通知义务后，承租人在十五日内未明确表示购买的，视为承租人放弃优先购买权。

**第七百二十七条** 出租人委托拍卖人拍卖租赁房屋的，应当在拍卖五日前通知承租人。承租人未参加拍卖的，视为放弃优先购买权。

## 扩展3 出租人侵犯承租人的优先购买权，承租人能否请求法院宣告出租人与第三人之间的房屋买卖合同无效？

**回　答：** 不能。

**理　由：** 法律规定，承租人只能以出租人侵犯其优先购买权为由请求赔偿，但是不得确认出租人与第三人之间的合同无效。除非承租人能证明出租人与第三人的房屋买卖合同是恶意串通签订的，才可以申请撤销该合同。

**怎么办：** 当承租人发现自己的优先购买权被侵犯时，可以直接向出租人主张赔偿，但无权主张买卖合同无效。

**相关规定**

《民法典》

**第一百五十四条** 行为人与相对人恶意串通，损害他人合法权益的民事法律行为无效。

**第七百二十八条** 出租人未通知承租人或者有其他妨害承租人行使优先购买权情形的，承租人可以请求出租人承担赔偿责任。但是，出租人与第三人订立的房屋买卖合同的效力不受影响。

110

## 租赁合同无效、解除、到期时，承租人做的装饰装修如何处理？

**回　答：** 有约定，依约定。无约定，一般承租人应恢复原状，同时可以要求违约方承担装饰装修的损失。

**理　由：** 该问题比较复杂，要根据双方租赁合同的约定以及装饰装修物的现实状况进行综合分析。

1．承租人经出租人同意装饰装修的。

（1）租赁合同无效时，对于未形成附合的装饰装修物，出租人同意利用的，可折价归出租人所有；不同意利用的，由承租人自行拆除。因承租人拆除行为造成房屋毁损的，承租人应当恢复原状或承担相应的维修费用。

对于已形成附合的装饰装修物，出租人同意利用的，可折价归出租人所有；不同意利用的，由双方各自按照导致合同无效的过错分担装饰装修物现值损失。

（2）租赁期限届满或者合同解除时，未形成附合的装饰装修物，可由承租人拆除，当事人另有约定的除外。

因拆除造成房屋毁损的，承租人应当恢复原状或承担相应的维修费用。

（3）租赁期限届满时，承租人请求出租人补偿附合装饰装修费用的，不予支持，但当事人另有约定的除外。

（4）合同解除时，双方对已形成附合的装饰装修物的处理没有约定的，人民法院按照下列情形分别处理：

①因出租人违约使合同解除，承租人请求出租人赔偿剩余租赁期内装饰装修残值损失的，应予支持。

②因承租人违约使合同解除，承租人请求出租人赔偿剩余租赁期内装饰装修残值损失的，不予支持。但出租人同意利用的，应在利用价值范围内予以适当补偿。

③因双方违约使合同解除，剩余租赁期内的装饰装修物残值损失，由双方根据各自的过错承担相应的责任。

④因不可归责于双方的事由导致合同解除的，剩余租赁期内的装饰装修残值损失，由双方按照公平原则分担。法律另有规定的，适用其规定。

2. 承租人未经出租人同意装饰装修的。

无论租赁合同无效、解除还是租赁期限届满，承租人均应当承担对装饰装修物的全部责任。

①承租人未经出租人同意装饰装修或者扩建发生的费用，由承租人负担。

②出租人可以请求承租人恢复原状或者赔偿损失。

**怎么办：**从法律规定可以看出，法律对装饰装修物的处理没有详细规定，多数情况下都尊重合同当事人的约定。因此作为房屋的承租人，签订租赁合同前应先与出租人协商，征得出租人同意后再装修，并设置相应的合同条款。否则在未经出租人同意的情况下擅自对租赁物进行改善，出租人可以要求承租人恢复原状或者赔偿损失。

## 相关规定

**《民法典》**

**第七百一十五条** 承租人经出租人同意，可以对租赁物进行改善或者增设他物。

承租人未经出租人同意，对租赁物进行改善或者增设他物的，出租人可以请求承租人恢复原状或者赔偿损失。

111

## 租赁到期后，原租客是不是只能搬离？

**回　答：**不是。

**理　由：**租赁期限届满房屋承租人享有优先承租的权利。所以租赁期限届满后，只要出租人未要求承租人腾房，承租人就不是必须搬离的。

**怎么办：**（1）承租人可以与出租人协商续租。（2）出租人未要求承租人到期腾房时，也可以继续住在房屋内，到期后视为不定期租赁合同，双方随时可以行使解除权，但要在合理期限前通知对方。（3）租赁到期后，出租人若出租给第三人，承租人可以行使优先承租权。

**相关规定**

**《民法典》**

**第七百三十四条**　租赁期限届满，承租人继续使用租赁物，出租人没有提出异议的，原租赁合同继续有效，但是租赁期限为不定期。

租赁期限届满，房屋承租人享有以同等条件优先承租的权利。

112

## 房屋的承租权可以继承吗？

**回　答：**与承租人生前共同居住的人或者共同经营人可以按照原租赁合同继续租赁该房屋，但承租人的继承人不可以将租赁权作为遗产继承。

**理　由：** 法律规定承租人生前共同居住的人或者共同经营人可以按照原租赁合同继续租赁房屋，这仅指有继续履行合同的权利，也就是说在承租人死亡后，和承租人一起使用租赁房屋的人，可以替代承租人继续履行租赁合同的一种权利，而并非“继承”。严格来说法律意义上的继承，存在两种形态，即法定继承和遗嘱继承，均只能继承死者的遗产，租赁权不属于个人合法财产，因此不得继承。

**怎么办：** 与承租人生前共同居住的人或者共同经营人可以继续履行房屋租赁合同，不受承租人死亡的影响。

## 相关规定

**《民法典》**

**第七百三十二条** 承租人在房屋租赁期限内死亡的，与其生前共同居住的人或者共同经营人可以按照原租赁合同租赁该房屋。

**第一千一百二十二条** 遗产是自然人死亡时遗留的个人合法财产。

依照法律规定或者根据其性质不得继承的遗产，不得继承。

第十章

# 物业服务合同

## 第一节 “人”“物”“事”“行”解构下的物业服务合同

物业是近年来发展得越来越专业的服务，无论是住宅小区，还是商业写字楼，甚至是工业园，现在都有专业的物业服务。按照“人”“物”“事”“行”体系，物业服务合同可以这样解构：

“人”：在物业服务合同中，“人”一般指的是业主和物业公司，特殊情况下还会出现社区和村委。

“物”：在物业服务合同中，“物”就是物业服务和物业服务费。

“事”：在物业服务合同中，“事”一般指的是双方为执行物业服务合同所需要的权利义务。作为业主，享有享受正常物业服务的权利、监督权和按时支付物业费的义务；作为物业公司，享有向业主催交物业费的权利和按约向业主提供服务的义务。

我们应当注意以下物业服务合同中约定的内容：(1) 业主共有资金的管理；(2) 业主共有资金的支出；(3) 物业管理服务费的支付标准；(4) 物业管理服务费的支付方式及违约金；(5) 物业管理服务费的提取标准和方式；(6) 停车位（库）的管理服务及费用；(7) 物业专项维修资金管理；(8) 共有物业收益；(9) 相关专营单位服务项目收费；(10) 共有物业、共用设施设备维修费用的承担方式；（11）共有物业、共用设施设备保险费用；（12）业主特约服务收费等。特别是第8项，大部分业主只听说过从来没见过，里面包括电梯、升降栏杆、公共区域的广告费。

“行”：在物业服务合同中，我们应关注物业公司的日常物业服务内容和履行服务行为。如物业服务出现争议，应及时保留证据，并及时通知物业公司，告知其违约行为或者过错行为。

## 第二节 物业服务合同的现实问题

113

### 物业服务合同的物业费过高，业主不同意，拒绝支付物业费，物业服务公司可以拒绝配合业主办理房屋装修手续吗？

**回 答：**不可以。

**理 由：**如果业主拒绝支付物业费，物业服务公司应当按照合同约定和相关法律规定处理，不能单方面采取不正当手段限制或者阻碍业主办理房屋装修手续。业主对其房屋享有所有权，可以依法支配和处分，包括进行装修、改建等。因此，物业服务公司不得干涉业主的合法权益。

需要注意的是，如果业主未按照合同约定支付物业费，物业服务公司有权依据合同约定采取相应的追缴措施，并可能会产生逾期利息、违约金等相关费用。交纳物业费是业主基于物业服务合同的义务，装修是业主基于对房屋所有权产生的权利，两者不具有关联性，且不能互相抗辩，因此不能作为另一方履行的基础。两者的结合点实际是对于装修垃圾的处理，这一点，物业公司可以要求业主独立支付相关装修垃圾的保证金。

物业服务合同中的物业费是双方在自由协商的基础上达成的约定，如果业主认为物业费过高，可以与物业服务公司进行协商或者寻求法律途径解决。物业公司有权主张物业费和滞纳金，业主也有权主张自己装修的义务，两项权利不构成抗辩，应分别成立。

**怎么办：**业主不交纳物业费并不能影响业主对房屋的使用权，物业公司仍应办理装修手续。

## 相关规定

**《民法典》**

**第九百三十七条** 物业服务合同是物业服务人在物业服务区域内，为业主提供建筑物及其附属设施的维修养护、环境卫生和相关秩序的管理维护等物业服务，业主支付物业费的合同。

物业服务人包括物业服务企业和其他管理人。

**第九百三十九条** 建设单位依法与物业服务人订立的前期物业服务合同，以及业主委员会与业主大会依法选聘的物业服务人订立的物业服务合同，对业主具有法律约束力。

**第九百四十四条** 业主应当按照约定向物业服务人支付物业费。物业服务人已经按照约定和有关规定提供服务的，业主不得以未接受或者无需接受相关物业服务为由拒绝支付物业费。

业主违反约定逾期不支付物业费的，物业服务人可以催告其在合理期限内支付；合理期限届满仍不支付的，物业服务人可以提起诉讼或者申请仲裁。

物业服务人不得采取停止供电、供水、供热、供燃气等方式催交物业费。

**第九百四十五条** 业主装饰装修房屋的，应当事先告知物业服务人，遵守物业服务人提示的合理注意事项，并配合其进行必要的现场检查。

业主转让、出租物业专有部分、设立居住权或者依法改变共有部分用途的，应当及时将相关情况告知物业服务人。

114

## 买了一套商品房，但是从来没住过，能不交纳物业费吗？

**回　答：**不能。

**理　由：**在业主大会已经与物业公司订立《物业服务合同》的前提下，物业公司已经履行合同义务，提供了物业服务，业主应当按照约定向物业服务人支付物业费。业主不得以未接受或者无须接受相关物业服务为由拒绝支付物业费。

从常理角度，无论业主是否入住，物业服务是针对业主专属面积以外的部分提供，同时为业主的服务提供便利，但物业公司如果对未入住业主收取停车费或停车位使用费，就超出了物业费的范畴。

**怎么办：**无论是否入住，物业费都自交付之日起计算。

### 相关规定

**1.《民法典》**

**第九百四十四条**　业主应当按照约定向物业服务人支付物业费。物业服务人已经按照约定和有关规定提供服务的，业主不得以未接受或者无需接受相关物业服务为由拒绝支付物业费。

业主违反约定逾期不支付物业费的，物业服务人可以催告其在合理期限内支付；合理期限届满仍不支付的，物业服务人可以提起诉讼或者申请仲裁。

物业服务人不得采取停止供电、供水、供热、供燃气等方式催交物业费。

**2.《物业管理条例》**

**第四十一条**　业主应当根据物业服务合同的约定交纳物业服务费用。业主与物业使用人约定由物业使用人交纳物业服务费用的，从其约定，业主负连带交纳责任。

已竣工但尚未出售或者尚未交给物业买受人的物业，物业服务费用由建设单位交纳。

## 115

## 业主违反物业服务合同约定，不支付物业费，物业服务公司能停水停电吗？

**回 答：**不能。

**理 由：**供电、供水、供热、供燃气是房屋使用所必需的，属于房屋物权的使用权，物业公司无权依据物业服务合同的债权侵害房屋业主的物权使用权。物业服务人采取停止供电、供水、供热、供燃气等方式催交物业费，侵害了业主的权利，如果造成了业主的损失，那么物业公司可能会因此承担法律责任。

业主违反约定逾期不支付物业费的，物业服务人可以催告其在合理期限内支付；合理期限届满仍不支付的，物业服务人可以提起诉讼或者申请仲裁。物业公司应当通过合理、合法的手段来维护自己的合法权益。

**怎么办：**用水、用电是业主对房屋使用所必需的权利，物业公司无权停止。

### 相关规定

**《民法典》**

**第九百四十四条** 业主应当按照约定向物业服务人支付物业费。物业服务人已经按照约定和有关规定提供服务的，业主不得以未接受或者无需接受相关物业服务为由拒绝支付物业费。

业主违反约定逾期不支付物业费的，物业服务人可以催告其在合理期限内支付；合理期限届满仍不支付的，物业服务人可以提起诉讼或者申请仲裁。

物业服务人不得采取停止供电、供水、供热、供燃气等方式催交物业费。

## 116

## 物业公司能否依据合同约定主张物业费的滞纳金（违约金）？

**回　答：**可以。

**理　由：**物业合同中一般约定的都有物业费的滞纳金，如果没有其他抗辩事由，业主迟延支付物业费应承担相应的滞纳金或违约金。对于业主不交纳或逾期交纳物业费的，物业公司可以主张滞纳金（违约金）。如果业主经催告后仍不交纳，此时物业公司可以通过诉讼的方式来维护合法权益；如果作为业主一方已经涉诉，且滞纳金（违约金）超出合理范围的情况下，可以与物业公司商量减免违约金，如果约定的滞纳金（违约金）过分高于损失，业主也可以请求法院予以减免。

**怎么办：**业主如果有物业公司拒不履行物业服务或者物业服务有瑕疵的证据，都是可以和物业公司就物业费和滞纳金进行协商的，双方可以互让一步解决纠纷。如果物业公司拒绝协商，即使在诉讼中，业主也可以向法院提交物业公司服务的瑕疵证据，主张物业公司违约在先，要求对滞纳金（违约金）进行减免。

**相关规定**

**《民法典》**

**第五百八十五条**　当事人可以约定一方违约时应当根据违约情况向对方

支付一定数额的违约金，也可以约定因违约产生的损失赔偿额的计算方法。

约定的违约金低于造成的损失的，人民法院或者仲裁机构可以根据当事人的请求予以增加；约定的违约金过分高于造成的损失的，人民法院或者仲裁机构可以根据当事人的请求予以适当减少。

当事人就迟延履行约定违约金的，违约方支付违约金后，还应当履行债务。

## 扩展 物业服务瑕疵，业主是否可以拒交物业费？

**回　答：** 如果仅是瑕疵，业主不可以拒交物业服务费，但可以以此抗辩滞纳金。

**理　由：** 物业公司已经按照合同约定提供了物业服务，其提供服务出现瑕疵，而非重大质量问题，并不当然导致违约行为的产生。在物业公司已经提供服务的前提下，业主方应当依据《物业服务合同》履行交纳物业服务费的义务。

在物业公司服务出现问题或违约，给业主造成损失时，业主可以在损失的范围内要求物业公司赔偿或者拒交物业费用。这里的前提是物业服务不合格造成了损失，如果该损失不成立，仅是物业服务不合格，则业主无权拒交物业费，但可以主张对滞纳金或违约金进行减免。

**怎么办：** 物业服务是对全体业主的，但总有物业服务产生各种问题甚至纠纷，业主要做好证据的固定和保存，并与物业公司积极协商，如果协商不成，可向法院提起诉讼，要求物业公司承担违约责任。纠纷越拖双方的责任越理不清，因此事情要及早处理。

### 相关规定

**《民法典》**

**第五百二十五条**　当事人互负债务，没有先后履行顺序的，应当同时履行。一方在对方履行之前有权拒绝其履行请求。一方在对方履行债务不符合约定时，有权拒绝其相应的履行请求。

**第五百七十七条** 当事人一方不履行合同义务或者履行合同义务不符合约定的，应当承担继续履行、采取补救措施或者赔偿损失等违约责任。

**第九百四十二条** 物业服务人应当按照约定和物业的使用性质，妥善维修、养护、清洁、绿化和经营管理物业服务区域内的业主共有部分，维护物业服务区域内的基本秩序，采取合理措施保护业主的人身、财产安全。

对物业服务区域内违反有关治安、环保、消防等法律法规的行为，物业服务人应当及时采取合理措施制止、向有关行政主管部门报告并协助处理。

第十一章

# 建设工程施工合同

## 第一节 “人”“物”“事”“行”解构下的建设工程施工合同

建设工程施工合同是一个纠纷频发的合同大类，建设工程施工合同是专业性非常强的合同，从特殊规定到实务都与合同的普遍规则有一定区别。本书从“人”“物”“事”“行”角度看建设工程施工合同：

“人”：建设工程施工合同除建设方（发包人）、施工方（承包人）合同主体外，还有一个特殊的“人”：实际施工人。实际施工人制度是根据我国国情或者说实践制定的特别法律规定。实际施工人制度是实际履行工程建设合同施工，没有合同或合同无效情况下，为维护公平而建立的特殊制度。

“物”：建设工程施工合同的“物”指向的都是某建设工程项目和工程款。笔者曾经代理的一个房地产开发项目中，所涉的施工类合同经整理分拆了 32 个不同的合同，从建设最初的勘探、桩基到最后的绿化、装饰、垃圾清运均有合同约定。本章中的建设工程施工合同仅指施工类合同，不包括设计、监理、质检等。

“事”：建设工程施工合同的“事”，就是为完成施工，双方所应承担的权利义务。建设工程施工合同内容很厚，对于双方最核心的权利义务约定得非常详细，需要关注的是施工质量要求、工程费用计算标准和工程款支付所对应的工程量。

“行”：建设工程施工合同纠纷最多的是实际履行问题，是建设方、施工方和实际施工人在实际施工过程中签署的各种签单、会议纪要、图纸变更和补充协议。建设工程施工合同争议的判定，合同是基础，也会参考双方最后一次一致意见和实际履行内容进行最终判断。

## 第二节 建设工程施工合同中的现实问题

### 117

### 未取得建设规划审批手续的施工合同的效力如何认定?

**回　答：** 未取得建设工程规划许可证等规划审批手续，建设工程施工合同无效，但发包人在起诉前取得建设工程规划许可证等规划审批手续的，应认定合同有效。

**理　由：** 合同的效力实际和这个工程在起诉前是否合法有关。建设工程对社会影响巨大，而且签署建设工程施工合同的双方往往是商事主体，对建设工程施工合同的性质和法律规定有判断能力，应对相关工程的合法性和合规性承担责任。同时作为工程的合规义务方，发包方对建设工程的审批手续具有履约义务。

**怎么办：** 承包人应在承包项目前核对项目的建设规划许可证，否则合同被认定无效后，工程款优先受偿权将无法实现，最终可能导致工程款无法全部收取。

发包人有义务取得建设用地规划许可证、国有建设用地使用权证、建设工程规划许可证、建筑工程施工许可证等行政许可。

**相关规定**

**《最高人民法院关于审理建设工程施工合同纠纷案件适用法律问题的解释（一）》**

**第三条** 当事人以发包人未取得建设工程规划许可证等规划审批手续为由，请求确认建设工程施工合同无效的，人民法院应予支持，但发包人在起诉前取得建设工程规划许可证等规划审批手续的除外。

发包人能够办理审批手续而未办理，并以未办理审批手续为由请求确认建设工程施工合同无效的，人民法院不予支持。

## 118

## 同一建设工程存在“黑白合同”的情形下，在判断工程价款结算根据时，可否根据“白合同”内容执行？

**回　答：**“白合同”有效时，应以“白合同”的内容作为最终的结算依据。

**理　由：**建设工程领域，“黑白合同”指的是当事人就同一建设工程项目、相同的施工范围所签订的两份或者两份以上“实质性内容”不一致的合同。中标并备案的合同称为“白合同”，而双方另行订立的合同即“黑合同”。在判断工程款结算依据时，应考虑“白合同”效力，“白合同”有效时以该合同作为结算依据；“白合同”无效的情况下，可请求以实际履行合同为结算依据。

**怎么办：**建设工程类合同应尽量依法依规签署，确保合同效力才能保障自身的权益。

**相关规定**

**《最高人民法院关于审理建设工程施工合同纠纷案件适用法律问题的解释（一）》**

**第二条** 招标人和中标人另行签订的建设工程施工合同约定的工程范

围、建设工期、工程质量、工程价款等实质性内容，与中标合同不一致，一方当事人请求按照中标合同确定权利义务的，人民法院应予支持。

招标人和中标人在中标合同之外就明显高于市场价格购买承建房产、无偿建设住房配套设施、让利、向建设单位捐赠财物等另行签订合同，变相降低工程价款，一方当事人以该合同背离中标合同实质性内容为由请求确认无效的，人民法院应予支持。

**第二十三条** 发包人将依法不属于必须招标的建设工程进行招标后，与承包人另行订立的建设工程施工合同背离中标合同的实质性内容，当事人请求以中标合同作为结算建设工程价款依据的，人民法院应予支持，但发包人与承包人因客观情况发生了在招标投标时难以预见的变化而另行订立建设工程施工合同的除外。

**第二十四条** 当事人就同一建设工程订立的数份建设工程施工合同均无效，但建设工程质量合格，一方当事人请求参照实际履行的合同关于工程价款的约定折价补偿承包人的，人民法院应予支持。

实际履行的合同难以确定，当事人请求参照最后签订的合同关于工程价款的约定折价补偿承包人的，人民法院应予支持。

## 119

## 固定总价合同履行中，当事人以工程发生设计变更为由要求对工程价款予以调整的，如何处理？

**回　答：** 鉴于是固定总价合同，因工程发生设计变更等原因使实际工程量增减，当事人要求对工程价款予以调整的，应当严格控制调整。合同对工程价款调整有约定的，依照其约定；没有约定或约定不明的，可以参照合同约定标准对工程量增减部分予以单独结算，无法参照约定标准结算的，可以参照施工地建设行政主管部门发布的计价方法或者计价标准结算。

**理　由：** 任何一份合同，能够在合同中找到依据的，尽量从合同中找依据，如果合同中没有依据，可以找外部的依据。

合同对工程价款调整有约定的，依照其约定；没有约定或约定不明的，可以参照合同约定标准对工程量增减部分予以单独结算，无法参照约定标准结算的，可以参照施工地建设行政主管部门发布的计价方法或者计价标准结算。

在固定总价合同中，对于合同价款的调整应该更加谨慎，特别是固定总价合同，签订合同前明确项目固定总价所对应的施工范围，宜列明固定总价包含的风险。对合同履行过程中，在合同中应明确约定因设计变更等因素导致工程量增减部分的工程价款如何计价确定。

**怎么办：** 在建设工程施工合同中，没有一份合同能够全面地约定和预测合同建设履行中的每一个行为，因此基本每一个建设工程施工合同都面临合同中修改和计价问题，在合同中对变更做好准备是最重要的。

## 相关规定

**《最高人民法院关于审理建设工程施工合同纠纷案件适用法律问题的解释（一）》**

**第十九条** 当事人对建设工程的计价标准或者计价方法有约定的，按照约定结算工程价款。

因设计变更导致建设工程的工程量或者质量标准发生变化，当事人对该部分工程价款不能协商一致的，可以参照签订建设工程施工合同时当地建设行政主管部门发布的计价方法或者计价标准结算工程价款。

建设工程施工合同有效，但建设工程经竣工验收不合格的，依照民法典第五百七十七条规定处理。

## 扩展1 固定价合同履行过程中，主要建筑材料价格发生重大变化，施工方能否要求对工程价款予以调整？

**回　答：**根据主要材料价格的变化情况确定，如果价格波动较小，一般不能对固定价合同的工程价款进行调整。在该价格变化使合同显失公平或者产生合同无法预料的重大影响情况下，可以要求对工程价款进行调整。

**理　由：**若合同对该情况无约定，则分两种情况处理：（1）若主要建筑材料价格波动没有超过正常市场风险范围，则不支持适用情势变更规则予以调价；（2）若主要建筑材料价格发生巨大波动，已经明显超过正常市场风险范围，则支持适用公平原则予以调价。

**怎么办：**如果核心材料的价格产生巨大波动，应及时向对方发出要求协商变更合同的请求，同时收集价格变化的证据。

### 相关规定

**《民法典》**

**第五百三十三条**　合同成立后，合同的基础条件发生了当事人在订立合同时无法预见的、不属于商业风险的重大变化，继续履行合同对于当事人一方明显不公平的，受不利影响的当事人可以与对方重新协商；在合理期限内协商不成的，当事人可以请求人民法院或者仲裁机构变更或者解除合同。

人民法院或者仲裁机构应当结合案件的实际情况，根据公平原则变更或者解除合同。

## 扩展2 固定总价合同履行中，承包人未完成工程施工的，工程价款如何确定？

**回　答：**在合同无明确约定的情况下，先由双方协商，协商不成诉至法院，通过造价鉴定来确定已完成工程部分的价款。

**理　由：** 因固定总价合同是对于合同完全履行的约定，如合同中未对部分履行或部分工程的计价方式进行约定，则争议的各方只能通过工程造价鉴定确认实际完成工程量的价值。

最高人民法院（2019）最高法民申2440号民事裁定书认为，固定价款确定的依据是工程全部完工，工程未完工则无法适用固定价款方式计算。承包人并未将涉案工程施工完毕，因此该案不具备按《建设工程施工合同》规定的固定总价计算工程造价的条件。在此情形下，一审法院进行造价鉴定并无不当，工程价款应当据实结算。

**怎么办：** 综上，签订固定总价合同，首先应评估价格是否合理（包括但不限于材料价格的市场波动、工期对人工费的影响），尽量在合同中约定价格调整的条款（实践中通常约定±5%以内的部分由承包人承担或受益，超过部分由发包人承担或受益）；其次对于工程及图纸内容应尽量详细、完整；最后妥善保留变更签证、会议纪要等文件，有利于诉讼解决时造价鉴定使用。

**相关规定**

**《最高人民法院关于审理建设工程施工合同纠纷案件适用法律问题的解释（一）》**

**第二十八条**　当事人约定按照固定价结算工程价款，一方当事人请求对建设工程造价进行鉴定的，人民法院不予支持。

## 120

## 鉴定机构分别按照定额价和市场价作出鉴定结论的，应当以哪一个价格确定工程价款？

**回　答：** 合同有约定从约定，没有约定，按照市场价格确定。

**理　由：**在合同没有约定以定额价作为工程价款时，鉴定机构分别按照定额价和市场价作出鉴定结论的，在确定工程价款时，一般应以市场价确定工程价款。

最高人民法院（2011）民提字第104号民事判决书认为，首先，在当事人之间没有作出以定额价作为工程价款的约定时，一般不宜以定额价确定工程价款。其次，以定额为基础确定工程造价没有考虑企业的技术专长、劳动生产力水平、材料采购渠道和管理能力，这种计价模式不能反映企业的施工、技术和管理水平。该案中，环盾公司假冒中国第九冶金建设公司第五工程公司的企业名称和施工资质承包涉案工程，如果采用定额取价，亦不符合公平原则。再次，定额标准往往跟不上市场价格的变化，而建设行政主管部门发布的市场价格信息，更贴近市场价格，更接近建筑工程的实际造价成本。复次，该案所涉钢结构工程与传统建筑工程相比属于较新型建设工程，工程定额与传统建筑工程定额相比还不够完备，按照钢结构工程造价鉴定的惯例，以市场价鉴定的结论更接近造价成本，更有利于保护当事人的利益。最后，根据原《合同法》（现已失效）第62条第2项的规定，当事人就合同价款或者报酬约定不明确，依照《合同法》第61条的规定仍不能确定的，按照订立合同时履行地的市场价格履行；依法应当执行政府定价或者政府指导价的，按照规定履行。该案所涉工程不属于政府定价，因此，以市场价作为合同履行的依据不仅更符合法律规定，而且对双方当事人更公平。

在签订合同时，尽量不以定额价作为工程价款的计价约定。因定额计价是指根据招标文件，按照行政主管部门发布的建设工程预算定额的“工程量计算规则”，同时参照省级建设行政主管部门发布的人工工日单价、机械台班单价、材料以及设备价格信息及同期市场价格，计算出直接工程费，再按规定的计算方法计算出间接费、利润、税金、规费，汇总确定建设工程定价。政府造价主管部门根据各类典型工程材料用量和社会供货量，通过市场调研经过加权平均计算得到的平均价格，属于社会平均价格，很难切实反映市场变动。

**怎么办：** 从公平角度，在签订合同时，应尽量约定价格按照市场价格计算，尽量不以定额价作为工程价款的计价约定。

121

## 工程造价鉴定取费标准变化时，是否仍按原约定下浮率对工程造价鉴定结果进行下浮？

**回　答：** 鉴定机构鉴定时的取费标准已与原合同的约定不符，故不应对鉴定结果再按约定下浮。

**理　由：** 最高人民法院民事审判第一庭编的《民事审判实务问答》中，天娱公司（甲方）与飞翔公司（乙方）签订《建设工程合同》，约定由飞翔公司垫资承建天娱公司所开发的房地产项目，双方约定工程取费标准为按二类工程取费，对商铺、住宅分别下浮2.29%和1.44%。其后，鉴定机构未采用合同约定的二类工程取费标准，而是采用当地最新实施的建筑工程综合定额标准进行了鉴定。庭审中，双方针对工程造价鉴定结果是否下浮的问题发生争议。飞翔公司认为鉴定机构鉴定时的取费标准已与原合同的约定不符，故不应对鉴定结果再按约定下浮，该观点能否得到支持？最高人民法院民事审判第一庭认为，根据双方签订的《建筑工程合同》约定，案涉工程取费标准为按二类工程取费，按不含税总造价（安装主材除外）分别下浮2.29%（商铺）和1.44%（住宅）。一般而言，工程取费标准越高，工程款结算金额就越多，施工方最终可得利益也就越大。因此，在建设工程施工合同法律关系中，施工方往往倾向于约定较高的取费标准。对此，建设方则通过与施工方约定一个工程价款的下浮率来降低应付工程款的数额。

可见，在同一份建设工程施工合同中，下浮率多少与取费标准高低直接相关。一般来说，取费标准越高，下浮率就越高，而案涉工程造价鉴定是按新施行的建筑工程综合定额取费，没有按合同约定的二类工程取费。从该案情况来看，与二类工程取费相比，按照建筑工程综合定额取费，工程造价已经大幅下降，故不存在让利的问题。由于下浮率与工程取费标准直接相关，如果改变二类工程取费的标准，则之前约定的下浮率就失去了计价基础，因此原合同中关于下浮率的约定已不再适用。

**怎么办：**工程价款出现争议诉至法院申请鉴定后，对于合同中有争议可能影响鉴定结果的约定，在鉴定过程中应多与鉴定单位进行沟通，表明合同条款的目的。

## 122

## 发包人同承包人仅就欠付工程款约定支付违约金，承包人是否还有权要求发包人在承担违约金责任之外支付欠付工程款的利息？

**回　答：**利息不是必须承担的成本或者损失，特别是当事人仅就欠付工程价款约定支付违约金，而未额外约定支付欠付工程款利息的，此时发包人支付违约金即承担了赔偿损失的违约责任，承包人无权请求发包人额外支付工程价款利息。

**理　由：**最高人民法院民事审判第一庭编的《民事审判实务问答》一书中认为，建设工程施工合同作为双务有偿合同，支付工程价款是发包人的主要义务。发包人违反合同约定欠付工程款，则构成违约，应承担违约责任，而当事人之间对所欠付工程款约定支付利息往往是承担违约责任的基本方式。

《最高人民法院关于审理建设工程施工合同纠纷案件适用法律问

题的解释（一）》第26条规定："当事人对欠付工程价款利息计付标准有约定的，按照约定处理。没有约定的，按照同期同类贷款利率或者同期贷款市场报价利率计息。"该规定是针对建设工程合同当事人之间关于利息问题争议的处理，应在当事人欠付工程价款且没有约定违约责任承担方式时适用。如果当事人在施工合同中已经约定逾期支付工程价款所应承担的违约责任的承担方式，则应优先适用该当事人之间的约定。因此，如果当事人在施工合同中明确约定了发包人在承担利息之外还应赔偿损失或者承担其他违约责任，则承包人在请求发包人承担约定之违约责任的同时还请求支付相应约定的利息的，应当从其约定。

《民法典》第577条规定："当事人一方不履行合同义务或者履行合同义务不符合约定的，应当承担继续履行、采取补救措施或者赔偿损失等违约责任。"赔偿损失为承担违约责任的方式之一。如果当事人仅就欠付工程价款约定支付违约金，而未额外约定支付欠付工程款利息，则此时发包人支付违约金即承担了赔偿损失的违约责任，承包人无权请求发包人额外支付欠付工程价款利息。

**怎么办：**如果工程会发生垫款，我们就要在合同中约定清楚垫款产生的利息和责任。在我国，无约定即无利息，特别是在约定了违约金的情况下，更会认为违约金覆盖了利息。如果我们有利息的成本，最好在合同中明确约定。

## 相关规定

**《最高人民法院关于审理建设工程施工合同纠纷案件适用法律问题的解释（一）》**

**第二十五条** 当事人对垫资和垫资利息有约定，承包人请求按照约定返还垫资及其利息的，人民法院应予支持，但是约定的利息计算标准高于垫资时的同类贷款利率或者同期贷款市场报价利率的部分除外。

当事人对垫资没有约定的，按照工程欠款处理。

当事人对垫资利息没有约定，承包人请求支付利息的，人民法院不予支持。

**第二十六条** 当事人对欠付工程价款利息计付标准有约定的，按照约定处理。没有约定的，按照同期同类贷款利率或者同期贷款市场报价利率计息。

## 扩展1 如何确定建设工程施工合同中应付工程款利息的起算点？

**回　答：** 有约定从约定，没有约定分以下3种情况：（1）建设工程已实际交付的，为交付之日；（2）建设工程没有交付的，为提交竣工结算文件之日；（3）建设工程未交付，工程价款也未结算的，为当事人起诉之日。

**理　由：** 应付工程款的利息，一般是自应付工程款之日计算，如果合同中没有约定应付工程款的时间或节点，或者在实际履行中无法判断具体的支付时间节点，一般按照交付、结算或起诉之日计算。因此，作为施工方，维护自己利益的最好方式就是完成以上3个节点之一，减少自己的损失。

**怎么办：** 现实中存在工程欠款的情况。基于社会融资成本还比较高，很多建设单位在欠付工程款相关资料中也愿意写清楚利息，作为施工单位，应该明确这是应得的，同时也是建设过程中产生的成本。在合同中应该约定清晰相关的付款节点，保障其合法权益。

**相关规定**

**《最高人民法院关于审理建设工程施工合同纠纷案件适用法律问题的解释（一）》**

**第二十五条** 当事人对垫资和垫资利息有约定，承包人请求按照约定返还垫资及其利息的，人民法院应予支持，但是约定的利息计算标准高于垫资时的同类贷款利率或者同期贷款市场报价利率的部分除外。

当事人对垫资没有约定的，按照工程欠款处理。

当事人对垫资利息没有约定，承包人请求支付利息的，人民法院不予支持。

**第二十六条** 当事人对欠付工程价款利息计付标准有约定的，按照约定处理。没有约定的，按照同期同类贷款利率或者同期贷款市场报价利率计息。

**第二十七条** 利息从应付工程价款之日开始计付。当事人对付款时间没有约定或者约定不明的，下列时间视为应付款时间：

（一）建设工程已实际交付的，为交付之日；

（二）建设工程没有交付的，为提交竣工结算文件之日；

（三）建设工程未交付，工程价款也未结算的，为当事人起诉之日。

## 扩展2 承包人能否同时主张逾期支付工程款的违约金和利息？

**回　答：** 目前对于该问题各地法院尚无统一处理标准，根据法律的精神，逾期付款的违约金和利息并不冲突，但两者同时主张时，对方可以主张违约金超过实际损失，法院也可能会酌情降低。

**理　由：** 合同中如同时约定逾期付款违约金和利息，从狭义上理解，两者都符合《民法典》第585条中违约金的规定，因此，虽然为不同名称，但都是基于一个法律事实产生的损失，具有一致的因果性。不过，从司法实践来看，两者的约定往往具有不同的损失弥补性，利息往往弥补的是施工方对外支付或承担的利息成本，违约金往往对应的是因此产生的利息不足以弥补的损失或者实际支付利息差值，两者具有一定的互补性。所以面对逾期付款的违约金和利息的主张，应结合相应情况具体分析：（1）合同有效且约定可同时主张逾期支付工程款的违约金和利息的情况下，承包人可以一并主张欠付工程款利息和逾期付款违约金，但有部分法院不认可。（2）合同无效的情况下，可主张合同无效后的逾期付款损失赔偿，并可以参照合同中约定的逾期付款违约金或者逾期付款利息等内容，结合双方过错程度确定逾期付款损失的大小。（3）合同仅约定逾期付款违约金，未约定逾期付款利息的情况下，逾期付款利息则不能请求支付。（4）合同仅约定逾期付款利息，未约定逾期付款违约金的情况下，承包人因逾期付款行为遭受的损失远超约定利息，则承包人可请求赔偿损失。

1. 河南省高院民四庭《关于建设工程合同纠纷案件疑难问题的解答》第2条

"在施工合同无效的情况下，合同中约定的逾期付款违约金或者逾期付款利息如何适用？

答：在施工合同无效的情况下，如果当事人主张按照合同约定支付逾期付款违约金或者逾期付款利息的，应向其释明主张合同无效后的逾期付款损失赔偿，并可以参照合同中约定的逾期付款违约金或者逾期付款利息等内容，结合双方过错程度确定逾期付款损失的大小。"

2. 《山东省高级人民法院关于审理建设工程施工合同纠纷案件若干问题的解答》第14条

"建设工程施工合同有效，发包人逾期支付工程款，承包人同时主张逾期付款违约金和利息的，如何处理？

建设工程施工合同对发包人逾期支付工程款既约定了违约金，又约定了逾期付款利息，承包人同时主张逾期付款违约金和利息的，应予支持。但发包人主张合同约定的违约金和利息之和过分高于实际损失，请求予以适当减少的，应当以实际损失为基础，兼顾合同的履行情况、当事人的过错程度以及预期利益等综合因素，根据公平原则和诚实信用原则予以确定。"

3.《浙江省高级人民法院民事审判第一庭关于审理建设工程施工合同纠纷案件若干疑难问题的解答》第21条

“承包人能否一并请求逾期支付工程款的违约金和利息?

承包人不能按照建设工程施工合同的约定，既请求发包人承担逾期支付工程款的违约金，又同时请求支付相应利息。”

4.《北京市高级人民法院关于审理建设工程施工合同纠纷案件若干疑难问题的解答》第36条

“承包人同时主张逾期支付工程款的违约金和利息的，如何处理?

建设工程施工合同明确约定发包人逾期支付工程款，承包人可以同时主张逾期付款违约金和利息的，依照其约定，发包人主张合同约定的违约金和利息之和过分高于实际损失请求予以适当减少的，按照《最高人民法院关于适用〈中华人民共和国合同法〉若干问题的解释(二)》第二十九条的规定处理；没有约定或约定不明的，对承包人的主张，一般不应同时支持，但承包人有证据证明合同约定的违约金或利息单独不足以弥补其实际损失的除外。”

**怎么办：** 结合上述观点，承包人在签订施工合同时应尽量同时约定逾期支付工程款的违约金和逾期付款利息，并且对利息起算节点与责任进行约定。

## 相关规定

《民法典》

**第五百八十五条** 当事人可以约定一方违约时应当根据违约情况向对方支付一定数额的违约金，也可以约定因违约产生的损失赔偿额的计算方法。

约定的违约金低于造成的损失的，人民法院或者仲裁机构可以根据当事人的请求予以增加；约定的违约金过分高于造成的损失的，人民法院或者仲裁机构可以根据当事人的请求予以适当减少。

当事人就迟延履行约定违约金的，违约方支付违约金后，还应当履行债务。

## 123

## 发包人能否以工程未验收或承包人未移交工程竣工资料为由拒绝支付工程款?

**回　答：**应根据合同约定进行处理，如果合同约定不提供竣工资料可以以此为由拒绝支付工程款，则拒绝支付合理，否则拒绝支付构成违约。一般而言，竣工资料不是合同的施工主要义务，不能对抗付款的主要义务，除非合同有明确约定。

**理　由：**本问题实际关系到发包人的拒付工程款行为，很多发包人在拒付工程款后形成的纠纷中，以各种借口为自己抗辩，比如发票问题、质量问题、工程材料问题、验收问题、其他纠纷问题等，在这里，我们应该严格根据合同约定去考察发包人的拒绝理由，同时根据不同的理由是否可以影响合同的履行来判断其抗辩是否成立。

如果抗辩的行为不是合同的主要义务，则不能作为付款这一主要义务的抗辩理由，抗辩理由应与拒绝履行的内容具有对等性。具体情况如下：

（1）关于未提交工程竣工资料拒付工程款，合同中有约定，发包人可以拒绝支付工程款。若合同中无明确约定，发包人不得以此拒绝支付工程款。

（2）合同约定工程竣工验收合格后再支付工程款，发包人收到承包人提交的工程竣工验收资料后，无正当理由在合同约定期限或合理期限内未组织竣工验收，发包人不得以工程未验收为由拒绝支付工程款。

《北京市高级人民法院关于审理建设工程施工合同纠纷案件若干疑难问题的解答》第23条规定：“发包人以工程未验收或承包人未移

交工程竣工资料为由拒绝支付工程款的，如何处理？

“建设工程施工合同约定工程竣工验收合格后再支付工程款，发包人收到承包人提交的工程竣工验收资料后，无正当理由在合同约定期限或合理期限内未组织竣工验收，其又以工程未验收为由拒绝支付工程款的，不予支持。

“发包人以承包人未移交工程竣工资料为由拒绝支付工程款的，不予支持，但合同另有约定的除外。”

**怎么办：** 在工程发包、承包行为中，双方在行使权利的同时应积极履行各自的义务，并且为防止事后产生争议，应在合同签署时对付款条件进行详细约定。

## 相关规定

**《民法典》**

**第五百二十七条** 应当先履行债务的当事人，有确切证据证明对方有下列情形之一的，可以中止履行：

（一）经营状况严重恶化；

（二）转移财产、抽逃资金，以逃避债务；

（三）丧失商业信誉；

（四）有丧失或者可能丧失履行债务能力的其他情形。

当事人没有确切证据中止履行的，应当承担违约责任。

**第五百二十八条** 当事人依据前条规定中止履行的，应当及时通知对方。对方提供适当担保的，应当恢复履行。中止履行后，对方在合理期限内未恢复履行能力且未提供适当担保的，视为以自己的行为表明不履行主要债务，中止履行的一方可以解除合同并可以请求对方承担违约责任。

124

## 发包人发现工程质量不符合合同约定能否要求承包人承担赔偿责任?

**回　答：**谁的原因谁承担责任，合同有约定依约定，无约定依法律规定。

**理　由：**质量不合格或者质量缺陷是发包人和承包人之间的核心纠纷事由之一，从本书角度看，质量不合格就是“行”的问题，是因为一方的行为不符合合同约定造成的违约。针对这种情况，有约定从约定，无约定依法进行即可。

因承包人的问题使建设工程质量不符合约定，承包人拒绝修理、返工或者改建的，发包人另行委托他人修复后可以要求承包人承担合理的修复费用。

因发包人的问题使建设工程质量产生缺陷，应当承担过错责任。承包人有过错的，也应当承担相应的过错责任。此时的维修费用应以过错比例进行承担划分。

**怎么办：**作为发包人，在发现工程质量不符合合同约定时，应及时通知承包人解决，承包人拒绝修理、返工或者改建的，可自行委托他人进行维修。

作为承包人，应在施工中发现发包人提供的工程设计有问题或者发现设计文件和图纸有差错后，及时提出意见和建议。在发包人提出违反法律、行政法规和建筑工程质量、安全标准的降低工程质量的要求时，拒绝施工。因自身问题产生质量问题的，应及时进行维修。

## 相关规定

**1.《民法典》**

**第七百九十三条** 建设工程施工合同无效，但是建设工程经验收合格的，可以参照合同关于工程价款的约定折价补偿承包人。

建设工程施工合同无效，且建设工程经验收不合格的，按照以下情形处理：

（一）修复后的建设工程经验收合格的，发包人可以请求承包人承担修复费用；

（二）修复后的建设工程经验收不合格的，承包人无权请求参照合同关于工程价款的约定折价补偿。

发包人对因建设工程不合格造成的损失有过错的，应当承担相应的责任。

**第八百零一条** 因施工人的原因致使建设工程质量不符合约定的，发包人有权请求施工人在合理期限内无偿修理或者返工、改建。经过修理或者返工、改建后，造成逾期交付的，施工人应当承担违约责任。

**2.《最高人民法院关于审理建设工程施工合同纠纷案件适用法律问题的解释（一）》**

**第十三条** 发包人具有下列情形之一，造成建设工程质量缺陷，应当承担过错责任：

（一）提供的设计有缺陷；

（二）提供或者指定购买的建筑材料、建筑构配件、设备不符合强制性标准；

（三）直接指定分包人分包专业工程。

承包人有过错的，也应当承担相应的过错责任。

## 125

## 双方签订的合同无效后，实际施工的工程如何计价？

**回　答：** 合同无效，仍可参照双方实际履行的合同约定内容进行结算，如果无法确定，则可以通过鉴定和市场价对工程进行计价。

**理　由：** 建设工程施工合同的无效往往是依据合同的禁止性规定发生的，并非因双方未达成合意，因此，法院可以在之后的履行和计价中依据双方的合意内容确定计价方式，该参照并不违反双方的真实意思表示，符合法律的精神。

建设工程施工合同被认定无效后，建设工程经竣工验收合格的，可以参照合同约定的工程价款进行结算。如果存在多份建设工程施工合同，而多份合同均被认定无效，首先应以双方实际履行的合同为依据，实际履行的合同难以确定时，以最后签订的合同为折价依据。

1. 签订建设工程类合同，要谨慎约定支付条件，因在合同无效的情况下，关于支付条款的约定一般会参照适用。

2. 在未结算完毕且收到款项时，施工过程的相关施工材料文件，应进行妥善保存。存在多份合同时，双方根据自身利益，容易对实际履行的合同产生争议，此时就要结合双方实际履行过程中形成的签证、函件、通知、会议纪要、进度款申报表、施工内容、施工图纸、施工质量标准、结算文件等证据，来确定发包人和承包人实际履行的合同；穷尽上述途径后仍无法确定实际履行合同的，则推定双方最后签订的合同为其真实意思表示。

3. 合同中关于支付条件以及利息的约定，应当尽可能接近法定起算时间点。由于建工行业的特殊性，很大一部分合同因借用资质、“黑白合同”等，在起诉后被法院认定无效。为解决争议，合同的主要条款，即使在合同无效的情形下，仍具有相应的参照价值，以避免预期外损失。

**怎么办：**签订建设工程施工合同时，即使当时的合同可能有瑕疵，我们也应该重视其中的计价和付款条款，因为即便合同无效，这些条款也可能会被适用。

## 相关规定

**1.《民法典》**

**第五条** 民事主体从事民事活动，应当遵循自愿原则，按照自己的意思设立、变更、终止民事法律关系。

**第六条** 民事主体从事民事活动，应当遵循公平原则，合理确定各方的权利和义务。

**第七条** 民事主体从事民事活动，应当遵循诚信原则，秉持诚实，恪守承诺。

**第一百五十三条** 违反法律、行政法规的强制性规定的民事法律行为无效。但是，该强制性规定不导致该民事法律行为无效的除外。

违背公序良俗的民事法律行为无效。

**第一百五十七条** 民事法律行为无效、被撤销或者确定不发生效力后，行为人因该行为取得的财产，应当予以返还；不能返还或者没有必要返还的，应当折价补偿。有过错的一方应当赔偿对方由此所受到的损失；各方都有过错的，应当各自承担相应的责任。法律另有规定的，依照其规定。

**第七百九十三条** 建设工程施工合同无效，但是建设工程经验收合格的，可以参照合同关于工程价款的约定折价补偿承包人。

建设工程施工合同无效，且建设工程经验收不合格的，按照以下情形处理：

（一）修复后的建设工程经验收合格的，发包人可以请求承包人承担修复费用；

（二）修复后的建设工程经验收不合格的，承包人无权请求参照合同关于工程价款的约定折价补偿。

发包人对因建设工程不合格造成的损失有过错的，应当承担相应的责任。

**2.《最高人民法院关于审理建设工程施工合同纠纷案件适用法律问题的解释（一）》**

**第一条** 建设工程施工合同具有下列情形之一的，应当依据民法典第一百五十三条第一款的规定，认定无效：

（一）承包人未取得建筑业企业资质或者超越资质等级的；

（二）没有资质的实际施工人借用有资质的建筑施工企业名义的；

（三）建设工程必须进行招标而未招标或者中标无效的。

承包人因转包、违法分包建设工程与他人签订的建设工程施工合同，应当依据民法典第一百五十三条第一款及第七百九十一条第二款、第三款的规定，认定无效。

**第六条** 建设工程施工合同无效，一方当事人请求对方赔偿损失的，应当就对方过错、损失大小、过错与损失之间的因果关系承担举证责任。

损失大小无法确定，一方当事人请求参照合同约定的质量标准、建设工期、工程价款支付时间等内容确定损失大小的，人民法院可以结合双方过错程度、过错与损失之间的因果关系等因素作出裁判。

**第二十四条** 当事人就同一建设工程订立的数份建设工程施工合同均无效，但建设工程质量合格，一方当事人请求参照实际履行的合同关于工程价款的约定折价补偿承包人的，人民法院应予支持。

实际履行的合同难以确定，当事人请求参照最后签订的合同关于工程价款的约定折价补偿承包人的，人民法院应予支持。

第十二章

# 其他合同问题

126

## 有效的合伙协议应该有什么内容？

“人”：合伙协议中的“人”为参与合伙的自然人、企业（法人）、其他组织。《合伙企业法》第3条规定，国有独资公司、国有企业、上市公司以及公益性的事业单位、社会团体不得成为普通合伙人。合伙人应为两“人”以上，低于两人不是合伙。同时合伙人中一般至少有一个执行合伙人，负责合伙事务。

“物”：表面上合伙协议中的“物”一般为合伙关系中的合伙财产，我们认为真正的“物”是合伙关系，是合伙人之间基于合伙合同形成的合伙关系。

“事”：为各个合伙人基于合伙关系产生的合伙事务、合伙财产有关权利和义务。包括合伙事务的执行、出资、合伙财产的分割、合伙责任的承担等。总结就是钱怎么出、事怎么办、谁去办、钱怎么分、出了问题怎么承担。

“行”：一般指合伙人履行合伙事务所发生的行为以及后果。我们在“行”中核心关注的是合伙事务履行过程中执行合伙人的行为，合伙事务履行过程中合伙财产的变化。合伙人要及时根据合伙人的行为和合伙财产的变化行使合伙人的权利。

### 相关规定

**《民法典》**

**第九百六十七条**　合伙合同是两个以上合伙人为了共同的事业目的，订立的共享利益、共担风险的协议。

**第九百六十八条** 合伙人应当按照约定的出资方式、数额和缴付期限，履行出资义务。

**第九百六十九条** 合伙人的出资、因合伙事务依法取得的收益和其他财产，属于合伙财产。

合伙合同终止前，合伙人不得请求分割合伙财产。

**第九百七十二条** 合伙的利润分配和亏损分担，按照合伙合同的约定办理；合伙合同没有约定或者约定不明确的，由合伙人协商决定；协商不成的，由合伙人按照实缴出资比例分配、分担；无法确定出资比例的，由合伙人平均分配、分担。

**第九百七十三条** 合伙人对合伙债务承担连带责任。清偿合伙债务超过自己应当承担份额的合伙人，有权向其他合伙人追偿。

**第九百七十六条** 合伙人对合伙期限没有约定或者约定不明确，依据本法第五百一十条的规定仍不能确定的，视为不定期合伙。

合伙期限届满，合伙人继续执行合伙事务，其他合伙人没有提出异议的，原合伙合同继续有效，但是合伙期限为不定期。

合伙人可以随时解除不定期合伙合同，但是应当在合理期限之前通知其他合伙人。

127

## 怎么签署有效的补充协议？

“人”：为原（主）合同中的当事人，特殊情况下会有多方（例如，补充协议为新增担保条款等新增合同当事人的情况下）。

“物”：一般来说，补充协议的“物”，在补充协议没有特殊约定的情形下，仍然是原（主）合同中约定的标的物。

"事"：补充协议大多会对原（主）合同中约定的"事"的部分进行增减、补充、解释、细化等。例如，股权代持协议中，对代持人的权利进行更具体化的解释时，就可以通过补充协议方式来确定、细化。需要注意的是，如果新的补充协议对于原有合同中的主要条款、标的数量等进行了重新约定，此时的补充协议视为对原（主）合同的修改，在与原（主）合同发生冲突时，以补充协议为准。

"行"：补充协议在履行中，依附于原（主）合同，实质上的履行还是以原（主）合同为主。在补充协议作出"本协议与原（主）合同不一致的，以本协议为准"的类似条款时，在区别于原（主）合同的特定条款下，应当按照补充协议履行。补充协议签订后除了合同的主要义务的履行，更应该关注补充协议约定的特别条款的履行情况。

## 相关规定

**《民法典》**

**第四百六十九条** 当事人订立合同，可以采用书面形式、口头形式或者其他形式。

书面形式是合同书、信件、电报、电传、传真等可以有形地表现所载内容的形式。

以电子数据交换、电子邮件等方式能够有形地表现所载内容，并可以随时调取查用的数据电文，视为书面形式。

**第五百零二条** 依法成立的合同，自成立时生效，但是法律另有规定或者当事人另有约定的除外。

依照法律、行政法规的规定，合同应当办理批准等手续的，依照其规定。未办理批准等手续影响合同生效的，不影响合同中履行报批等义务条款以及相关条款的效力。应当办理申请批准等手续的当事人未履行义务的，对方可以请求其承担违反该义务的责任。

依照法律、行政法规的规定，合同的变更、转让、解除等情形应当办理批准等手续的，适用前款规定。

**第五百一十条** 合同生效后，当事人就质量、价款或者报酬、履行地点等内容没有约定或者约定不明确的，可以协议补充；不能达成补充协议的，按照合同相关条款或者交易习惯确定。

## 128

## 怎么有效地解除合同？

“人”：如果是合意解除，应当是合同的当事人共同签署，缺一不可；如果是依据合同条款中约定行使的“单方解除权”对目标合同进行解除，要按约定的期限履行通知的义务，告知对方解除合同事宜。

“物”：解除协议应对物的“归属”问题进行约定，根据不同的情况原合同的“物”如果没有约定清楚或者没有达成一致，双方可能会因此发生纠纷。

“事”：解除协议要写解除的原因、理由，以及解除的依据（基于合同条款第×条第×款），更重要的是合同解除后双方的权利义务及各自责任的承担。

“行”：合同解除协议生效后，原合同解除，双方根据解除后的合同承担相应的法律后果。我们可以把合同解除协议当作一个新的合同来看，关注解除约定中的“人”“物”“事”“行”。

### 相关规定

**1.《民法典》**

**第五百六十二条** 当事人协商一致，可以解除合同。

当事人可以约定一方解除合同的事由。解除合同的事由发生时，解除权人可以解除合同。

**第五百六十三条** 有下列情形之一的，当事人可以解除合同：

（一）因不可抗力致使不能实现合同目的；

（二）在履行期限届满前，当事人一方明确表示或者以自己的行为表明不履行主要债务；

（三）当事人一方迟延履行主要债务，经催告后在合理期限内仍未履行；

（四）当事人一方迟延履行债务或者有其他违约行为致使不能实现合同目的；

（五）法律规定的其他情形。

以持续履行的债务为内容的不定期合同，当事人可以随时解除合同，但是应当在合理期限之前通知对方。

**第五百六十四条** 法律规定或者当事人约定解除权行使期限，期限届满当事人不行使的，该权利消灭。

法律没有规定或者当事人没有约定解除权行使期限，自解除权人知道或者应当知道解除事由之日起一年内不行使，或者经对方催告后在合理期限内不行使的，该权利消灭。

**第五百六十五条** 当事人一方依法主张解除合同的，应当通知对方。合同自通知到达对方时解除；通知载明债务人在一定期限内不履行债务则合同自动解除，债务人在该期限内未履行债务的，合同自通知载明的期限届满时解除。对方对解除合同有异议的，任何一方当事人均可以请求人民法院或者仲裁机构确认解除行为的效力。

当事人一方未通知对方，直接以提起诉讼或者申请仲裁的方式依法主张解除合同，人民法院或者仲裁机构确认该主张的，合同自起诉状副本或者仲裁申请书副本送达对方时解除。

**第五百六十六条** 合同解除后，尚未履行的，终止履行；已经履行的，根据履行情况和合同性质，当事人可以请求恢复原状或者采取其他补救措施，并有权请求赔偿损失。

合同因违约解除的，解除权人可以请求违约方承担违约责任，但是当事人另有约定的除外。

主合同解除后，担保人对债务人应当承担的民事责任仍应当承担担保责任，但是担保合同另有约定的除外。

**2.《最高人民法院关于适用〈中华人民共和国民法典〉合同编通则若干问题的解释》**

**第二十四条** 合同不成立、无效、被撤销或者确定不发生效力，当事人请求返还财产，经审查财产能够返还的，人民法院应当根据案件具体情况，单独或者合并适用返还占有的标的物、更正登记簿册记载等方式；经审查财产不能返还或者没有必要返还的，人民法院应当以认定合同不成立、无效、被撤销或者确定不发生效力之日该财产的市场价值或者以其他合理方式计算的价值为基准判决折价补偿。

除前款规定的情形外，当事人还请求赔偿损失的，人民法院应当结合财产返还或者折价补偿的情况，综合考虑财产增值收益和贬值损失、交易成本的支出等事实，按照双方当事人的过错程度及原因力大小，根据诚信原则和公平原则，合理确定损失赔偿额。

合同不成立、无效、被撤销或者确定不发生效力，当事人的行为涉嫌违法且未经处理，可能导致一方或者双方通过违法行为获得不当利益的，人民法院应当向有关行政管理部门提出司法建议。当事人的行为涉嫌犯罪的，应当将案件线索移送刑事侦查机关；属于刑事自诉案件的，应当告知当事人可以向有管辖权的人民法院另行提起诉讼。

**第二十五条** 合同不成立、无效、被撤销或者确定不发生效力，有权请求返还价款或者报酬的当事人一方请求对方支付资金占用费的，人民法院应当在当事人请求的范围内按照中国人民银行授权全国银行间同业拆借中心公布的一年期贷款市场报价利率（LPR）计算。但是，占用资金的当事人对于合同不成立、无效、被撤销或者确定不发生效力没有过错的，应当以中国人民银行公布的同期同类存款基准利率计算。

双方互负返还义务，当事人主张同时履行的，人民法院应予支持；占有标的物的一方对标的物存在使用或者依法可以使用的情形，对方请求将其应支付的资金占用费与应收取的标的物使用费相互抵销的，人民法院应予支持，但是法律另有规定的除外。

129

## 和律师签署委托代理合同应该注意什么？

“人”：我们在委托律师做代理人时，签署合同的被委托人一栏中，出现的并不是律师，而应该是该律师所在的律师事务所。律师不能私自接受当事人委托，应由律所指定律师作为代理人。

“物”：指的是案件代理服务费和法律服务内容。收费一般包括三种模式：固定收费（按标的金额）、半风险代理收费（固定金额＋胜诉金额）、全风险代理收费（无前期费，按胜诉金额收取费用）。

“事”：一般指委托代理权限的约定（一般代理、特别授权），双方权利义务等。需要注意的是，特别授权的情况下，受托人有权代表委托人作出实质的权利义务承诺，并可以代表委托人承认事实。

“行”：委托人应该关注律师事务所指派律师在执行法律事务时是否尽职，是否为委托人的诉讼或非诉业务提供专业服务。

### 相关规定

**《民法典》**

**第九百一十九条**　委托合同是委托人和受托人约定，由受托人处理委托人事务的合同。

**第九百二十条**　委托人可以特别委托受托人处理一项或者数项事务，也可以概括委托受托人处理一切事务。

**第九百二十一条**　委托人应当预付处理委托事务的费用。受托人为处理委托事务垫付的必要费用，委托人应当偿还该费用并支付利息。

**第九百二十二条**　受托人应当按照委托人的指示处理委托事务。需要变更委托人指示的，应当经委托人同意；因情况紧急，难以和委托人取得联系的，受托人应当妥善处理委托事务，但是事后应当将该情况及时报告委托人。

**第九百二十八条** 受托人完成委托事务的，委托人应当按照约定向其支付报酬。

因不可归责于受托人的事由，委托合同解除或者委托事务不能完成的，委托人应当向受托人支付相应的报酬。当事人另有约定的，按照其约定。

**第九百二十九条** 有偿的委托合同，因受托人的过错造成委托人损失的，委托人可以请求赔偿损失。无偿的委托合同，因受托人的故意或者重大过失造成委托人损失的，委托人可以请求赔偿损失。

受托人超越权限造成委托人损失的，应当赔偿损失。

130

## 签署中介合同应该注意什么？

本问题所涉及中介合同，在《民法典》实施以前被称为居间合同。《民法典》对此只是改变了合同名称，两者的含义是一致的，中介合同这一名称更贴近日常生活。中介合同是中介人向委托人提供订立合同的机会或者提供订立合同的媒介服务，委托人支付报酬的合同。

“人”：一般为“委托方”和“被委托方”（中介人）。

“物”：一般指中介服务费用和中介人所提供的服务内容。

“事”：指中介机构在委托人授予的权限范围内，为委托人提供媒介服务、促成交易等服务，委托人在约定节点支付相应费用，因此产生的权利义务。

“行”：中介合同签订后，中介人提供的中介服务所产生的相关行为和后果。特别要注意的是，如果出现了“跳单”（委托人通过其他机构或方式达成中介合同所约定的合同目的）行为，中介机构在为委托人提供了有效帮助（提供了平台或信息，构成了实质性的帮助）的情形下，是可以请求委托方支付中介费用的。

### 相关规定

《民法典》

**第九百六十一条** 中介合同是中介人向委托人报告订立合同的机会或者提供订立合同的媒介服务，委托人支付报酬的合同。

**第九百六十二条** 中介人应当就有关订立合同的事项向委托人如实报告。

中介人故意隐瞒与订立合同有关的重要事实或者提供虚假情况，损害委托人利益的，不得请求支付报酬并应当承担赔偿责任。

**第九百六十三条** 中介人促成合同成立的，委托人应当按照约定支付报酬。对中介人的报酬没有约定或者约定不明确，依据本法第五百一十条的规定仍不能确定的，根据中介人的劳务合理确定。因中介人提供订立合同的媒介服务而促成合同成立的，由该合同的当事人平均负担中介人的报酬。

中介人促成合同成立的，中介活动的费用，由中介人负担。

**第九百六十四条** 中介人未促成合同成立的，不得请求支付报酬；但是，可以按照约定请求委托人支付从事中介活动支出的必要费用。

**第九百六十五条** 委托人在接受中介人的服务后，利用中介人提供的交易机会或者媒介服务，绕开中介人直接订立合同的，应当向中介人支付报酬。

**第九百六十六条** 本章没有规定的，参照适用委托合同的有关规定。

131

## 怎么签署一份有效的赠与合同？

“人”：在赠与合同中，“人”分为“赠与方”与“被赠与方”。“被赠与方”如果是无民事行为能力人或限制行为能力人，该赠与不可以附条件或附义务。

“物”：一般指赠与人向被赠与人约定赠与的标的（金钱、物品等），核心注意被赠与物具有所有权、可交易即可。

“事”：是指赠与行为的发生和权益转移的具体约定。特殊情况下，如赠与附一定的条件、义务，一定要对所附的条件进行明确。在所附条件未成就时，赠与人因此享有撤销权（注意：涉及经过公证或救灾、扶贫、助残等公益、道德义务性质的赠与不享有撤销权）。需要注意的是，赠与人的撤销权应自知道或者应当知道撤销事由之日起 1 年内行使（《民法典》第 663 条）。

“行”：是指履行赠与合同时，赠与物移交给对方时发生所有权的转移、变更、赠与的撤回等行为及其后果。

## 相关规定

**《民法典》**

**第二十二条** 不能完全辨认自己行为的成年人为限制民事行为能力人，实施民事法律行为由其法定代理人代理或者经其法定代理人同意、追认；但是，可以独立实施纯获利益的民事法律行为或者与其智力、精神健康状况相适应的民事法律行为。

**第六百五十七条** 赠与合同是赠与人将自己的财产无偿给予受赠人，受赠人表示接受赠与的合同。

**第六百五十八条** 赠与人在赠与财产的权利转移之前可以撤销赠与。

经过公证的赠与合同或者依法不得撤销的具有救灾、扶贫、助残等公益、道德义务性质的赠与合同，不适用前款规定。

**第六百五十九条** 赠与的财产依法需要办理登记或者其他手续的，应当办理有关手续。

**第六百六十条** 经过公证的赠与合同或者依法不得撤销的具有救灾、扶贫、助残等公益、道德义务性质的赠与合同，赠与人不交付赠与财产的，受赠人可以请求交付。

依据前款规定应当交付的赠与财产因赠与人故意或者重大过失致使毁损、灭失的，赠与人应当承担赔偿责任。

**第六百六十一条** 赠与可以附义务。

赠与附义务的，受赠人应当按照约定履行义务。

**第六百六十二条** 赠与的财产有瑕疵的，赠与人不承担责任。附义务的赠与，赠与的财产有瑕疵的，赠与人在附义务的限度内承担与出卖人相同的责任。

赠与人故意不告知瑕疵或者保证无瑕疵，造成受赠人损失的，应当承担赔偿责任。

**第六百六十三条** 受赠人有下列情形之一的，赠与人可以撤销赠与：

（一）严重侵害赠与人或者赠与人近亲属的合法权益；

（二）对赠与人有扶养义务而不履行；

（三）不履行赠与合同约定的义务。

赠与人的撤销权，自知道或者应当知道撤销事由之日起一年内行使。

**第六百六十四条** 因受赠人的违法行为致使赠与人死亡或者丧失民事行为能力的，赠与人的继承人或者法定代理人可以撤销赠与。

赠与人的继承人或者法定代理人的撤销权，自知道或者应当知道撤销事由之日起六个月内行使。

**第六百六十五条** 撤销权人撤销赠与的，可以向受赠人请求返还赠与的财产。

**第六百六十六条** 赠与人的经济状况显著恶化，严重影响其生产经营或者家庭生活的，可以不再履行赠与义务。

132

## 怎么签署股权代持合同?

“人”：一般分为“代持人”和“被代持人”。代持人被称为“显名股东”，被代持人被称为“隐名股东”。

"物"：股权代持合同中的"物"，指的是被代持人委托代持人所持有的股权，有的时候"物"还会包括股权的收益或者代持人的代持报酬。

"事"：股权代持合同中的"事"，指的是被代持人委托代持人的委托权限、范围、收益分配等。

"行"：股权代持合同中的"行"，指的是代持人根据股权代持合同中约定的代持人权限，代替被代持人实施股东权益的行为。股权代持合同与委托合同的法律要求一致，代持人如果有其他违约行为，可以参照委托合同的法律规定。

## 相关规定

《民法典》

**第一百六十五条** 委托代理授权采用书面形式的，授权委托书应当载明代理人的姓名或者名称、代理事项、权限和期限，并由被代理人签名或者盖章。

**第九百一十九条** 委托合同是委托人和受托人约定，由受托人处理委托人事务的合同。

**第九百二十条** 委托人可以特别委托受托人处理一项或者数项事务，也可以概括委托受托人处理一切事务。

**第九百二十四条** 受托人应当按照委托人的要求，报告委托事务的处理情况。委托合同终止时，受托人应当报告委托事务的结果。

**第九百二十五条** 受托人以自己的名义，在委托人的授权范围内与第三人订立的合同，第三人在订立合同时知道受托人与委托人之间的代理关系的，该合同直接约束委托人和第三人；但是，有确切证据证明该合同只约束受托人和第三人的除外。

**第九百二十七条** 受托人处理委托事务取得的财产，应当转交给委托人。

**第九百二十八条** 受托人完成委托事务的，委托人应当按照约定向其支付报酬。

因不可归责于受托人的事由，委托合同解除或者委托事务不能完成的，委托人应当向受托人支付相应的报酬。当事人另有约定的，按照其约定。

**第九百二十九条** 有偿的委托合同，因受托人的过错造成委托人损失的，委托人可以请求赔偿损失。无偿的委托合同，因受托人的故意或者重大过失造成委托人损失的，委托人可以请求赔偿损失。

受托人超越权限造成委托人损失的，应当赔偿损失。

133

## 股权转让合同怎么签才完整?

“人”：分为转让方和受让方。需要注意，转让方是否履行了对股东以外的人转让其所持有的公司股权的通知义务（除一人公司外，有限责任公司需要经其他股东同意，是否损害了其他股东的优先购买权）。同时要注意，被转让股权的公司在股权转让合同中的地位是被通知方或者备案主体，而不能成为股权转让方。

“物”：就是股权转让合同中拟转让的股权份额以及相应对价。

“事”：包括股权转让过程中所需要办理的事情，比如履行其他股东通知义务；现有股东的优先购买权；股权转让合同的交易、变更期限；转让股权中是否附带权利瑕疵（被担保、质押、冻结、查封等）及股权对应是否到位等其他条款内容。

“行”：按照股权转让合同约定履行时，应对相关股权转让的节点和股权转让的变更流程进行及时跟进，对于股权转让合同中没有约定或约定不明的，应当及时签订补充协议保证主合同的顺利履行。股权转让合同风险最低的履行方式就是加快速度，当然是在对公司财务状态全面了解的情况下。

需要特别注意的是：未到出资期限的股权，受让人承担缴纳出资义务，转让人也需要对受让人的出资承担补充责任。

## 相关规定

### 1.《公司法》

**第八十四条** 有限责任公司的股东之间可以相互转让其全部或者部分股权。

股东向股东以外的人转让股权的，应当将股权转让的数量、价格、支付方式和期限等事项书面通知其他股东，其他股东在同等条件下有优先购买权。股东自接到书面通知之日起三十日内未答复的，视为放弃优先购买权。两个以上股东行使优先购买权的，协商确定各自的购买比例；协商不成的，按照转让时各自的出资比例行使优先购买权。

公司章程对股权转让另有规定的，从其规定。

**第八十五条** 人民法院依照法律规定的强制执行程序转让股东的股权时，应当通知公司及全体股东，其他股东在同等条件下有优先购买权。其他股东自人民法院通知之日起满二十日不行使优先购买权的，视为放弃优先购买权。

**第八十六条** 股东转让股权的，应当书面通知公司，请求变更股东名册；需要办理变更登记的，并请求公司向公司登记机关办理变更登记。公司拒绝或者在合理期限内不予答复的，转让人、受让人可以依法向人民法院提起诉讼。

股权转让的，受让人自记载于股东名册时起可以向公司主张行使股东权利。

**第八十七条** 依照本法转让股权后，公司应当及时注销原股东的出资证明书，向新股东签发出资证明书，并相应修改公司章程和股东名册中有关股东及其出资额的记载。对公司章程的该项修改不需再由股东会表决。

**第八十八条** 股东转让已认缴出资但未届出资期限的股权的，由受让人承担缴纳该出资的义务；受让人未按期足额缴纳出资的，转让人对受让人未按期缴纳的出资承担补充责任。

未按照公司章程规定的出资日期缴纳出资或者作为出资的非货币财产的

实际价额显著低于所认缴的出资额的股东转让股权的，转让人与受让人在出资不足的范围内承担连带责任；受让人不知道且不应当知道存在上述情形的，由转让人承担责任。

2.《民法典》

**第四百六十四条** 合同是民事主体之间设立、变更、终止民事法律关系的协议。

婚姻、收养、监护等有关身份关系的协议，适用有关该身份关系的法律规定；没有规定的，可以根据其性质参照适用本编规定。

**第四百六十五条** 依法成立的合同，受法律保护。

依法成立的合同，仅对当事人具有法律约束力，但是法律另有规定的除外。

**第四百六十七条** 本法或者其他法律没有明文规定的合同，适用本编通则的规定，并可以参照适用本编或者其他法律最相类似合同的规定。

在中华人民共和国境内履行的中外合资经营企业合同、中外合作经营企业合同、中外合作勘探开发自然资源合同，适用中华人民共和国法律。

**第五百零二条** 依法成立的合同，自成立时生效，但是法律另有规定或者当事人另有约定的除外。

依照法律、行政法规的规定，合同应当办理批准等手续的，依照其规定。未办理批准等手续影响合同生效的，不影响合同中履行报批等义务条款以及相关条款的效力。应当办理申请批准等手续的当事人未履行义务的，对方可以请求其承担违反该义务的责任。

依照法律、行政法规的规定，合同的变更、转让、解除等情形应当办理批准等手续的，适用前款规定。

**第五百零九条** 当事人应当按照约定全面履行自己的义务。

当事人应当遵循诚信原则，根据合同的性质、目的和交易习惯履行通知、协助、保密等义务。

当事人在履行合同过程中，应当避免浪费资源、污染环境和破坏生态。

134

## 怎么签署一份有效的担保合同？

担保合同是一个统称，我们常见的是抵押担保合同、保证合同和质押合同。如果只有一个人签名做担保，这是保证合同；如果并不是由人承担责任，而是这个人名下的某个物承担担保责任，这就可能形成抵押或者质押合同。一般根据合同中的物是否可以转移占有区分抵押和质押，如果可以转移占有，是质押，不可以转移占有是抵押。

“人”：合同中有担保人和担保合同的债权人。担保合同应当注意，担保人是否有能力提供担保；担保人为法人机构的，特别要审查代理人是否具有担保资格（如机关法人、公益目的的非营利法人的抵押和担保限制）。还要注意代表担保人签署担保合同的“人”，是否具有代理权限，是否超越了代理权限范围等。

“物”：指的是担保人与担保债权人确定的保证范围，以及具体抵押物、质押物的范围和担保责任范围。质押时要注意质押的质权是自交付质押财产时设立。

“事”：核心就是担保的责任发生时间、担保的效果及期限。注意担保方式：一般保证还是连带保证；担保范围：是基于全部债务承担担保责任，还是基于部分债务承担担保责任；担保期限：与主合同期限一致，还是独立约定担保期限。

“行”：担保合同具有从属性，为主合同提供担保。担保合同一定要注意保证期限，保证期限内债权人不主张保证责任，保证人不再承担保证责任。

### 相关规定

《民法典》

**第三百八十六条** 担保物权人在债务人不履行到期债务或者发生当事人约定的实现担保物权的情形，依法享有就担保财产优先受偿的权利，但是法律另有规定的除外。

**第三百八十七条** 债权人在借贷、买卖等民事活动中，为保障实现其债权，需要担保的，可以依照本法和其他法律的规定设立担保物权。

第三人为债务人向债权人提供担保的，可以要求债务人提供反担保。反担保适用本法和其他法律的规定。

**第三百八十八条** 设立担保物权，应当依照本法和其他法律的规定订立担保合同。担保合同包括抵押合同、质押合同和其他具有担保功能的合同。担保合同是主债权债务合同的从合同。主债权债务合同无效的，担保合同无效，但是法律另有规定的除外。

担保合同被确认无效后，债务人、担保人、债权人有过错的，应当根据其过错各自承担相应的民事责任。

**第三百八十九条** 担保物权的担保范围包括主债权及其利息、违约金、损害赔偿金、保管担保财产和实现担保物权的费用。当事人另有约定的，按照其约定。

**第三百九十四条** 为担保债务的履行，债务人或者第三人不转移财产的占有，将该财产抵押给债权人的，债务人不履行到期债务或者发生当事人约定的实现抵押权的情形，债权人有权就该财产优先受偿。

……

**第三百九十八条** 乡镇、村企业的建设用地使用权不得单独抵押。以乡镇、村企业的厂房等建筑物抵押的，其占用范围内的建设用地使用权一并抵押。

**第三百九十九条** 下列财产不得抵押：

（一）土地所有权；

（二）宅基地、自留地、自留山等集体所有土地的使用权，但是法律规定可以抵押的除外；

（三）学校、幼儿园、医疗机构等为公益目的成立的非营利法人的教育设施、医疗卫生设施和其他公益设施；

（四）所有权、使用权不明或者有争议的财产；

（五）依法被查封、扣押、监管的财产；

（六）法律、行政法规规定不得抵押的其他财产。

**第四百二十八条** 质权人在债务履行期限届满前，与出质人约定债务人不履行到期债务时质押财产归债权人所有的，只能依法就质押财产优先受偿。

**第四百二十九条** 质权自出质人交付质押财产时设立。

**第六百八十一条** 保证合同是为保障债权的实现，保证人和债权人约定，当债务人不履行到期债务或者发生当事人约定的情形时，保证人履行债务或者承担责任的合同。

**第六百八十二条** 保证合同是主债权债务合同的从合同。主债权债务合同无效的，保证合同无效，但是法律另有规定的除外。

保证合同被确认无效后，债务人、保证人、债权人有过错的，应当根据其过错各自承担相应的民事责任。

**第六百八十四条** 保证合同的内容一般包括被保证的主债权的种类、数额，债务人履行债务的期限，保证的方式、范围和期间等条款。

**第六百八十五条** 保证合同可以是单独订立的书面合同，也可以是主债权债务合同中的保证条款。

第三人单方以书面形式向债权人作出保证，债权人接收且未提出异议的，保证合同成立。

**第六百八十六条** 保证的方式包括一般保证和连带责任保证。

当事人在保证合同中对保证方式没有约定或者约定不明确的，按照一般保证承担保证责任。

**第六百八十七条** 当事人在保证合同中约定，债务人不能履行债务时，由保证人承担保证责任的，为一般保证。

一般保证的保证人在主合同纠纷未经审判或者仲裁，并就债务人财产依法强制执行仍不能履行债务前，有权拒绝向债权人承担保证责任，但是有下列情形之一的除外：

（一）债务人下落不明，且无财产可供执行；

（二）人民法院已经受理债务人破产案件；

（三）债权人有证据证明债务人的财产不足以履行全部债务或者丧失履行债务能力；

（四）保证人书面表示放弃本款规定的权利。

**第六百八十八条** 当事人在保证合同中约定保证人和债务人对债务承担连带责任的，为连带责任保证。

连带责任保证的债务人不履行到期债务或者发生当事人约定的情形时，债权人可以请求债务人履行债务，也可以请求保证人在其保证范围内承担保证责任。

**第六百八十九条** 保证人可以要求债务人提供反担保。

**第六百九十条** 保证人与债权人可以协商订立最高额保证的合同，约定在最高债权额限度内就一定期间连续发生的债权提供保证。

最高额保证除适用本章规定外，参照适用本法第二编最高额抵押权的有关规定。

**第六百九十二条** 保证期间是确定保证人承担保证责任的期间，不发生中止、中断和延长。

债权人与保证人可以约定保证期间，但是约定的保证期间早于主债务履行期限或者与主债务履行期限同时届满的，视为没有约定；没有约定或者约定不明确的，保证期间为主债务履行期限届满之日起六个月。

债权人与债务人对主债务履行期限没有约定或者约定不明确的，保证期间自债权人请求债务人履行债务的宽限期届满之日起计算。

**第六百九十三条** 一般保证的债权人未在保证期间对债务人提起诉讼或者申请仲裁的，保证人不再承担保证责任。

连带责任保证的债权人未在保证期间请求保证人承担保证责任的，保证人不再承担保证责任。

**第六百九十四条** 一般保证的债权人在保证期间届满前对债务人提起诉讼或者申请仲裁的，从保证人拒绝承担保证责任的权利消灭之日起，开始计算保证债务的诉讼时效。

连带责任保证的债权人在保证期间届满前请求保证人承担保证责任的，从债权人请求保证人承担保证责任之日起，开始计算保证债务的诉讼时效。

135

## 网络直播打赏是否属于赠与？

**回　答：** 网络直播打赏属于消费行为，不属于赠与。

**理　由：** 网络直播是借助互联网和移动终端技术应运而生的新兴发展行业，主播在直播平台为用户提供直播等服务，消费者进入直播间观看直播，获得精神上的愉悦，继而打赏给主播。显然这种行为不具备赠与合同要求的单务性、无偿性，而是一种网络消费行为，构成网络服务合同关系。

从我们的逻辑体系看，网络直播打赏活动中，“人”是提供直播服务的主播和观众；“物”是打赏的金额、礼物及直播服务；“事”是用户基于基础的直播服务进行的打赏，双方因此构成相应的权利义务；“行”是主播的直播行为和观众的打赏行为。双方行为具有一定的权利义务关联，而不是用户的单方行为。

在网络直播之外，通过微信、支付宝等方式向主播转账或购买礼物的行为，不能视为一种网络消费，一般应认定为赠与关系。根据不同情况可以分为单务、无偿性的赠与和附义务的赠与。

**怎么办：** 直播打赏是消费，网络直播只是生活的一种调剂品，打赏应在自己的经济能力范围内。

### 相关规定

**《民法典》**

**第四百六十四条**　合同是民事主体之间设立、变更、终止民事法律关系的协议。

婚姻、收养、监护等有关身份关系的协议，适用有关该身份关系的法律规定；没有规定的，可以根据其性质参照适用本编规定。

**第四百六十五条** 依法成立的合同，受法律保护。

依法成立的合同，仅对当事人具有法律约束力，但是法律另有规定的除外。

**第四百六十七条** 本法或者其他法律没有明文规定的合同，适用本编通则的规定，并可以参照适用本编或者其他法律最相类似合同的规定。

在中华人民共和国境内履行的中外合资经营企业合同、中外合作经营企业合同、中外合作勘探开发自然资源合同，适用中华人民共和国法律。

**第六百五十七条** 赠与合同是赠与人将自己的财产无偿给予受赠人，受赠人表示接受赠与的合同。

## 136

## 网络游戏的装备被盗，游戏运营商是否应承担责任？

**回　答：** 游戏运营商对虚拟财产负有保护责任，应在知道或者应当知道网络用户利用网络服务侵害他人民事权益时采取必要的措施，而未采取必要措施的，应当与盗取游戏装备者承担连带责任。

**理　由：** 游戏装备是法律所保护的虚拟财产。广义的网络虚拟财产是指虚拟的网络本身以及存在于网络上的具有财产性的电磁记录，是一种能够用现有的度量标准度量其价值的数字化的新型财产，比如游戏世界中的游戏账号、游戏币、游戏装备，电子商务中的网店，社交场景中的微信账号、QQ 账号、电子邮箱等。

在游戏世界中，游戏运营商对游戏数据有绝对的掌控能力，同时也应承担对游戏玩家在游戏中虚拟财产的保护职责。

**怎么办：** 如果发生虚拟财产被盗的情况，首先要做的就是保存证据，及时与游戏运营商联络，如果游戏运营商未能及时反馈和采取必要措施，可以要求游戏运营商承担责任。

## 相关规定

**《民法典》**

**第三条** 民事主体的人身权利、财产权利以及其他合法权益受法律保护，任何组织或者个人不得侵犯。

**第一百一十三条** 民事主体的财产权利受法律平等保护。

**第一百二十七条** 法律对数据、网络虚拟财产的保护有规定的，依照其规定。

**第一百七十九条** 承担民事责任的方式主要有：

（一）停止侵害；

（二）排除妨碍；

（三）消除危险；

（四）返还财产；

（五）恢复原状；

（六）修理、重作、更换；

（七）继续履行；

（八）赔偿损失；

（九）支付违约金；

（十）消除影响、恢复名誉；

（十一）赔礼道歉。

法律规定惩罚性赔偿的，依照其规定。

本条规定的承担民事责任的方式，可以单独适用，也可以合并适用。

**第一千一百九十七条** 网络服务提供者知道或者应当知道网络用户利用其网络服务侵害他人民事权益，未采取必要措施的，与该网络用户承担连带责任。

137

## 遭遇出租车拒载应该怎么办?

**回　答：**可以投诉，可以要求出租车司机承担违约责任，也可以要求网约车平台承担违约责任或连带赔偿责任。

**理　由：**出租车上路后，其对外出示的空车状态，应视为一种要约，乘客在选择拦下出租车时，应视为一种承诺，在拦下出租车、乘客说出目的地后双方的客运合同应视为成立。出租车的拒载行为，应视为一种违约行为。

出租车的拒载问题核心在于拒载行为在“行”中没有后果，也就是出租车的违约行为并未给其带来负面的影响，反而获取其他收益，在某种程度上促使拒载的加剧。

**怎么办：**对于这种问题，笔者认为还是应该引入经济方式最为合适。对于拒载问题，特别是网络平台的拒载，可以直接视为违约，出租车司机承担违约责任。

### 相关规定

《民法典》

**第一百三十三条**　民事法律行为是民事主体通过意思表示设立、变更、终止民事法律关系的行为。

**第一百三十四条**　民事法律行为可以基于双方或者多方的意思表示一致成立，也可以基于单方的意思表示成立。

法人、非法人组织依照法律或者章程规定的议事方式和表决程序作出决议的，该决议行为成立。

**第一百三十六条**　民事法律行为自成立时生效，但是法律另有规定或者当事人另有约定的除外。

行为人非依法律规定或者未经对方同意，不得擅自变更或者解除民事法律行为。

**第一百三十七条** 以对话方式作出的意思表示，相对人知道其内容时生效。

以非对话方式作出的意思表示，到达相对人时生效。以非对话方式作出的采用数据电文形式的意思表示，相对人指定特定系统接收数据电文的，该数据电文进入该特定系统时生效；未指定特定系统的，相对人知道或者应当知道该数据电文进入其系统时生效。当事人对采用数据电文形式的意思表示的生效时间另有约定的，按照其约定。

**第一百七十九条** 承担民事责任的方式主要有：

（一）停止侵害；

（二）排除妨碍；

（三）消除危险；

（四）返还财产；

（五）恢复原状；

（六）修理、重作、更换；

（七）继续履行；

（八）赔偿损失；

（九）支付违约金；

（十）消除影响、恢复名誉；

（十一）赔礼道歉。

法律规定惩罚性赔偿的，依照其规定。

本条规定的承担民事责任的方式，可以单独适用，也可以合并适用。

**第四百六十四条** 合同是民事主体之间设立、变更、终止民事法律关系的协议。

婚姻、收养、监护等有关身份关系的协议，适用有关该身份关系的法律规定；没有规定的，可以根据其性质参照适用本编规定。

**第四百六十五条** 依法成立的合同，受法律保护。

依法成立的合同，仅对当事人具有法律约束力，但是法律另有规定的除外。

**第四百七十一条** 当事人订立合同，可以采取要约、承诺方式或者其他方式。

**第四百八十三条** 承诺生效时合同成立，但是法律另有规定或者当事人另有约定的除外。

**第五百七十七条** 当事人一方不履行合同义务或者履行合同义务不符合约定的，应当承担继续履行、采取补救措施或者赔偿损失等违约责任。

**第五百七十八条** 当事人一方明确表示或者以自己的行为表明不履行合同义务的，对方可以在履行期限届满前请求其承担违约责任。

**第八百一十四条** 客运合同自承运人向旅客出具客票时成立，但是当事人另有约定或者另有交易习惯的除外。

138

## 因快递员原因没有进行“保价”，损失责任应该找谁承担？

**回　答：**如因快递员造成该快递未能进行保价，损失责任仍应由快递公司承担。

**理　由：**本问题涉及的保价，是“事”的范畴。在快递公司所提供的快递服务中有“保价”选项，托运人选择了“保价”服务，因快递员原因而没有形成保价订单。如果托运人能够证明已经选择了该服务，那么“保价”服务视为成立。

快递员作为快递公司的对外代表和工作的代理人，一般应视为其具有代表快递公司进行相关意思表示的权利，托运人向快递员确认选择“保价”服务之后，应视为双方达成的货运合同中有“保价”服务事项。快递员行使职务产生的错误，责任应由快递公司自行承担。

根据法律规定，即便不存在相关保价，快递公司仍应承担赔偿责任。快递公司如证明快递单格式免责条款有效，则赔偿一般按照3倍至5倍赔付，最多不超过快递费的10倍。

**怎么办：** 如果能够提供证据证明该次运输选择了保价，则快递公司应承担保价责任。快递公司可以基于快递员的失误，要求快递员承担内部的管理责任。

## 相关规定

《民法典》

**第一百三十六条** 民事法律行为自成立时生效，但是法律另有规定或者当事人另有约定的除外。

行为人非依法律规定或者未经对方同意，不得擅自变更或者解除民事法律行为。

**第一百三十七条** 以对话方式作出的意思表示，相对人知道其内容时生效。

以非对话方式作出的意思表示，到达相对人时生效。以非对话方式作出的采用数据电文形式的意思表示，相对人指定特定系统接收数据电文的，该数据电文进入该特定系统时生效；未指定特定系统的，相对人知道或者应当知道该数据电文进入其系统时生效。当事人对采用数据电文形式的意思表示的生效时间另有约定的，按照其约定。

**第一百六十一条** 民事主体可以通过代理人实施民事法律行为。

依照法律规定、当事人约定或者民事法律行为的性质，应当由本人亲自实施的民事法律行为，不得代理。

**第一百六十二条** 代理人在代理权限内，以被代理人名义实施的民事法律行为，对被代理人发生效力。

**第一百七十条** 执行法人或者非法人组织工作任务的人员，就其职权范围内的事项，以法人或者非法人组织的名义实施的民事法律行为，对法人或者非法人组织发生效力。

法人或者非法人组织对执行其工作任务的人员职权范围的限制，不得对抗善意相对人。

**第四百六十五条** 依法成立的合同，受法律保护。

依法成立的合同，仅对当事人具有法律约束力，但是法律另有规定的除外。

**第四百七十一条** 当事人订立合同，可以采取要约、承诺方式或者其他方式。

**第四百八十三条** 承诺生效时合同成立，但是法律另有规定或者当事人另有约定的除外。

**第八百二十五条** 托运人办理货物运输，应当向承运人准确表明收货人的姓名、名称或者凭指示的收货人，货物的名称、性质、重量、数量，收货地点等有关货物运输的必要情况。

因托运人申报不实或者遗漏重要情况，造成承运人损失的，托运人应当承担赔偿责任。

**第八百三十二条** 承运人对运输过程中货物的毁损、灭失承担赔偿责任。但是，承运人证明货物的毁损、灭失是因不可抗力、货物本身的自然性质或者合理损耗以及托运人、收货人的过错造成的，不承担赔偿责任。

**第八百三十三条** 货物的毁损、灭失的赔偿额，当事人有约定的，按照其约定；没有约定或者约定不明确，依据本法第五百一十条的规定仍不能确定的，按照交付或者应当交付时货物到达地的市场价格计算。法律、行政法规对赔偿额的计算方法和赔偿限额另有规定的，依照其规定。

第十三章

# 劳动合同

## 第一节 “人”“物”“事”“行”解构下的劳动合同

将劳动合同放在最后一章，是因为劳动合同既具有一般民事合同的共有特征，又有其特殊性。劳动合同作为被专门法律规定限制的合同，具有很多非意思自治的内容，因此，我们将劳动合同放在了最后一章，凸显其与众不同和独立性。

我们从“人”“物”“事”“行”四个方面重构劳动合同就会发现其有很多特殊之处：劳动合同的“人”只能由用人单位和劳动者构成；劳动合同的“物”在于劳动过程的实现，而不是劳动成果的给付；劳动合同的“事”具有限制性，特别是对于用人单位有多个强制性规定；劳动合同在履“行”中，劳动者对用人单位具有一定的从属性；劳动合同在“事”和“行”的角度具有更多的特殊性。比如下述4点。

（1）口头形式虽属于劳动合同的一种，但是仅有口头约定而未签订书面劳动合同的，用人单位应承担支付二倍工资的法律后果。

（2）劳动合同的试用期有法定上限，即使双方对合同试用期达成合意，超过法定上限的，用人单位仍应承担法律责任。

（3）劳动合同期限届满，双方均无继续履行意愿的，属于劳动合同终止的法定情形，但是尽管如此，如果是用人单位主动提出不续订的，仍应向劳动者支付经济补偿金。

（4）双方协商一致达成解除劳动合同的，如果是用人单位先提出的，用人单位仍负有向劳动者支付经济补偿金的义务。

如果要对劳动合同实现准确把握和理解，应当跳出常规合同思维，建立特别法调整下的劳动合同思维。

## 第二节　劳动合同的现实问题

139

### 用人单位和劳动者未签订书面劳动合同，如何认定存在劳动关系?

**回　答：** 劳动合同的签订与否，并不影响劳动关系的认定。

**理　由：** 能认定劳动关系的证据非常多，像我们常见的工资发放记录、考勤打卡记录、社会保险缴纳记录，以及工作群的相关沟通记录、微信聊天记录，甚至是企业的花名册、工牌、工装等，这些都可以用来证明劳动者和企业之间存在劳动关系。当然，在证明力的大小方面，工资发放记录、社保缴纳记录以及考勤打卡记录，是最具有证明效力的，而花名册、工装、工牌这些相对来说只是辅助性的证据。所以是否签订劳动合同跟是否存在劳动关系并没有直接的关系。

**怎么办：** 不签劳动合同不影响劳动关系的认定，但是，不签劳动合同，超过一个月需要支付二倍工资，超过一年需要订立无固定期限劳动合同，因此，用人单位应当自与劳动者建立劳动关系时，及时地签订书面劳动合同。

## 相关规定

**1.《民法典》**

**第四百六十九条** 当事人订立合同，可以采用书面形式、口头形式或者其他形式。

书面形式是合同书、信件、电报、电传、传真等可以有形地表现所载内容的形式。

以电子数据交换、电子邮件等方式能够有形地表现所载内容，并可以随时调取查用的数据电文，视为书面形式。

**2.《劳动合同法》**

**第十条** 建立劳动关系，应当订立书面劳动合同。

已建立劳动关系，未同时订立书面劳动合同的，应当自用工之日起一个月内订立书面劳动合同。

用人单位与劳动者在用工前订立劳动合同的，劳动关系自用工之日起建立。

**第八十二条** 用人单位自用工之日起超过一个月不满一年未与劳动者订立书面劳动合同的，应当向劳动者每月支付二倍的工资。

用人单位违反本法规定不与劳动者订立无固定期限劳动合同的，自应当订立无固定期限劳动合同之日起向劳动者每月支付二倍的工资。

**3.《关于确立劳动关系有关事项的通知》**

**第二条** 用人单位未与劳动者签订劳动合同，认定双方存在劳动关系时可参照下列凭证：

（一）工资支付凭证或记录（职工工资发放花名册）、缴纳各项社会保险费的记录；

（二）用人单位向劳动者发放的“工作证”、“服务证”等能够证明身份的证件；

（三）劳动者填写的用人单位招工招聘“登记表”、“报名表”等招用记录；

（四）考勤记录；

（五）其他劳动者的证言等。

其中，（一）、（三）、（四）项的有关凭证由用人单位负举证责任。

## 140

## 没有签订书面劳动合同，劳动者填写的入职登记表、入职信息表等文件，能否认定为已签订劳动合同？

**回　答：** 如果具备劳动合同应当具备的条款，存在被认定为签订了书面劳动合同的可能。

**理　由：** 劳动关系可以事实成立，但认定劳动合同的签订有严苛的法律规定，这两者具有不同的法律后果。《劳动合同法》第 17 条明确规定了劳动合同应当具备的条款，如果双方签订的入职登记表、入职信息表等具备劳动合同的基本条款，尤其是体现劳动者工作岗位、工作时间、工作待遇、休息休假等涉及劳动者切身利益的条款，则视为双方已经签订了书面劳动合同。

**怎么办：** 确实因为历史原因未能及时签订劳动合同的，通过核查入职时填报的相关文件信息，具备劳动合同的基本条款的，可以主张订立了劳动合同，这也是权宜之计。

### 相关规定

**1.《民法典》**

**第四百六十九条**　当事人订立合同，可以采用书面形式、口头形式或者其他形式。

书面形式是合同书、信件、电报、电传、传真等可以有形地表现所载内容的形式。

以电子数据交换、电子邮件等方式能够有形地表现所载内容，并可以随时调取查用的数据电文，视为书面形式。

**2.《劳动合同法》**

**第十七条** 劳动合同应当具备以下条款：

（一）用人单位的名称、住所和法定代表人或者主要负责人；

（二）劳动者的姓名、住址和居民身份证或者其他有效身份证件号码；

（三）劳动合同期限；

（四）工作内容和工作地点；

（五）工作时间和休息休假；

（六）劳动报酬；

（七）社会保险；

（八）劳动保护、劳动条件和职业危害防护；

（九）法律、法规规定应当纳入劳动合同的其他事项。

劳动合同除前款规定的必备条款外，用人单位与劳动者可以约定试用期、培训、保守秘密、补充保险和福利待遇等其他事项。

## 141

## 用人单位与劳动者签订劳务合同，是不是就能避免被认定为双方存在劳动关系？

**回　答：** 合同名称和形式，并不会影响双方劳动关系的认定。

**理　由：** 合同性质不能仅凭合同名称而定，应当根据合同内容所涉法律关系，即合同双方当事人所设立权利义务内容来确定合同的性质。这个问题要从两个方面理解。第一，如果劳务合同中具备了《劳动合同法》第17条规定的劳动合同应当具备的条款，如工作时间、工作地点、劳动报酬、休息休假等，那么此时的劳务合同就很可能被认定为劳动合同。

第二，如果劳务合同中不具备上述条款，但是实际履行中的考勤打卡、工资发放、社保缴纳、工作安排等符合劳动关系认定条件，此时劳务合同也具有劳动合同性质。因此，仅是改变合同名称，而不改变双方劳动关系本质的话，不影响劳动关系的认定。

**怎么办：** 对用人单位来说，如果实际是劳动关系，而签订的是劳务合同，则其存在被认定为未签订书面劳动合同的法律风险。因此，建议用人单位根据用工的实际情况，客观地选择用工形式，对将完成一定的工作任务作为考核指标的岗位，可以选择适用签订劳务合同，对于重点强调管理与被管理隶属关系的岗位，应按要求签订劳动合同。

## 相关规定

**1.《民法典》**

**第一百四十六条** 行为人与相对人以虚假的意思表示实施的民事法律行为无效。

以虚假的意思表示隐藏的民事法律行为的效力，依照有关法律规定处理。

**第一千一百九十二条** 个人之间形成劳务关系，提供劳务一方因劳务造成他人损害的，由接受劳务一方承担侵权责任。接受劳务一方承担侵权责任后，可以向有故意或者重大过失的提供劳务一方追偿。提供劳务一方因劳务受到损害的，根据双方各自的过错承担相应的责任。

提供劳务期间，因第三人的行为造成提供劳务一方损害的，提供劳务一方有权请求第三人承担侵权责任，也有权请求接受劳务一方给予补偿。接受劳务一方补偿后，可以向第三人追偿。

**2.《劳动合同法》**

**第二条** 中华人民共和国境内的企业、个体经济组织、民办非企业单位等组织（以下称用人单位）与劳动者建立劳动关系，订立、履行、变更、解除或者终止劳动合同，适用本法。

国家机关、事业单位、社会团体和与其建立劳动关系的劳动者，订立、履行、变更、解除或者终止劳动合同，依照本法执行。

**第三条** 订立劳动合同，应当遵循合法、公平、平等自愿、协商一致、诚实信用的原则。

依法订立的劳动合同具有约束力，用人单位与劳动者应当履行劳动合同约定的义务。

**第十七条** 劳动合同应当具备以下条款：

（一）用人单位的名称、住所和法定代表人或者主要负责人；

（二）劳动者的姓名、住址和居民身份证或者其他有效身份证件号码；

（三）劳动合同期限；

（四）工作内容和工作地点；

（五）工作时间和休息休假；

（六）劳动报酬；

（七）社会保险；

（八）劳动保护、劳动条件和职业危害防护；

（九）法律、法规规定应当纳入劳动合同的其他事项。

劳动合同除前款规定的必备条款外，用人单位与劳动者可以约定试用期、培训、保守秘密、补充保险和福利待遇等其他事项。

142

## 劳动合同（关系）与劳务合同（关系）有哪些区别？

**回　答：**劳动关系和劳务关系之间在“人”“物”“事”“行”各方面均有不同。

**理　由：**劳务合同与劳动合同的区别主要体现在以下方面：

（1）“人”不同。劳动合同的主体一方是企业、个体经济组织、民办非企业单位等组织，另一方是自然人，即一方是用人单位，另一方是劳动者个人；劳务合同的主体双方当事人可以是法人、组织、公民。

（2）“物”不同。劳动合同的双方主体间存在经济关系，还存在人身关系，即管理上的隶属关系，劳动者除提供劳动之外，还要接受用人单位的管理，服从其安排，遵守其规章制度等，成为用人单位的内部职工。劳务合同的双方主体之间虽然也存在经济关系，但彼此不存在隶属关系，劳动者提供劳务服务，用人单位支付劳务报酬，各自独立、地位平等。

（3）“事”不同。为了保护劳动者的合法权益，《劳动法》给用人单位强制性地规定了许多义务，如必须为劳动者缴纳社会保险，用人单位支付劳动者工资不得低于政府规定的当地最低工资标准等，这些必须履行的法定义务，不得协商变更。劳务合同的雇主一般没有上述义务，双方可以自由约定上述内容。

（4）调整的法律不同。劳务合同主要由《民法典》调整，而劳动合同则优先适用《劳动法》《劳动合同法》等特别的法律法规及规范性文件。

（5）“行”不同。劳动合同不履行所产生的责任不仅有民事上的责任，还有行政上的责任，如用人单位支付劳动者的工资低于当地的最低工资标准，劳动行政部门有权要求用人单位限期补足低于标准部分的工资，拒绝支付的，劳动行政部门同时可以给用人单位警告等行政处分；劳务合同所产生的责任只有民事责任——违约责任和侵权责任，不存在行政责任。

（6）因“事”“行”发生纠纷的处理方式不同。劳动合同纠纷发生后，当事人应当依照《劳动争议调解仲裁法》的规定，先到劳动仲裁委员会仲裁，除仲裁终局的案件以外，不服仲裁裁决的可以在法定期间内到人民法院起诉，劳动仲裁是前置程序，但劳务合同纠纷出现后可以经双方当事人协商解决，也可以直接起诉。

**怎么办：** 劳动合同与劳务合同虽是一字之差，但是二者是截然不同的法律关系，对二者的认定，并不应仅停留在合同名称上。如果双方实际上已经构成了劳动关系，即使双方没有签订书面的协议甚至签的是劳务合同，也不会因此而改变双方劳动关系的性质。对用人单位来说，需要根据具体的用工需求选择用工形式。

## 相关规定

**1.《劳动法》**

**第七十七条** 用人单位与劳动者发生劳动争议，当事人可以依法申请调解、仲裁、提起诉讼，也可以协商解决。

调解原则适用于仲裁和诉讼程序。

**第七十九条** 劳动争议发生后，当事人可以向本单位劳动争议调解委员会申请调解；调解不成，当事人一方要求仲裁的，可以向劳动争议仲裁委员会申请仲裁。当事人一方也可以直接向劳动争议仲裁委员会申请仲裁。对仲裁裁决不服的，可以向人民法院提起诉讼。

**2.《劳动争议调解仲裁法》**

**第二条** 中华人民共和国境内的用人单位与劳动者发生的下列劳动争议，适用本法：

（一）因确认劳动关系发生的争议；

（二）因订立、履行、变更、解除和终止劳动合同发生的争议；

（三）因除名、辞退和辞职、离职发生的争议；

（四）因工作时间、休息休假、社会保险、福利、培训以及劳动保护发生的争议；

（五）因劳动报酬、工伤医疗费、经济补偿或者赔偿金等发生的争议；

（六）法律、法规规定的其他劳动争议。

## 143

## 总包单位将工程分包给自然人，该自然人招录的劳动者与总包单位之间是否存在劳动关系？

**回　答：**不存在劳动关系，但是总包单位应承担用工主体责任。

**理　由：**劳动关系的建立，必须以劳动者和用人单位之间具有用工的合意为基础。分包单位或者实际施工人招录的劳动者与总包单位之间缺乏建立劳动关系的合意，进而不会被认定为存在劳动关系。但是如果总包单位将工程分包给不具有资质的分包单位或者个人，分包单位或者个人招录的劳动者发生工伤的，因总包单位在分包的过程中有过错，需要承担用工主体责任，即工伤保险责任。

**怎么办：**最稳妥的方式还是将工程分包给具有相应资质的施工单位，但是若确实不得已而分包给不具有资质的单位和个人，在实际施工过程中，一是要加强对他们用工规范性的监督，二是要配置必要的人身责任保险，其中以雇主责任险为首选，从而在工伤意外发生时，有效地抵充应承担的工伤保险责任。

### 相关规定

**1.《最高人民法院关于审理工伤保险行政案件若干问题的规定》**

**第三条**　社会保险行政部门认定下列单位为承担工伤保险责任单位的，人民法院应予支持：

（一）职工与两个或两个以上单位建立劳动关系，工伤事故发生时，职工为之工作的单位为承担工伤保险责任的单位；

（二）劳务派遣单位派遣的职工在用工单位工作期间因工伤亡的，派遣单位为承担工伤保险责任的单位；

（三）单位指派到其他单位工作的职工因工伤亡的，指派单位为承担工伤保险责任的单位；

（四）用工单位违反法律、法规规定将承包业务转包给不具备用工主体资格的组织或者自然人，该组织或者自然人聘用的职工从事承包业务时因工伤亡的，用工单位为承担工伤保险责任的单位；

（五）个人挂靠其他单位对外经营，其聘用的人员因工伤亡的，被挂靠单位为承担工伤保险责任的单位。

前款第（四）、（五）项明确的承担工伤保险责任的单位承担赔偿责任或者社会保险经办机构从工伤保险基金支付工伤保险待遇后，有权向相关组织、单位和个人追偿。

**2.《2015年全国民事审判工作会议纪要》**

**第六十二条** 对于发包人将建设工程发包给承包人，承包人又转包或者分包给实际施工人，实际施工人招用的劳动者请求确认与发包人之间存在劳动关系的，人民法院不予支持。

**3.《关于确立劳动关系有关事项的通知》**

**第四条** 建筑施工、矿山企业等用人单位将工程（业务）或经营权发包给不具备用工主体资格的组织或自然人，对该组织或自然人招用的劳动者，由具备用工主体资格的发包方承担用工主体责任。

144

## 劳动合同到期未续订但继续用工，用人单位是否应支付未签订劳动合同双倍工资？

**回　答：**该问题在司法实践中存在争议，当前主流观点认为无须支付双倍工资。

**理　由：**站在常人的角度，既然双方继续履行合同，应视为双方默认原劳动合同的延续，即双方认可原劳动合同继续有效。《最高人民法院关于审理劳动争议案件适用法律问题的解释（一）》第34条第1款第1句已经明确：“劳动合同期满后，劳动者仍在原用人单位工作，原用人单位未表示异议的，视为双方同意以原条件继续履行劳动合同。”该规定虽然没有正面直接指出视为以原条件继续履行是否意味着双方无须签订劳动合同，但是站在理性人的角度，既然视为继续履行，就应当属于原劳动合同的延续，在存在劳动合同的情况下就自然不能再支持未签订劳动合同的二倍工资。尽管当前司法实务中，仍有判例支持未签订劳动合同的二倍工资，但是认为无须支付双倍工资的观点，正受到越来越多的认可。

**怎么办：** 对用人单位来说，为避免司法争议带来的不必要的困扰，还是要充分重视劳动合同续订管理工作，制定专门的管理台账，或者在劳动合同中约定，“合同到期未签订新合同的，双方同意本合同期限自动顺延×个月”以降低未及时续订劳动合同所带来的风险。

## 相关规定

**1.《劳动合同法》**

**第十条** 建立劳动关系，应当订立书面劳动合同。

已建立劳动关系，未同时订立书面劳动合同的，应当自用工之日起一个月内订立书面劳动合同。

用人单位与劳动者在用工前订立劳动合同的，劳动关系自用工之日起建立。

**2.《劳动合同法实施条例》**

**第六条** 用人单位自用工之日起超过一个月不满一年未与劳动者订立书面劳动合同的，应当依照劳动合同法第八十二条的规定向劳动者每月支付两倍的工资，并与劳动者补订书面劳动合同；劳动者不与用人单位订立书面劳动合同的，用人单位应当书面通知劳动者终止劳动关系，并依照劳动合同法第四十七条的规定支付经济补偿。

前款规定的用人单位向劳动者每月支付两倍工资的起算时间为用工之日起满一个月的次日，截止时间为补订书面劳动合同的前一日。

145

## 劳动者入职时提供虚假信息，能否作为用人单位解除劳动合同的合法理由？

**回　答：**对此问题不能一概而论，关键要看虚假信息的性质。

**理　由：**用人单位享有用工自主权，其有权了解劳动者与劳动合同直接相关的基本情况，包括学历、履历、技能等。这类信息会直接影响劳动者对工作的胜任度，因此劳动者提供该类虚假信息的，用人单位有权解除劳动合同。这一观点，在人力资源和社会保障部联合最高人民法院发布的《关于劳动人事争议仲裁与诉讼衔接有关问题的意见（一）》中也予以了肯定，该意见提出："用人单位因劳动者违反诚信原则，提供虚假学历证书、个人履历等与订立劳动合同直接相关的基本情况构成欺诈解除劳动合同，劳动者主张解除劳动合同经济补偿或者赔偿金的，劳动人事争议仲裁委员会、人民法院不予支持。"但是，劳动者的说明义务仅限于"与劳动合同直接相关"的范围内，劳动者的婚育状况、非传染性疾病等与其从事劳动无关的要求、条件，即使提供信息不实亦不影响劳动合同的效力和履行，但如果劳动者应聘的属特殊岗位，应视该岗位的客观要求而定。

**怎么办：**首先，将提供虚假信息的责任条款加入劳动合同或录用条件之中，为今后因提供虚假信息而解除劳动合同提供依据支撑。其次，对于一些特殊岗位，应当明确详细的录用条件，避免劳动合同解除时缺乏依据。

## 相关规定

**1.《民法典》**

**第一百四十八条** 一方以欺诈手段，使对方在违背真实意思的情况下实施的民事法律行为，受欺诈方有权请求人民法院或者仲裁机构予以撤销。

**第一百四十九条** 第三人实施欺诈行为，使一方在违背真实意思的情况下实施的民事法律行为，对方知道或者应当知道该欺诈行为的，受欺诈方有权请求人民法院或者仲裁机构予以撤销。

**2.《劳动合同法》**

**第八条** 用人单位招用劳动者时，应当如实告知劳动者工作内容、工作条件、工作地点、职业危害、安全生产状况、劳动报酬，以及劳动者要求了解的其他情况；用人单位有权了解劳动者与劳动合同直接相关的基本情况，劳动者应当如实说明。

**第二十六条** 下列劳动合同无效或者部分无效：

（一）以欺诈、胁迫的手段或者乘人之危，使对方在违背真实意思的情况下订立或者变更劳动合同的；

（二）用人单位免除自己的法定责任、排除劳动者权利的；

（三）违反法律、行政法规强制性规定的。

对劳动合同的无效或者部分无效有争议的，由劳动争议仲裁机构或者人民法院确认。

**3.《就业服务与就业管理规定》**

**第七条** 劳动者求职时，应当如实向公共就业服务机构或职业中介机构、用人单位提供个人基本情况以及与应聘岗位直接相关的知识技能、工作经历、就业现状等情况，并出示相关证明。

**4.《关于劳动人事争议仲裁与诉讼衔接有关问题的意见（一）》**

**第十九条** 用人单位因劳动者违反诚信原则，提供虚假学历证书、个人履历等与订立劳动合同直接相关的基本情况构成欺诈解除劳动合同，劳动者主张解除劳动合同经济补偿或者赔偿金的，劳动人事争议仲裁委员会、人民法院不予支持。

**5.《人力资源社会保障部、教育部等九部门关于进一步规范招聘行为促进妇女就业的通知》**

**第二条** 依法禁止招聘环节中的就业性别歧视。各类用人单位、人力资源服务机构在拟定招聘计划、发布招聘信息、招用人员过程中，不得限定性别（国家规定的女职工禁忌劳动范围等情况除外）或性别优先，不得以性别为由限制妇女求职就业、拒绝录用妇女，不得询问妇女婚育情况，不得将妊娠测试作为入职体检项目，不得将限制生育作为录用条件，不得差别化地提高对妇女的录用标准。国有企事业单位、公共就业人才服务机构及各部门所属人力资源服务机构要带头遵法守法，坚决禁止就业性别歧视行为。

146

## 用人单位安排劳动者休息日加班后安排了补休，劳动者拒绝补休的，还能主张加班费吗？

**回　答：** 该种情况下，主张加班费不会被支持。

**理　由：**《劳动法》虽然规定休息日安排劳动者工作又不能安排补休的，用人单位应当支付不低于工资的200%的工资报酬，但是该规定的适用场景是，因用人单位的原因导致的加班后不能补休。然而在用人单位安排了补休的情况下，劳动者不愿意补休，应当视为劳动者对自己休息权利的处分、放弃，此时若要求用人单位支付双倍工资，对用人单位显然不公，不能将劳动者自愿放弃休假的行为归咎于用人单位。

**怎么办：** 对于用人单位，建议在劳动合同中和劳动者约定：用人单位在休息日安排劳动者加班且在其他时间安排了补休，劳动者自愿放弃补休的，不能再以休息日加班为由要求支付加班工资。同时，用人单位应当注重保留日常安排补休的相关证据。补休安排或通知，尽量通过工作软件、预留的邮箱单独发送给劳动者本人，确保本人收到，以此减轻后期举证的难度。

**相关规定**

**1.《劳动法》**

**第三十八条** 用人单位应当保证劳动者每周至少休息一日。

**第四十四条** 有下列情形之一的，用人单位应当按照下列标准支付高于劳动者正常工作时间工资的工资报酬：

（一）安排劳动者延长工作时间的，支付不低于工资的百分之一百五十的工资报酬；

（二）休息日安排劳动者工作又不能安排补休的，支付不低于工资的百分之二百的工资报酬；

（三）法定休假日安排劳动者工作的，支付不低于工资的百分之三百的工资报酬。

**2.《国务院关于职工工作时间的规定》**

**第三条** 职工每日工作8小时、每周工作40小时。

## 147

## 用人单位是否能以“经营需要”为由，单方对劳动者调岗、降薪？

**回　答：**用人单位单方对劳动者调岗、降薪需要满足合理性、正当性的前提，否则易被认定为单方变更合同内容，劳动者有权拒绝。

**理　由：**用人单位根据生产经营的需要调整劳动者的工作岗位和地点是用人单位用人自主权的重要内容，也是其经营自主权的重要体现。但是，用人单位调整劳动者的工作岗位和工作地点应当符合法律规定，具备合理性、必要性和正当性等属性。用人单位单方调岗、降薪实质是对劳动合同内容的变更，因此如不具有合理性、正当性，则必须建立在与劳动者协商一致的基础上，未经劳动者同意，用人单位单方调岗、降薪，劳动者有权拒绝，并可以要求足额支付劳动报酬。

**怎么办：** 如劳动者确实因为工作能力等因素需要进行岗位和薪酬调整的，用人单位可通过完善考核制度、合理利用“不能胜任工作”的相关法律规定，合理合法地进行岗位、薪酬的调整安排。

**相关规定**

**1.《民法典》**

**第五百四十三条** 当事人协商一致，可以变更合同。

**2.《劳动合同法》**

**第三十五条** 用人单位与劳动者协商一致，可以变更劳动合同约定的内容。变更劳动合同，应当采用书面形式。

变更后的劳动合同文本由用人单位和劳动者各执一份。

## 148

## 用人单位实行加班审批制，劳动者未经审批加班的，能否要求用人单位支付加班费？

**回　答：** 如果仅有考勤打卡记录，未经用人单位审批的，不能以此主张加班费。

**理　由：** 考勤打卡记录，只能证明劳动者打卡的时间，不能排除系劳动者个人原因滞留单位，并不能必然得出劳动者存在加班的事实，因此如果劳动者仅以考勤打卡记录主张加班费的，很难得到支持。但是，如果劳动者提供了用人单位在工作时间之外的工作通知、会议通知、加班通知等相关证据，则可能被认定为存在加班事实。

**怎么办：** 如果用人单位确有加班需要，在下发相应的加班通知时，最好明确加班的时间段，以此来锁定加班费的支付范围，避免被不当延长而增加不必要成本。

## 相关规定

**1.《劳动合同法》**

**第三十一条** 用人单位应当严格执行劳动定额标准，不得强迫或者变相强迫劳动者加班。用人单位安排加班的，应当按照国家有关规定向劳动者支付加班费。

**2.《最高人民法院关于审理劳动争议案件适用法律问题的解释（一）》**

**第四十二条** 劳动者主张加班费的，应当就加班事实的存在承担举证责任。但劳动者有证据证明用人单位掌握加班事实存在的证据，用人单位不提供的，由用人单位承担不利后果。

149

## 劳动者试用期工作不合格，用人单位是否可以延长试用期？

**回　答：**试用期只能约定一次，到期后不能再次延长。

**理　由：**试用期的期限问题，受试用期上限和试用期次数的双重制约。首先，《劳动合同法》第 19 条规定了试用期的上限，即劳动合同期限 3 个月以上不满 1 年的，试用期不得超过 1 个月；劳动合同期限 1 年以上不满 3 年的，试用期不得超过 2 个月；3 年以上固定期限和无固定期限的劳动合同，试用期不得超过 6 个月。试用期超过相应上限的，超过部分的试用期约定无效。其次，要求延长试用期，实际上属于再次约定试用期的情形，违反了《劳动合同法》第 19 条第 2 款关于“同一用人单位与同一劳动者只能约定一次试用期”的规定。用人单位想继续留用该员工的，只能按照原先约定的期限对该员工予以转正。否则，违法再次约定试用期的，劳动者有权到劳动行政部门投诉，由劳动行政部门责令用人单位改正，违法约定的试用期已经履行的，由用人单位以劳动者转正后的工资为标准，按已经履行的超过法定试用期的期间支付赔偿金，且用人单位不能在试用期届满后以劳动者在试用期间不符合录用条件为由解除劳动合同。

**怎么办：** 如果劳动者在试用期内达不到用人单位的要求，用人单位可根据《劳动合同法》第39条之规定以劳动者在试用期间被证明不符合录用条件为由解除劳动合同，但不得延长试用期。

## 相关规定

**《劳动合同法》**

**第十九条** 劳动合同期限三个月以上不满一年的，试用期不得超过一个月；劳动合同期限一年以上不满三年的，试用期不得超过二个月；三年以上固定期限和无固定期限的劳动合同，试用期不得超过六个月。

同一用人单位与同一劳动者只能约定一次试用期。

以完成一定工作任务为期限的劳动合同或者劳动合同期限不满三个月的，不得约定试用期。

试用期包含在劳动合同期限内。劳动合同仅约定试用期的，试用期不成立，该期限为劳动合同期限。

## 150

## 用人单位在试用期内解除劳动合同，需要向劳动者支付经济补偿/赔偿吗？

**回　答：** 需要结合解除的事实和理由，综合判断。

**理　由：** 如果劳动者存在《劳动合同法》第39条规定的6种情形的，用人单位可以直接解除劳动合同，无须支付经济补偿/赔偿，这6种情况分别是：（1）在试用期间被证明不符合录用条件的；（2）严重违反用人单位的规章制度的；(3) 严重失职，营私舞弊，给用人单位造成重大损害的；(4) 劳动者同时与其他用人单位建立劳动关系，对完成本单位的工作任务造成严重影响，或者经用人单位提出，拒不改正的；(5) 因以欺诈、胁迫的手段或者乘人之危，使对方在违背真实意思的情况下订立或者变更劳动合同，致使劳动合同无效的；(6) 被依法追究刑事责任的。除此之外，因其他原因解除的，需支付经济补偿；涉嫌违法解除的，需要支付赔偿金。

**怎么办：**对试用期内劳动者的有效管理，应当回归到对录用条件的明确上。该录用条件既可以是相关的行为规范，也可以是专业技能、业绩绩效，应尽可能清晰明确。

## 相关规定

《劳动合同法》

**第三十九条** 劳动者有下列情形之一的，用人单位可以解除劳动合同：

（一）在试用期间被证明不符合录用条件的；

（二）严重违反用人单位的规章制度的；

（三）严重失职，营私舞弊，给用人单位造成重大损害的；

（四）劳动者同时与其他用人单位建立劳动关系，对完成本单位的工作任务造成严重影响，或者经用人单位提出，拒不改正的；

（五）因本法第二十六条第一款第一项规定的情形致使劳动合同无效的；

（六）被依法追究刑事责任的。

**第四十条** 有下列情形之一的，用人单位提前三十日以书面形式通知劳动者本人或者额外支付劳动者一个月工资后，可以解除劳动合同：

（一）劳动者患病或者非因工负伤，在规定的医疗期满后不能从事原工作，也不能从事由用人单位另行安排的工作的；

（二）劳动者不能胜任工作，经过培训或者调整工作岗位，仍不能胜任工作的；

（三）劳动合同订立时所依据的客观情况发生重大变化，致使劳动合同无法履行，经用人单位与劳动者协商，未能就变更劳动合同内容达成协议的。

151

## 用人单位可以在劳动合同中与劳动者约定固定服务期限吗？

**回　答：** 只有在用人单位为劳动者提供专业技术培训的情况下，才可以约定服务期限。

**理　由：** 很多企业出于留住人才、降低人员流动成本、保持人力架构的稳定性等方面考虑，往往约定一定的服务期限，期限内劳动者离职的，需要支付一定的违约金。但是，服务期限的设立并非双方协商一致就可以生效，《劳动合同法》第 22 条第 1 款规定，用人单位为劳动者提供专项培训费用，对其进行专业技术培训的，可以与该劳动者订立协议，约定服务期。根据上述条款，用人单位与劳动者约定服务期的前提条件是用人单位为劳动者提供专项培训费用，对其进行专业技术培训。也只有在该种情况下，用人单位与劳动者才可以约定服务期。

**怎么办：** 用人单位不可盲目滥用服务期，尤其是对专业技术人才、业务骨干、高级管理团队等应重点考虑的群体。我国法律对服务期已有具体规定，用人单位遵照执行即可。

### 相关规定

**《劳动合同法》**

**第二十二条**　用人单位为劳动者提供专项培训费用，对其进行专业技术培训的，可以与该劳动者订立协议，约定服务期。

劳动者违反服务期约定的，应当按照约定向用人单位支付违约金。违约金的数额不得超过用人单位提供的培训费用。用人单位要求劳动者支付的违约金不得超过服务期尚未履行部分所应分摊的培训费用。

用人单位与劳动者约定服务期的，不影响按照正常的工资调整机制提高劳动者在服务期期间的劳动报酬。

152

## 什么情况下，用人单位要与劳动者订立无固定期限劳动合同？

**回　答：**关于订立无固定期限劳动合同的情形，我国法律已有明确规定。

**理　由：**根据《劳动合同法》第 14 条、《劳动合同法实施条例》第 11 条的规定，具有下列情形之一的，用人单位应当与劳动者订立无固定期限劳动合同：

（1）用人单位与劳动者协商一致，可以订立无固定期限劳动合同。

（2）有下列情形之一，劳动者提出或者同意续订、订立劳动合同的，除劳动者提出订立固定期限劳动合同外，应当订立无固定期限劳动合同：

①劳动者在该用人单位连续工作满 10 年的，即劳动者已经在同一用人单位连续工作不间断达到 10 年或在 10 年以上，只要劳动者提出订立无固定期限的劳动合同或者用人单位提出续订劳动合同，劳动者同意时，就应当订立无固定期限劳动合同。

②用人单位初次实行劳动合同制度或者国有企业改制重新订立劳动合同时，劳动者在该用人单位连续工作满 10 年且距法定退休年龄不足 10 年的。这一情形是专门针对国有企业改制和初次实行劳动合同制度的单位所作的规定。

③连续订立二次固定期限劳动合同，且劳动者没有《劳动合同法》第 39 条和第 40 条第 1 项、第 2 项规定的情形，续订劳动合同的。

（3）用人单位自用工之日起满一年不与劳动者订立书面劳动合同的，视为用人单位与劳动者已订立无固定期限劳动合同，应当立即补办手续。

**怎么办：** 即使符合订立无固定期限劳动合同的情形，劳动者主动放弃的，双方仍然可以订立固定期限劳动合同。即使双方订立了无固定期限劳动合同，合同履行过程中，出现了劳动合同中约定的用人单位可单方解除情形或劳动法律规定的应当解除的法定情形时，用人单位仍有权解除劳动合同。

## 相关规定

**1.《劳动合同法》**

**第十四条** 无固定期限劳动合同，是指用人单位与劳动者约定无确定终止时间的劳动合同。

用人单位与劳动者协商一致，可以订立无固定期限劳动合同。有下列情形之一，劳动者提出或者同意续订、订立劳动合同的，除劳动者提出订立固定期限劳动合同外，应当订立无固定期限劳动合同：

（一）劳动者在该用人单位连续工作满十年的；

（二）用人单位初次实行劳动合同制度或者国有企业改制重新订立劳动合同时，劳动者在该用人单位连续工作满十年且距法定退休年龄不足十年的；

（三）连续订立二次固定期限劳动合同，且劳动者没有本法第三十九条和第四十条第一项、第二项规定的情形，续订劳动合同的。

用人单位自用工之日起满一年不与劳动者订立书面劳动合同的，视为用人单位与劳动者已订立无固定期限劳动合同。

**2.《劳动合同法实施条例》**

**第十一条** 除劳动者与用人单位协商一致的情形外，劳动者依照劳动合同法第十四条第二款的规定，提出订立无固定期限劳动合同的，用人单位应当与其订立无固定期限劳动合同。对劳动合同的内容，双方应当按照合法、公平、平等自愿、协商一致、诚实信用的原则协商确定；对协商不一致的内容，依照劳动合同法第十八条的规定执行。

153

## 劳动合同中约定，用人单位可以根据实际需要调整劳动者工作岗位，劳动者拒绝的，用人单位是否能够解除劳动合同？

**回　答：** 如果岗位调整具有必要性、合理性，劳动者拒绝的，用人单位可以解除劳动合同。

**理　由：** 虽然《劳动合同法》第35条规定用人单位与劳动者协商一致方能变更劳动合同约定的内容，但不能因此完全否定企业的用工自主权，劳动者的劳动权与企业的用工自主权受法律平等保护，二者不可偏废。企业确因生产经营需要调整员工的工作岗位是企业用工自主权的重要内容，是企业正常生产经营所必需的。劳动者对企业的合理调岗予以配合，也是劳动关系人身从属性的具体体现。用人单位的调岗行为应当满足必要性、合理性之目的，需要考虑以下因素：生产经营需要；调整后的工作岗位的劳动待遇水平与原岗位基本相当；不存在侮辱性和惩罚性；没有违反法律、行政法规的强制性规定。

**怎么办：** 用人单位可以在劳动合同中事先约定："公司有权根据实际经营需要，合理调整乙方的工作岗位，乙方拒绝的，视为不服从公司工作安排，公司有权解除劳动合同。"同时，用人单位虽有用工自主权，但是也不能突破必要性、合理性的要求。

### 相关规定

**《劳动合同法》**

**第三十五条**　用人单位与劳动者协商一致，可以变更劳动合同约定的内容。变更劳动合同，应当采用书面形式。

变更后的劳动合同文本由用人单位和劳动者各执一份。

**第三十九条** 劳动者有下列情形之一的，用人单位可以解除劳动合同：

（一）在试用期间被证明不符合录用条件的；

（二）严重违反用人单位的规章制度的；

（三）严重失职，营私舞弊，给用人单位造成重大损害的；

（四）劳动者同时与其他用人单位建立劳动关系，对完成本单位的工作任务造成严重影响，或者经用人单位提出，拒不改正的；

（五）因本法第二十六条第一款第一项规定的情形致使劳动合同无效的；

（六）被依法追究刑事责任的。

154

## 女职工“孕期、产期、哺乳期”内，劳动合同到期，用人单位能否与其立即终止劳动关系？

**回　答：**“三期”内女职工，劳动合同到期不能终止劳动关系。

**理　由：**对于该问题，我国劳动法律已经有明确规定。《劳动合同法》第42条规定：“劳动者有下列情形之一的，用人单位不得依照本法第四十条、第四十一条的规定解除劳动合同……（四）女职工在孕期、产期、哺乳期的……”第45条规定：“劳动合同期满，有本法第四十二条规定情形之一的，劳动合同应当续延至相应的情形消失时终止……”因此，女职工“三期”内，劳动合同到期，即使用人单位已经提出了终止，那么实际的终止时间也应当计算至“三期”结束之时。

**怎么办：**该规定是法律对处于“三期”的女职工的特殊保护，并不需要通过双方再续签劳动合同予以确认，用人单位遵照执行即可。

## 相关规定

《劳动合同法》

**第四十二条** 劳动者有下列情形之一的，用人单位不得依照本法第四十条、第四十一条的规定解除劳动合同：

（一）从事接触职业病危害作业的劳动者未进行离岗前职业健康检查，或者疑似职业病病人在诊断或者医学观察期间的；

（二）在本单位患职业病或者因工负伤并被确认丧失或者部分丧失劳动能力的；

（三）患病或者非因工负伤，在规定的医疗期内的；

（四）女职工在孕期、产期、哺乳期的；

（五）在本单位连续工作满十五年，且距法定退休年龄不足五年的；

（六）法律、行政法规规定的其他情形。

**第四十五条** 劳动合同期满，有本法第四十二条规定情形之一的，劳动合同应当续延至相应的情形消失时终止。但是，本法第四十二条第二项规定丧失或者部分丧失劳动能力劳动者的劳动合同的终止，按照国家有关工伤保险的规定执行。

155

## 对用人单位来说，劳动合同期限，应该签长还是签短？

**回　答：** 从法律角度来看，签长好于签短。

**理　由：** 对用人单位来说，劳动合同期限签长有以下好处：第一，可以约定更长的试用期。《劳动合同法》规定，合同期限 3 个月以上不满 1 年的，试用期不得超过 1 个月；1 年以上不满 3 年的，试用期不得超过 2 个月；3 年以上固定期限和无固定期限的劳动合同，试用期不得超过6 个月。合同期限长，对应的试用期自然也能约定得更长，有利于用人单位更全面地考察劳动者的工作能力。第二，避免过早签订无固定期限劳动合同。《劳动合同法》规定，连续签两次固定期限劳动合同，第三次劳动者可以要求订立无固定期限劳动合同。如果公司想长期留用劳动者，劳动合同期限签长些，相应地，能够避免过早签订无固定期限劳动合同。

**怎么办：**建议用人单位在劳动合同期限的选择上，不低于 3 年，这样最多可以约定 6 个月的试用期。如果想灵活选择期限，可以在签订短期合同的同时，约定“合同到期后，双方协商一致继续履行的，本合同自动延期一年”等。

## 相关规定

**《劳动合同法》**

**第十四条** 无固定期限劳动合同，是指用人单位与劳动者约定无确定终止时间的劳动合同。

用人单位与劳动者协商一致，可以订立无固定期限劳动合同。有下列情形之一，劳动者提出或者同意续订、订立劳动合同的，除劳动者提出订立固定期限劳动合同外，应当订立无固定期限劳动合同：

（一）劳动者在该用人单位连续工作满十年的；

（二）用人单位初次实行劳动合同制度或者国有企业改制重新订立劳动合同时，劳动者在该用人单位连续工作满十年且距法定退休年龄不足十年的；

（三）连续订立二次固定期限劳动合同，且劳动者没有本法第三十九条和第四十条第一项、第二项规定的情形，续订劳动合同的。

用人单位自用工之日起满一年不与劳动者订立书面劳动合同的，视为用人单位与劳动者已订立无固定期限劳动合同。

**第十九条** 劳动合同期限三个月以上不满一年的，试用期不得超过一个月；劳动合同期限一年以上不满三年的，试用期不得超过二个月；三年以上固定期限和无固定期限的劳动合同，试用期不得超过六个月。

同一用人单位与同一劳动者只能约定一次试用期。

以完成一定工作任务为期限的劳动合同或者劳动合同期限不满三个月的，不得约定试用期。

试用期包含在劳动合同期限内。劳动合同仅约定试用期的，试用期不成立，该期限为劳动合同期限。

156

## 劳动合同中约定了“竞业限制条款”，但用人单位没有支付经济补偿，该约定还有效吗？

**回　答：**该约定仍有效，但是用人单位超过3个月仍未支付，劳动者可以主张解除竞业限制约定。

**理　由：**对于“竞业限制条款”，用人单位应重点把握以下问题：

第一，适用群体。竞业限制的人员限于用人单位的高级管理人员、高级技术人员和其他负有保密义务的人员。原则上普通员工不适用该条款，也不提倡与普通员工签订竞业限制条款。

第二，竞业限制补偿金支付。竞业限制补偿金一般应在离职后的竞业限制期内按期发放。双方约定了竞业限制条款和经济补偿，劳动合同解除后，用人单位超过3个月未支付经济补偿，劳动者可以主张解除竞业限制约定。双方约定了竞业限制条款，但未约定经济补偿标准，劳动合同解除后，劳动者可主张的经济补偿金的标准为劳动合同解除前12个月平均工资的30%，如该标准低于劳动合同履行地最低工资标准，按照劳动合同履行地最低工资标准支付。

第三，劳动者违反竞业限制义务的违约责任。劳动者违反竞业限制义务，固然应当承担违约责任，但是违约金标准并非双方可以随意设定。应结合用人单位的实际损失、劳动者的过错程度、劳动者的收入及获益情况、用人单位支付经济补偿金的情况、双方对竞业限制补偿金的约定等实际情况，对竞业限制违约金进行认定和调整。

**怎么办：**很多用人单位习惯性地套用劳动合同模板，对一些没有竞业限制必要性的岗位和员工约定竞业限制条款，如果员工离职后履行了相关的竞业限制义务而用人单位未支付经济补偿，双方极易引发纠纷。建议用人单位审慎地选择该条款的适用岗位及期限，避免不必要的经济损失。同时，不建议将竞业限制补偿金在员工在职期间和工资一起发放，如确需这样做，应在工资明细中明确该部分款项的性质是竞业限制补偿而非其他工资性收入。

## 相关规定

**1.《劳动合同法》**

**第二十三条** 用人单位与劳动者可以在劳动合同中约定保守用人单位的商业秘密和与知识产权相关的保密事项。

对负有保密义务的劳动者，用人单位可以在劳动合同或者保密协议中与劳动者约定竞业限制条款，并约定在解除或者终止劳动合同后，在竞业限制期限内按月给予劳动者经济补偿。劳动者违反竞业限制约定的，应当按照约定向用人单位支付违约金。

**第二十四条** 竞业限制的人员限于用人单位的高级管理人员、高级技术人员和其他负有保密义务的人员。竞业限制的范围、地域、期限由用人单位与劳动者约定，竞业限制的约定不得违反法律、法规的规定。

在解除或者终止劳动合同后，前款规定的人员到与本单位生产或者经营同类产品、从事同类业务的有竞争关系的其他用人单位，或者自己开业生产或者经营同类产品、从事同类业务的竞业限制期限，不得超过二年。

**2.《最高人民法院关于审理劳动争议案件适用法律问题的解释（一）》**

**第三十六条** 当事人在劳动合同或者保密协议中约定了竞业限制，但未约定解除或者终止劳动合同后给予劳动者经济补偿，劳动者履行了竞业限制义务，要求用人单位按照劳动者在劳动合同解除或者终止前十二个月平均工资的30%按月支付经济补偿的，人民法院应予支持。

前款规定的月平均工资的30%低于劳动合同履行地最低工资标准的，按照劳动合同履行地最低工资标准支付。

157

## 劳动合同约定离职当年不计发当年度的年终奖金，该约定是否有效？

**回　答：**应当根据奖金的性质而定。

**理　由：**用人单位是否应该向离职劳动者发放年终奖，法律法规未作出明确的规定，结合当前司法实践，审查年终奖的性质是处理该类案件的关键。年终奖一般在劳动合同或规章制度中明确，可以分为工资类、考核类、福利类、奖励类。如果是工资类年终奖，用人单位应根据劳动者的工作时间折算支付年终奖；如果是考核类年终奖，公司应根据公司经营状况、劳动者的工作表现考核确定，劳动者符合发放条件的，用人单位应当发放；如果是福利、奖励性质的年终奖，应尊重用人单位的自主决定权。

**怎么办：**为避免年终奖发放争议，建议用人单位在制定相关年终奖发放制度时，明确奖项的性质及评发标准，避免因约定不明引发不必要的纠纷。

### 相关规定

**1.《劳动法》**

**第四十七条**　用人单位根据本单位的生产经营特点和经济效益，依法自主确定本单位的工资分配方式和工资水平。

**2.《国家统计局关于工资总额组成的规定》**

**第四条** 工资总额由下列六个部分组成：

（一）计时工资；

（二）计件工资；

（三）奖金；

（四）津贴和补贴；

（五）加班加点工资；

（六）特殊情况下支付的工资。

**3.《国家统计局〈关于工资总额组成的规定〉若干具体范围的解释》**

**第二条** 关于奖金的范围

（一）生产（业务）奖包括超产奖、质量奖、安全（无事故）奖、考核各项经济指标的综合奖、提前竣工奖、外轮速遣奖、年终奖（劳动分红）等。

（二）节约奖包括各种动力、燃料、原材料等节约奖。

（三）劳动竞赛奖包括发给劳动模范，先进个人的各种奖和实物奖励。

（四）其他奖金包括从兼课酬金和业余医疗卫生服务收入提成中支付的奖金等。

## 158

## 劳动合同中约定“劳动者履职过程中造成他人损害的，由劳动者承担赔偿责任”，该类约定有效吗？

**回　答：**该类约定无效，但是如果是劳动者故意或重大过失造成的，用人单位承担责任后，可以向劳动者追偿。

**理　由：**《民法典》第1191条第1款对此有着明确规定：“用人单位的工作人员因执行工作任务造成他人损害的，由用人单位承担侵权责任。用人单位承担侵权责任后，可以向有故意或者重大过失的工作人员追偿。”按照该条规定，用人单位承担责任的前提是：劳动者需是执行工作任务的过程中，造成他人损害的；用人单位可以向劳动者追偿的前提是：劳动者对损害的发生存在故意或重大过失。在此情况下，用人单位承担的才是侵权替代责任，最终侵权责任由劳动者承担。劳动者在履职过程中造成他人损害，在一定程度和范围内属于用人单位的经营风险，故要结合劳动者的过错程度、用人单位的保障情况及具体责任情形进行具体分析，不能仅凭规章制度就锁定了员工应当承担赔偿责任及具体的担责比例。

**怎么办：** 该类问题有着清晰的法律规定，用人单位遵照执行即可，对于强制性的法律规定，即使通过合同达成合意也属于无效。

## 相关规定

**1.《民法典》**

**第一千一百九十一条** 用人单位的工作人员因执行工作任务造成他人损害的，由用人单位承担侵权责任。用人单位承担侵权责任后，可以向有故意或者重大过失的工作人员追偿。

劳务派遣期间，被派遣的工作人员因执行工作任务造成他人损害的，由接受劳务派遣的用工单位承担侵权责任；劳务派遣单位有过错的，承担相应的责任。

**2.《工资支付暂行规定》**

**第十六条** 因劳动者本人原因给用人单位造成经济损失的，用人单位可按照劳动合同的约定要求其赔偿经济损失。经济损失的赔偿，可从劳动者本人的工资中扣除。但每月扣除的部分不得超过劳动者当月工资的20%。若扣除后的剩余工资部分低于当地月最低工资标准，则按最低工资标准支付。

159

## “末位淘汰制”是不是用人单位解除劳动合同的合法理由？

**回　答：**以“末位淘汰”为由解除劳动合同，属于违法解除。

**理　由：**末位淘汰的本质是不能胜任工作，按照《劳动合同法》第40条第2项的规定，劳动者不能胜任工作，经过培训或者调整工作岗位，仍不能胜任工作的，用人单位提前30日以书面形式通知劳动者本人或者额外支付劳动者1个月工资后，可以解除劳动合同。如果用人单位以不能胜任工作为由解除劳动合同，必须履行“培训或调岗”的前置程序，如经培训或调岗仍不能胜任，方可解除劳动合同。同时，即便是劳动者不能胜任工作解除劳动合同，仍需要向劳动者支付经济补偿。

**怎么办：**用人单位可以通过合理的绩效考核制度，对排名靠后的劳动者进行相应的岗位、薪酬调整，但是不可直接解除劳动合同。

### 相关规定

**《劳动合同法》**

**第三十九条**　劳动者有下列情形之一的，用人单位可以解除劳动合同：

（一）在试用期间被证明不符合录用条件的；

（二）严重违反用人单位的规章制度的；

（三）严重失职，营私舞弊，给用人单位造成重大损害的；

（四）劳动者同时与其他用人单位建立劳动关系，对完成本单位的工作任务造成严重影响，或者经用人单位提出，拒不改正的；

（五）因本法第二十六条第一款第一项规定的情形致使劳动合同无效的；

（六）被依法追究刑事责任的。

**第四十条**　有下列情形之一的，用人单位提前三十日以书面形式通知劳动者本人或者额外支付劳动者一个月工资后，可以解除劳动合同：

（一）劳动者患病或者非因工负伤，在规定的医疗期满后不能从事原工作，也不能从事由用人单位另行安排的工作的；

（二）劳动者不能胜任工作，经过培训或者调整工作岗位，仍不能胜任工作的；

（三）劳动合同订立时所依据的客观情况发生重大变化，致使劳动合同无法履行，经用人单位与劳动者协商，未能就变更劳动合同内容达成协议的。

160

## 用人单位与劳动者协商一致解除劳动合同，是否就无须支付经济补偿了？

**回　答：** 如果该协商是用人单位首先提出的，仍应支付经济补偿。

**理　由：**《劳动合同法》第 36 条规定："用人单位与劳动者协商一致，可以解除劳动合同。"第 46 条第 2 项规定："用人单位依照本法第三十六条规定向劳动者提出解除劳动合同并与劳动者协商一致解除劳动合同的"，应当支付经济补偿。在协商解除的情况下，如果是用人单位一方先提出，此时需要支付经济补偿金。只有劳动者主动提出解除的情况下，才不需要支付经济补偿。

**怎么办：** 若用人单位确实需要解除劳动合同，那么依照《最高人民法院关于审理劳动争议案件适用法律问题的解释（一）》第 35 条的规定，劳动者与用人单位可以就劳动合同解除的经济补偿事项自行达成协议。只要不违反法律法规强制性规定，不存在欺诈、胁迫或乘人之危的情形，双方达成的补偿标准就是有效的。

## 相关规定

**1.《劳动合同法》**

**第三十六条** 用人单位与劳动者协商一致，可以解除劳动合同。

**第四十六条** 有下列情形之一的，用人单位应当向劳动者支付经济补偿：

（一）劳动者依照本法第三十八条规定解除劳动合同的；

（二）用人单位依照本法第三十六条规定向劳动者提出解除劳动合同并与劳动者协商一致解除劳动合同的；

（三）用人单位依照本法第四十条规定解除劳动合同的；

（四）用人单位依照本法第四十一条第一款规定解除劳动合同的；

（五）除用人单位维持或者提高劳动合同约定条件续订劳动合同，劳动者不同意续订的情形外，依照本法第四十四条第一项规定终止固定期限劳动合同的；

（六）依照本法第四十四条第四项、第五项规定终止劳动合同的；

（七）法律、行政法规规定的其他情形。

**2.《最高人民法院关于审理劳动争议案件适用法律问题的解释（一）》**

**第三十五条** 劳动者与用人单位就解除或者终止劳动合同办理相关手续、支付工资报酬、加班费、经济补偿或者赔偿金等达成的协议，不违反法律、行政法规的强制性规定，且不存在欺诈、胁迫或者乘人之危情形的，应当认定有效。

前款协议存在重大误解或者显失公平情形，当事人请求撤销的，人民法院应予支持。

161

## 劳动者自愿放弃社保并签署承诺书，用人单位可以以此为由不为其缴纳社保吗？

**回　答：**放弃社保的承诺无效，用人单位仍负有缴纳社保的法定义务。

**理　由：**虽然劳动者签订了承诺书，但是为劳动者申报社保、按时足额缴纳社会保险费是用人单位的法定义务，劳动者应当缴纳的社会保险费由用人单位代扣代缴，该法定义务不因劳动者放弃而免除。对用人单位而言，即使劳动者签署了承诺书，也将面临以下几大风险：其一，劳动者以“未依法缴纳社会保险”为由提出离职时，用人单位需依法支付解除劳动关系经济补偿金。其二，劳动者向社保行政部门投诉时，用人单位需依法补缴社会保险并被加收滞纳金。其三，如劳动者在职期间突发疾病或发生工伤事故，劳动者无法享受社会保险待遇时，用人单位还需要参照医疗保险待遇、工伤保险待遇向劳动者支付赔偿金。

**怎么办：**用人单位应在劳动者入职后及时办理社保申报、缴纳义务，这也是对自身劳动用工风险的一项规避措施。

### 相关规定

**1. 《劳动法》**

**第七十二条**　社会保险基金按照保险类型确定资金来源，逐步实行社会统筹。用人单位和劳动者必须依法参加社会保险，缴纳社会保险费。

**2. 《社会保险法》**

**第八十四条**　用人单位不办理社会保险登记的，由社会保险行政部门责令限期改正；逾期不改正的，对用人单位处应缴社会保险费数额一倍以上三倍以下的罚款，对其直接负责的主管人员和其他直接责任人员处五百元以上三千元以下的罚款。

**3. 《工伤保险条例》**

**第六十二条** ……

依照本条例规定应当参加工伤保险而未参加工伤保险的用人单位职工发生工伤的，由该用人单位按照本条例规定的工伤保险待遇项目和标准支付费用。

用人单位参加工伤保险并补缴应当缴纳的工伤保险费、滞纳金后，由工伤保险基金和用人单位依照本条例的规定支付新发生的费用。

# 致 谢

写到最后，我想说下我们编写本书的一些思考。列维·斯特劳斯曾说：“谁要谈论人，就要谈到语言；而谈到语言，就要谈到社会。”法律就是一种社会语言，而合同更是由语言组成的一种社会现象和事实。本书试图从非法律角度重新解构合同，让非法律专业的人也能快速读懂合同，在日常生活和工作中知道合同在写什么，发现和保护自己的合同权益。坦白来说，这不是一个简单的话题，也不是一件容易的事情。

本书的问题来自 2022 年的一场酒会，李冉同学邀请我给客户分享一下法律知识。李冉同学给的命题是“如何在 3 分钟内看懂一份合同”，团队当时感觉这是被“外行”“坑”了，3 分钟怎么能够看懂一份合同呢？受“得到”李倩老师高效学习训练营的启发，我提出来能否通过高效学习训练营中的“人事物理”来解构合同。我当时感觉合同好像脱掉了法律外衣，具有了与其他书面语言同样的语法结构。那次以“人事物”为核心的分享很成功，现场和线上（李冉同学途中开启了直播）的反映特别好。这套不完善的理论就此成为一种解题方法，融入了我们的工作。感谢李倩老师！感谢李冉同学！

律师的工作总是事赶事，直到 2023 年 3 月我们团队探讨业务发展的时候，觉得我们的合同分析方法其实很适合做一本适用于大众的合同普法读本。这个体系慢慢就从最初的“人事物”体系，逐步演变成本书“人”“物”“事”“行”的架构。

再次感谢“得到”，本书借鉴了《得到品控手册》的理念；感谢李倩老师的高效学习训练营，本书体系借鉴了课程中的“人事物理”；感谢中闻律师事务所和“合同张”团队，让我们可以在这里肆意学习和成长；感谢第一批读稿的吕凤丽教授、史庆民同学、张田苗同学、曹欣源同学、李平霞同学的付出，特别是史庆民同学专程去律师事务所一点点指出他发现的文字错漏；感谢荣恒图书提供专业的服务；感谢中闻总所吴革主任的推荐；感谢杨大康同学提出团队 IP 打造的中肯建议；感谢吴光荣教授对《合同编通则司法解释》的讲解；感谢法律出版社的信任，感谢各位编辑的辛苦劳动。

正是受到以上老师和朋友的启发，我们在本书中努力做到以下特色：

【专业名词少】我们尽量较少使用专业法律名词讲清楚：合同是怎么回事？怎么简单看合同？合同为什么发生问题？发生问题后我们有什么解决方法？作为法律的实践者，我们清楚如果脱离法律术语去讲法律内容，可能会出现各种不精确，希望各位读者能够多多指正。

【限于合同领域】我们将视角严格限定在合同领域内。作为专业的律师我们非常清楚自己的知识结构，不敢超越知识体系。本书聚焦解决合同特定问题，给读者提供一种解决合同问题的思路。

【合同的工具书】我们就是想给读者提供一个可以快速地读懂合同的工具，和对目前的合同问题进行快速了解和决策的工具。

【不提供模板】合同是一个简单但具有深度的事务，我们没有办法一次性解决它。休谟说："对一切生活上的事，还是需要保持我们的怀疑主义。"我们的生活都在不停地变化，每一份合同都具有不同的背景，所以本书不提供合同模板，在少部分问题下提供了示范条款。我们相信读者更愿意去真正了解问题本身，而不是复制一个模板。

【聚焦问题本身】本书解决不了法律争议，只是想给大家提供一个能够提高我们法律认知的工具，让大家能够在面对合同问题的时候，可以快速地看懂、查阅、理解直到解决问题。

对于合同，我认为非常适合哲学上结构主义的定义。结构主义认为基本上任何东西的存在一定有两面：一面是它在实践过程中不断地发展；另一面是它本身一直拥有的基本结构，所以再怎么发展也都不会变成另外一种东西。合同就是这样的：合同拥有自己的结构，也在跟随社会的发展而发展，但无论怎么发展，都不会变成另一种合同。这也是我们在写下本书过程中的思考。

马克思说："人创造了自己的历史，但他们并不知道他们正在创造历史。"现在社会正在面临大变局和经济的重塑，身在历史中的我们，只能抓住每一个我们可以抓住的机会，创造我们的历史。每一个人都应该读得懂合同，把握商业机会，从而牢牢抓住出现在我们面前的机会；这也是本书所期望达到的。

希望在合同中因"人""物""事""行"所引起的各种问题，读者都可以从本书得到答案，也期望能够得到反馈，提前感谢各位读者反馈！合同中的问题不是一本书所能覆盖，欢迎大家添加我的微信号进行讨论：zhangyi_ Lawyer，或者通过邮箱进行交流和讨论：zhangyi@ zhongwenlawyer. com。

再次感谢读者能看完本书，并能阅读到这里。本书是一个专业的合同领域律师团队的总结，希望通过本书的新方法为读者打开合同视野。再次感谢所有为本书努力过的朋友！

再次感谢编写团队的全体成员（以下按姓氏首字母排序）：

丁　宁　雷厉风行的做饭高手

高　超　笑起来很腼腆的冷面律师

宋　帅　资深二次元爱好者

童梓钊　健身 8 年的球鞋收藏家

徐孟辉　痴迷研究判例的超级奶爸

张　怡　思路天马行空的宅男

好的合同虽然不能消灭风险，但可以成为你手中的"盾"和"剑"，为需要的人守护和进取。

张　怡

2024 年 1 月

# 参考文献

[1] 唐青林、李舒编著：《判决书中的合同法：最高法院经典案例评析及合同法律实务指南》，中国法制出版社2020年版。

[2] 中国法制出版社编著：《民法典及司法解释汇编（含指导案例）》，中国法制出版社2021年版。

[3] 北京大成律师事务所编著：《最高人民法院民商事案件裁判观点与实务评析》，中国法制出版社2022年版。

[4] 吴香香：《请求权基础——方法、体系与实例》，北京大学出版社2021年版。

[5] 吴香香编著：《民法典请求权基础手册：进阶》，中国法制出版社2023年版。

[6] 王泽鉴：《民法思维：请求权基础理论体系》，北京大学出版社2009年版。

[7] 最高人民法院民事审判第二庭：《最高人民法院民法典担保制度司法解释理解与适用》，人民法院出版社2021年版。

[8] 最高人民法院民事审判第二庭编著：《〈全国法院民商事审判工作会议纪要〉理解与适用》，人民法院出版社2019年版。

[9] 周利明：《解构与重塑：建设工程合同纠纷审判思维与方法》（第2版），法律出版社2021年版。

[10] 最高人民法院民事审判第一庭编著：《最高人民法院民事审判第一庭裁判观点卷》，人民法院出版社2023年版。

[11] 贺小荣主编：《最高人民法院民事审判第二庭法官会议纪要：追寻裁判背后的法理》，人民法院出版社2018年版。

[12] 李舒、唐青林、李元元编著：《中国公司印章疑难案例裁判规则解读》，中国法制出版社2018年版。